乡村振兴战略研究

赵 政 著

西北工業大學出版社
西 安

图书在版编目(CIP)数据

乡村振兴战略研究 / 赵政著．—西安:西北工业大学出版社,2021.4
ISBN 978-7-5612-7691-4

Ⅰ.①乡… Ⅱ.①赵… Ⅲ.①农村-社会主义建设-研究-中国 Ⅳ.①F320.3

中国版本图书馆 CIP 数据核字(2021)第 064584 号

XiangCun ZhenXing ZhanLüe YanJiu
乡 村 振 兴 战 略 研 究

责任编辑: 郭军方　　**策划编辑:** 孙显章
责任校对: 李文乾　　**装帧设计:** 李　飞
出版发行: 西北工业大学出版社
通信地址: 西安市友谊西路 127 号　　邮编:710072
电　　话: (029)88491757,88493844
网　　址: www.nwpup.com
印 刷 者: 西安真色彩印务有限公司
开　　本: 710 mm×1 020 mm　　1/16
印　　张: 14
字　　数: 234 千字
版　　次: 2021 年 4 月第 1 版　　2021 年 4 月第 1 次印刷
定　　价: 58.00 元

前言

2017年10月，党的十九大报告做出中国特色社会主义进入新时代的科学论断，指出我国经济已由高速增长阶段转向高质量发展阶段，明确了建设社会主义现代化强国的宏伟目标，并首次提出实施乡村振兴战略，在我国“三农”发展历史进程中具有重要的里程碑意义。自2004年以来，历年中央一号文件主题均是关于农村、农业、农民的问题，各地方政府在推动新农村建设、城乡统筹和美丽乡村建设等方面做了大量的有益探索和改革创新。鉴于我国农村面积广大、人口众多，农村发展的差异性和多样性特征明显，特别是随着工业化、城镇化进程的快速推进，城乡发展不平衡、大量乡村凋敝、生态环境恶化、传统文化衰落、农村社会治理难度加大等现实问题也更加突出。我国建设社会主义现代化强国，最大的短板和最艰巨繁重的任务在农村，人民日益增长美好生活需要和不平衡不充分的发展之间的矛盾突出表现在农村，但实现现代化最广泛的最深厚的基础、最大的潜力和后劲也在农村。因此，城乡关系重塑、乡村全面振兴就显得格外迫切。

“乡村兴则国家兴，乡村衰则国家衰。”要深刻理解和推动乡村振兴，必须从我国农村发展的历史沿革，乡村振兴战略的理论探讨，乡村振兴的发展愿景、制度规划，精准扶贫，教育帮扶等维度来准确把握乡村振兴战略提出的背景和未来前景，进而清楚认识乡村振兴这一伟大命题“从何处来”“向何处行”，促进理论与实践较好结合，推动我国乡村全面振兴，实现经济高质量发展。鉴于此，笔者撰写了《乡村振兴战略研究》。

本书共九章，第一章对乡村振兴战略进行了综合论述，第二章对中国农村发展历程及政策进行了解读，第三章阐述了乡村振兴战略的农村发展愿景，第四章研究了乡村振兴制度与战略规划，第五章探究了基于乡村振兴战略的产业振兴路径，第六章阐释了乡村振兴与精准扶贫有效衔接理论，第七章探索了乡村振兴与精准扶贫有效衔接的路径，第八章论述了高校服务乡村振兴模式的理论，第九章探究了高校服务乡村振兴模式的实践。希望本书能为新时代从事乡村振兴战略相关理论的研究者和具体实践工作者提供系统性的观察视角和有益的参考。

在撰写本书的过程中，笔者参阅了大量前辈的研究成果，在此表示衷心的感谢！

对于本书的不足之处，恳请各位专家、读者提出宝贵意见和建议。

著　者

2021年3月

目录

第一章　乡村振兴战略综述

乡村振兴战略的提出是遵循现代化建设规律做出的战略部署，是走中国特色现代化道路的必然要求，是根据当前城乡发展特征做出的科学抉择。厘清乡村振兴战略的科学内涵、总体要求、战略意义以及推进路线，有利于对乡村振兴战略，以及农村发展愿景展开进一步研究。

第一节　乡村振兴战略提出的背景与内涵

一、乡村振兴战略的背景

“实施乡村振兴战略”这一部署有着深刻的历史背景和现实依据，是从党和国家事业发展全局出发做出的一项重大战略决策。乡村振兴战略作为新时代“三农”工作的总抓手和重要遵循，是当前和今后一个时期乡村振兴规划编制工作的核心依据。

（一）我国“三农”发展取得的历史性成就

“三农”发展进程的良好态势是我国着眼经济社会发展全局，实现“两个一百年”奋斗目标，对“三农”工作进行全面部署和再动员的坚实基础。农村改革40年来，特别是党的十八大以来，我国农业、农村发展取得了历史性成就，实现了历史性变革。农业生产能力大幅提升，粮食产量比1978年翻了一番多，稳步保持在6 000亿千克以上，肉、蛋、鱼、果、菜、茶产量稳居世界第一，解决了十几亿人口的温饱问题；农业现代化水平取得了长足进步，农业科技进步贡献率达到57.5%，主要农作物良种基本实现全覆盖，职业农民超过1 500万人，耕种收综合机械化水平超过66%；农村民生显著改善，农民收入比改革开放之初增长近100倍，超过1.3万元，贫困发生率由97.5%下降到3.1%，农村面貌焕然一新，社会更加和谐、繁荣。

（二）我国“三农”发展仍然任重而道远

“三农”作为国之根本，“三农”工作重中之重的地位依然没有变，全面建成小康社会和全面建设社会主义现代化强国最艰巨、最繁重的任务在农村的形势没有变。随着我国农业、农村发展环境发生了巨大变化，“三农”工作面临的新挑战也与以往不同。当前，我国“三农”仍然面临着发展滞后的严峻形势，农产品阶段性供过于求和供给不足并存，农业供给质量亟待提高；农民适应生产力发展和市场竞争的能力不足，高素质农民队伍建设亟须加强；农村基础设施和民生领域欠账较多，农村环境和生态问题比较突出，乡村发展整体水平亟待提升；国家支农体系相对薄弱，农村金融改革任务繁重，城乡之间要素合理流动机制亟待健全；农村基层党建存在薄弱环节，乡村治理体系和治理能力亟待强化。乡村振兴战略正是基于解决上述问题而提出的，为“三农”发展指明了方向。

（三）我国“三农”发展迎来历史性节点

党的十八大以来，中央坚持把农业、农村、农民问题置于关系国计民生的战略高度和核心地位，统筹工农城乡，着力强农、惠农，系统分析新时代我国社会主要矛盾转化在农业领域、农村地区和农民群体中的具体体现，在决胜全面小康社会和开启全面建设社会主义现代化国家新征程的全局中进行系统设计，引入新思想、新手段和新平台，为整个乡村发展勾画出了一幅清晰可见、努力可达的美好蓝图。从经济社会发展趋势看，当前，我国经济发展模式已经转向更加注重质量和生态的节约与集约型增长方式，“绿水青山就是金山银山”的理念深入人心。产业重构、消费升级成为乡村振兴战略的市场支撑，城市农产品食品消费对安全、品质、特色的追求越来越凸显，为绿色生态农业的发展打开了市场空间。

工商资本向农业、农村流动的规模在不断加大，农村创新创业蔚然成风。从“三农”视角来看，20世纪70年代末，农村改革发端，历经40年变迁，乡村生产、生活、生态都发生了深刻变化。“三农”建设和发展迎来了最为有利的历史阶段，必须抓住机遇，科学谋划设计，以规划为引领，抓铁留痕，努力实现乡村振兴的美好蓝图。

二、乡村振兴战略的科学内涵

（一）准确把握乡村振兴战略和城市化战略的关系

通过乡村振兴战略解决中国城乡发展不平衡和农村发展不充分的矛盾，并非意味着中国城市化战略将放缓，更不是要用乡村振兴战略来替代城市化战略。恰恰相反，乡村振兴战略必须置于城乡融合、城乡一体的架构中推进，并且应以新型城市化战略来引领，已经建成“以城带乡”“以城兴乡”“以工哺农”“以智助农”“城乡互促共进”融合发展的美丽乡村和实现乡村振兴。

中国乡村振兴战略的重点与任务既在乡村，又在乡村以外。要实现城乡人口的交互流动和优化配置，必须拓宽乡村振兴战略的视野，既重视乡村内部的建设发展和体制机制的创新，又重视乡村振兴外部环境的改善。①由于中国的城乡二元结构具有社会保障和财产权利双层二元的特性，从破解城乡二元结构的体制机制的角度看，以城乡社会保障体制和农村集体产权制度为重点的三大联动改革，即城乡联动、区域联动，以及中央和地方联动的改革，应纳入乡村振兴的战略框架，并成为乡村振兴战略的基本驱动力。也就是说，破解城乡二元结构，建立城乡一体、城乡融合、城乡互促共进的体制机制，应成为乡村振兴和乡村现代化的必要条件。

（二）准确把握中国乡村形态及其变化趋势

改革开放以来，随着工业化、城市化和市场化的发展，中国不仅已有2.6亿农村劳动力转向城镇就业，而且村庄的数量也在不断减少，从2000年的66万个行政村减少到2016年末的52.6万个行政村，并且这些村庄已经分化成不同的类型。从人口集聚状况与生活方式看，大体可以分成三大类型。一类是已被城

① 吕风勇.乡村振兴战略的根本途径在于城乡融合[J].中国国情国力，2018（6）：53-55.

镇化覆盖或即将被覆盖的村庄，如城中村、镇中村和城郊村，这些村庄人口集聚程度较高，村民生产和生活相分离，空间人口既包括村民，也包括非村民。另一类是2005年国家实施新农村建设以来由若干村庄“撤扩并”逐步形成的，人口相对集聚、村民生产与生活相分离、社区服务功能基本健全的中心村。还有一类是人口集聚度不高、村民生产、生活依然不分离的传统村庄。很显然，这些不同类型的村庄，在乡村振兴中将会有不同的发展走向：有的会很快融入城镇化，直接成为城市的组成部分；有的可能成为乡村社区的服务中心或新型田园生态小城镇；有的村庄，如“一方水土养不活一方人口”的贫困村或空心村，则有可能随着人口的迁移或村庄的撤并而逐渐消亡；而大量的村庄，通过乡村振兴战略的实施，会成为“产业兴旺、生态宜居、乡风文明、治理有效、生活富裕”和乡愁依旧的美丽家园。

中国乡村形态分化与发展的态势表明，随着城市化和工业化的发展，中国乡村人口分布正在逐步从分散的自给型经济分布向相对集聚的市场型经济分布转变，乡村人口的空间格局与分布正在发生着剧变。这种剧变过程意味着，一方面，乡村的发展和振兴不仅需要城市化的引领，而且也需要乡村人口自身在空间上的相对集聚和优化分布，这两者应该是同步的过程；另一方面，乡村人口空间格局与分布的变化，也为乡村振兴战略的实施提供了创新空间，具体而言，是为“乡”和“村”的有机结合、优化配置和融合发展提供了创新空间。从中国不同区域乡村的不同类型和发展实际出发，既可以以“村”为基本载体实施乡村振兴战略，也可以以“乡”为载体实施乡村振兴战略。也就是说，在有条件的乡村区域，可以通过体制机制的改革创新，探索以“乡”主导，以“乡”带“村”、“乡”“村”共治与融合发展的新型乡村治理结构，对乡村组织、干部体制、人口集聚、产业发展、公共服务和产权制度等进行深化改革和优化配置，实现新型城镇化与乡村振兴的深度融合。总而言之，中国乡村振兴战略与城市化战略并不是矛盾体，而是“你中有我，我中有你”的相互交融关系。在中国乡村振兴的进程中，乡村定将成为农业转移人口市民化的助推器、田园生态城镇的新空间、城乡居民对美好生活向往与追求的宜居地。

第二节　乡村振兴战略的内容与要求

一、乡村振兴战略的内容

（一）坚持城乡均等发展理念，促进融合发展

落实乡村振兴战略，疾步稳健地走城乡融合发展之路，必须将工业与农业、城市与乡村、城镇居民与农村居民作为一个整体纳入全面建成小康社会和现代化建设的全过程中。要明确乡村在全面建成小康社会和现代化建设中的突出地位，从根本上改变以工统农、以城统乡、以扩张城市减少农村、减少农民的发展路径，明确城乡融合发展是实施乡村振兴战略，推进农业、农村现代化的有效途径。进一步理顺工农城乡关系，按照产业兴旺、生态宜居、乡风文明、治理有效、生活富裕的总要求，建立健全城乡融合发展体制机制和政策体系，统筹推进农村产业发展、生态优化、文化传承、社会建设和组织建设。加快推进乡村治理体系和治理能力现代化，在干部配备上优先考虑、在要素配置上优先满足、在资金投入上优先保障、在公共服务上优先安排，以补齐农业农村发展的短板，缩小城乡差距，实现城乡平衡、充分发展。

（二）完善农村基本经营制度，促进农民增收

稳定农村土地承包关系是中共中央确立的农村承包土地“三权”分置改革的制度基础。①把农户承包经营权落实到地块，使农户承包地权属更加明晰，农民流转承包地就能更踏实，利益预期就能更明确，农户才能放心流转、稳定流转。巩固和完善农村基本经营制度是构建现代农业产业体系的基石。巩固和完善农村基本经营制度就可以不断推进农业经营体制创新，不断壮大农村新型经营主体，加快农业经营方式实现“两个转变”，即家庭经营向采用先进科技和生产手段方向转变，增加技术、资本等生产要素投入，着力提高集约化水平；统一经营向发展农户联合与合作，形成多元化、多层次、多形式经营服务体系方向转变。当前，要壮大集体经济，增强集体组织服务功能，培育农民新型合作组织，发展各种农业社会化服务组织，鼓励龙头企业与农民建立紧密型利益联结机制。充分尊重农民的意愿，把小农户经营引入现代农业规模化、集

① 张自永. 新时代乡村振兴理论的源流解析[J]. 社科纵横，2020，35（5）：27-31.

约化的发展轨道上来。

（三）深化供给侧结构性改革，促进质量兴农

绿色兴农不仅是质量兴农的有机组成部分，而且关系到农村人居环境。农业投入和资源要素等是直接影响农产品质量的重要因素，走农业绿色发展道路，才能实现乡村产业兴旺，建设生态宜居乡村。走质量兴农之路，要加快推进农业由增产导向转向提质导向，实现农业、农村发展动能转换。要顺应消费者对更高质量、更加安全和绿色生态农产品食品的需求。必须加快构建优质优价机制，强化优质绿色农产品生产的激励机制。推进农产品质量分等分级，强化质量塑造品牌，克服农产品市场信息不对称的弊端，促进农业标准化生产。要加快现代农业产业体系建设，促进农牧业循环发展和农村新产业、新业态发展，推进农村第一、二、三产业融合发展，使优质绿色农产品价格在产业链和价值链中充分反映出来。要通过社会化服务和订单农业等途径促进小农户和现代农业发展的有机衔接，形成质量兴农经营体系。要深化粮食收储制度改革，在以保障国家粮食安全为底线的基础上，更加注重发挥优质优价机制，为绿色优质农产品的发展创造更大空间和有利条件。要加大科技创新，为优质绿色农产品生产流通提供科技支撑。只有强化制度性供给，探索健全质量兴农体制机制和政策体系，走质量兴农的道路才能迈开实质性步伐。

（四）坚持人与自然和谐共生，促进绿色发展

乡村的永续发展以自然资源的永续利用和良好的生态环境为基础。绿色发展能保护好、积蓄好、奠定好宜耕宜牧的土壤环境、宜饮宜灌的水体环境、宜呼宜吸的大气环境等，从而为农业永续发展提供不竭动力。实现乡村绿色发展，要着力构建绿色农业产业结构。根据市场需求推进农业结构调整，依靠科技引领推进农业转型升级，增加绿色优质农产品供给，逐步建立起增收效果好、环境效益高、可持续发展的产业结构体系。打造生态宜居乡村环境，加强农村突出环境问题综合整治，统筹山水林田湖草系统治理，以绿色发展引领生态振兴，重点解决土壤修复、污水治理、垃圾处理、旱厕改造等难题。充分发掘、创新性继承发展乡村传统绿色文化，建立绿色发展支持体系促进乡村绿色发展的补贴政策体系及市场化多元化生态补偿机制。做好宣传工作，引导更多人树立绿色发展理念，促进其自觉参与绿色发展实践。完善执法队伍，确保执法到位，营造良好的法治保障。

（五）传承发展提升农耕文明，促进文化繁荣

乡村振兴离不开文化振兴，传承乡土文化就是留住华夏文明之魂。要深化对乡村文化价值的认识与理解，增强对传统乡土文化的认同感和信心，让有形文化留得住、活态文化传下去，焕发新的魅力。要高度重视古村落保护，挖掘和展示其独有的文化内涵，在确保当地百姓的生活更加便利的同时，科学、合理地编制古村落保护发展规划，既要让有形的乡村文化留得住，还要让活态的乡土文化传下去。对广袤农村孕育出的民间艺术、戏曲曲艺、手工技艺等非物质文化遗产，要将大力保护传承和开发利用有机结合，实现活态传承和经济发展双赢，让历史悠久的乡土文化在新时代焕发出新的魅力和风采。要科学引导乡村移风易俗，坚持用农民易于接受的形式进行宣传，让文明新风成为乡风主流。坚持把老百姓身边的好故事、好榜样讲出来、演出来、唱出来，让新风尚在广阔乡村生根发芽。

（六）健全创新乡村治理体系，促进乡村善治

乡村善治与否关系到乡村的和谐稳定和国家的长治久安。随着工业化、城镇化步伐加快以及农村社会流动性的不断加大，部分农村已经出现了空心化状态，给乡村治理带来了新的挑战。为了给乡村振兴营造一个和谐、安宁的社会环境，要努力做到以自治实现乡村治理共建格局、以法治实现乡村治理共治格局、以德治实现乡村治理共享格局的“三治融合”。要切实解决好农民权益保护、农村空心化、农村基础设施和公共事业发展滞后、村民自治实践不够完善、乡村治理主体的参与度不高、“返乡族”作用的充分发挥等问题，就必须充分调动农民的积极性、主动性与创造性，发挥乡贤领头羊、带头人、中介与桥梁的作用。加强基层自治组织体系的制度建设和乡村党组织建设，强化党在乡村社会中执政的组织基础，积极引导村民自治，组织和调动相关道德权威人物的力量调解矛盾纠纷。创新村民自治的组织形式，鼓励乡村社会组织的发展，持续推进民主法治村、社的创建，通过发现典型、梳理经验，推动法治在基层落地生根、开花结果。创新村干部工作方式，不断增强其运用法治思维和

法治方式开展工作的能力。积极发挥村规民约的区域性功能，引导村民在村规民约中体现法治的约束功能。加强村民个体的教育与培养，注重不良道德行为的惩戒，注重乡村道德人物的塑造与宣扬，发挥其道德标杆和道德引领的作用，并给予其必要、适当的物质奖励和精神鼓励。

（七）凝心聚力实现精准脱贫，促进减贫脱贫

精准脱贫攻坚和乡村振兴战略都是我国为实现“两个一百年”奋斗目标确定的国家战略。当前是我国精准脱贫攻坚和乡村振兴战略实施并存和交汇的特殊时期。精准脱贫攻坚和乡村振兴战略相互支撑、协调推进，有利于“两个一百年”奋斗目标的实现。一方面，精准脱贫攻坚是我国当前减贫的主要任务和基本形式，与城乡融合发展、共同富裕、质量兴农、乡村绿色发展、乡村文化兴盛和乡村善治一起，共同构筑中国特色社会主义乡村振兴道路。另一方面，只有包括贫困乡村在内的全国农村共同实现了乡村振兴战略的目标和任务，我国乡村振兴战略规划才能够圆满完成。需要以乡村振兴战略的理念和举措助推精准脱贫攻坚。贫困地区乡村要根据精准脱贫攻坚的任务，结合自身条件，将乡村振兴战略的思想和原则融入具体的脱贫攻坚计划和行动之中，按照产业兴旺、生态宜居、乡风文明的原则，安排贫困乡村的精准脱贫攻坚计划。实行产业扶贫、就业扶贫、异地搬迁扶贫和生态环境保护脱贫等措施时，既要考虑各地实现短期脱贫目标的需要，也要考虑产业发展的资源、技术和市场条件，移民生计的长期安排，扶贫措施的环境友好性和建设乡风文明社区文化的需要，提高脱贫的质量和可持续性。对各地区刚脱贫的乡村而言，乡村产业发展的基础仍然薄弱，基础设施和公共服务缺口较大，乡村治理体系和治理能力还比较弱，需要通过落实乡村振兴战略，补牢产业发展基础、改善基本公共服务、提高治理能力，巩固和扩大脱贫成果，避免返贫。

二、乡村振兴战略的总体要求

（一）乡村振兴战略总体要求的内容阐释

乡村振兴战略的20字发展方针，是乡村振兴战略的精髓。

乡村振兴战略在党的十九大报告中提出之后，就成为我国现代经济体系建

设中的重要内容之一。作为推动乡村发展的重要驱动力，产业发展是乡村振兴战略中最基础的任务，同时也是最关键的任务之一。当前阶段，我国农村产业发展滞后，这一状况既显示出农村中农业问题的短板，也显示出农业后期发展的巨大潜力。乡村振兴战略作为当下推进农业现代化进程的关键，需要借助农业供给侧结构性改革，优化农业结构，提高农产品质量，切实实现农业产业崛起。此外，将农村第一、二、三产业深度融合，不仅能够有效促进产业链的延伸，而且能够进一步促进经济的发展，是帮助农民促进就业、增加农民收入、维护农村稳定的有力措施。将产业发展作为乡村振兴战略的重点有其现实意义，乡村振兴战略的实施应以农业产业的发展为切入点，直趋深层。

第一，产业兴旺是乡村振兴战略的基础。提到产业兴旺，有乡村生活经验的人自然会联想到过春节时家家户户喜欢张贴的两个条幅："五谷丰登""六畜兴旺"，反映的正是乡村生产内容的丰富性和多样性。乡村的生产类型是丰富和多元的：有多样化的种植业、养殖业；有丰富多彩的乡村手工业；有大田的农业生产，还有房前屋后种瓜种豆的庭院经济；更有现代社会发展形成的乡村休闲度假等新型产业。乡村产业的经营主体也是多元的：有以农户为主体的产业类型，也有以合作社、农业企业、外来资本为主体的产业。从农民自身需求出发，促进多种生产经营活动一并推进，是农村产业繁荣的重要特征。

第二，生态宜居是乡村振兴战略的关键。推进生态宜居的乡村发展是一个长期且持续的过程，并不能一蹴而就。生态文明建设作为支持现代化建设的重要组成部分，对农业、农村经济发展有重要影响。乡村振兴战略中生态宜居的需求是在长期生态文明建设工作的基础上所提出的新标准，生态代表着自然环境和社会环境的发展。在农村，良好的生态环境才能为产业的发展提供建设的基础，才能为农民群体提供更加宜居的生存环境，也能为文化等产业的开展提供自然资源等发展基础。

第三，乡风文明是乡村振兴战略的保障。乡风代表乡村的特质，旨在推进乡村精神文明建设，同时，我国农村地区传统文化很大程度上是乡土文化，需要社会各界共同努力来唤醒文明乡风。具体做法可以采取相关措施保护优秀的村风，既包括所在村落的物质文明，也包括非物质文明，而优良的村风不仅表现了村民的精神状态，更代表了独特的乡村风貌。除此之外，还应当通过社会主义文化建设，弘扬现代主流思想和良好精神品质，积极投身乡村振兴战略建设工作。

第四，治理有效是乡村振兴战略的基础。首先，任何社会都需要法律法规和道德规范，城乡差距的具体表现之一体现在乡村地区的治理情况相对落后，要实现乡村全面振兴离不开治理水平的提升。其次，乡村治理还应当注重效果，要注重政策、方针的贯彻与落实。此外，农民是农村的主体，还应当注重乡村自治，而乡村自治的过程同样也是协商的过程，在协商过程中应当注重公平、公正原则。乡村治理的目标是将乡村法治、乡村德治、乡村自治统一结合，从而形成“村村有村规，人人讲规矩”的乡村善治体系。只有这样才能实现乡村生活富裕这一乡村振兴战略的根本目标。

综上所述，乡村振兴战略的五大要求涵盖了乡村政治建设、乡村经济建设、乡村文化建设、乡村生态社会建设的有机整体，贯穿了乡村振兴战略的始终，描绘出了乡村全面振兴之后的美丽图景，是整个乡村振兴战略的核心。

（二）乡村振兴战略五大要求间的相互关系

我国的农业问题、农村问题和农民问题三者之间并不是个体、孤立的存在，而是互相联系的整体。要解决这些问题，需坚定三者协调、相互发展、共同进步的立场。当前的乡村振兴战略发展目标，应立足于全面推进农村发展，其五大要求紧密相连，乡村振兴战略的任一要求都与其他要求相互关联、相互影响。

首先，产业兴旺是乡村振兴建设中最重要的目标之一，其成功实现与农业供给侧结构性改革息息相关。在乡村建设中，只有坚持绿色农业、生态农业，保证农业的可持续发展，才能合理配置土地资源，改善农村生态环境，从而实现农村产业的多元化发展，推动农村生态建设。在此基础之上，人民群众精神需求也会日益增加，进一步推进精神文明建设，构建文明乡风，从而实现农村物质文明建设和农村精神文明建设共同进步，为农村实现生活富裕奠定基础。

其次，生态宜居是乡村振兴建设20字方针中的重要内容，其成功实现离不开乡村居住环境的改善。农村环境保护和农村资源开发，两者均应当受到相关部门的高度关注，特别是在自然资源占主导地位的地区，更应当注重自然资源的合理开发，将农村良好的资源优势转化为农村建设的发展优势。良好的农村生态环境是发展生态农业的前提，同时也是发展乡村旅游资源的重要形式。

总之，乡村振兴五大要求涉及乡村政治、经济、文化、社会及生态环境的方方面面，对整体乡村的转型升级有重要影响，在实施乡村振兴战略过程中要正确处理好五大要求的相互关系，共同致力于乡村全面振兴。

（三）乡村振兴战略总体要求与乡村旅游扶贫的关系

党的十九大报告提出了“实施乡村振兴战略”的新发展理念，不仅切中了农村发展的重点，而且指明了未来乡村发展的大方向。乡村振兴战略的提出和实施为乡村旅游的发展提供了新的机遇。“乡村旅游+乡村扶贫”是指在具有一定旅游资源、区位优势和市场基础的贫困地区，通过开发旅游来带动当地经济发展，为其提供可持续的经济动力。

旅游业是朝阳产业，是乡村扶贫的重要支柱，是建设美丽中国的坚强后盾。到2020年，我国政府计划通过发展旅游使占总人口17%的1 200万人摆脱贫困。旅游业，特别是乡村旅游业，是贫困地区切实增加农民收入最现实、最直接、最有效、最可持续的支柱产业。通过乡村旅游实现乡村扶贫，对打赢扶贫攻坚战具有非常重要的作用。

旅游扶贫作为一种重点通过旅游项目的开发促进贫困地区生产、促进经济增长、帮助贫困居民快速致富的产业发展方式，可以借助当地资源有效配置市场资源，节约成本，对当地生态环境也不会造成损害。因此，乡村旅游扶贫能够大大提升当地经济发展水平，在最大限度上协调区域发展。

1.乡村旅游对产业、生态、乡风、治理和生活方面的贡献更大

“产业兴旺、生态宜居、乡风文明、治理有效、生活富裕”的五大要求部署，要求乡村旅游在产业、生态、乡风、治理以及生活方面有更大作为及更大贡献。产业兴旺是根本基础，发展当地农村休闲旅游产业、丰富乡村旅游产品、做大做强乡村观光旅游业及休闲业对当地经济发展及农村生活改善有重要影响，因而要大力发展乡村旅游经济，吸引更多的资本、技术及人才到农村中去。在此基础上，保护当地生态环境，注重开发及保护并举，重点保护当地农村自然资源及文化生态系统，发展经济的同时做好乡村治理及乡村生态保护等各项工作。

2.根据调查、分析和综合确定乡村旅游经济发展定位及发展目标

乡村想要借助旅游项目的开展实现乡村脱贫，就应当注重做好发展定位工作，包括功能定位、发展方向、市场定位、目标客源定位等。通过发展项目的定位来将农业旅游与乡村发展结合起来，通过对当地民风、民俗的调查及分析，进一步确定其旅游扶贫的重点，之后，在政策的引导下鼓励更多农民群体返乡创业，充分利用当地资源确定当地发展方向，提升乡村扶贫效果。

3.突出乡村旅游特色与主题策划

特色是旅游休闲农业产品的核心竞争力，主题是旅游休闲农业产品的核心吸引力。要认真依托当地自然资源的开发情况，进一步分析周边地区的观光农业项目特点，借助不同的农业生产及农村文化资源营造旅游特色；要充分利用乡村地区丰富的历史底蕴、悠久的文化传统，以及地域性、景观性、生态性、知识性、文化性和传统性等。此外，要根据项目特色，积极进行更具创新意义的主题策划。

在此基础上，根据乡村振兴战略的五大要求进一步完善乡村旅游扶贫策略，创作出富有创意、生动的乡村旅游项目，借助更有意义的主题策划宣传当地文化及做好传承工作。

按照产业兴旺、生态宜居、乡风文明、治理有效、生活富裕的总要求，建立健全城乡融合发展体制机制和政策体系，加快推进农业、农村现代化。这一全新的战略部署对当今农村经济的发展，以及生态的保护等各项工作开展具有重要意义。具体到实施过程中，更应当基于战略性的顶层设计，开展系列实践，促进农村转型、农民致富。

新的历史背景下，如何借助乡村旅游扶贫推进乡村振兴，值得相关研究人员进一步思考。同时，也更应当发挥出旅游业对乡村的促进作用，发挥出乡村振兴战略的应有作用。

第三节　乡村振兴战略的推进路径

党的十九大站在国家战略高度吹响新时代乡村振兴的冲锋号。2018年中央一号文件《关于实施乡村振兴战略的意见》和《乡村振兴战略规划（2018—

2022年）》相继发布，对乡村振兴的总体要求、指导原则、目标任务和实施步骤等做出了明确规定。如上所述，党的十九大召开至今，围绕乡村振兴，推动农业、农村优先发展的理论研究和实践探索在全国如火如荼开展，其中一个重点问题是探寻新时代实施乡村振兴战略的推进路径。施行乡村振兴战略应注重对我国乡村发展实践经验的总结与继承，在深刻认识新时代中国农村发展规律的基础上，坚持目标导向，聚焦问题，精准发力。笔者尝试从以下五个方面提出乡村振兴战略的推进路径。

一、始终坚持党对农村工作的领导，筑牢乡村振兴的政治保障

党的领导是中国特色社会主义的本质特征和根本保证。中华人民共和国成立70年来乡村经历的深刻变革和长足发展离不开党的领导。实践证明，始终坚持和充分发挥党对农村工作的领导是促进农业农村优先发展、实现乡村振兴的内在规定和重要保障。面对新时代“三农”问题应继续“坚持党对农村工作的全面领导”[①]。

一是要坚定不移地在乡村振兴进程中贯彻党的领导。各级党组织不断增强政治领导能力，充分发挥政治优势，把党的领导贯彻到乡村振兴政策制定、工作部署、具体落实中，提升对乡村振兴事业的凝聚力、向心力。

二是要继承和创新党管农村的优良传统。应以“四个意识”为指导，深刻认识实施乡村振兴战略的重大意义，将党的乡村振兴主张统一到各级党组织和全体党员的思想意识与工作行动中。在干部配备、要素配置、资金投入、公共服务等方面向农业、农村倾斜，为乡村振兴提供物质和制度支撑。

三是要完善党的农村工作领导体制机制。要建立实施乡村振兴战略领导责任制，实行中央统筹、省负总责、市县抓落实的工作机制，确保党政一把手是第一责任人，五级书记抓乡村振兴。各级党委和政府要积极推进工农、城乡全面发展，相关部门要做好协同配合，为乡村振兴提供体制机制保证。

四是要发挥农村基层党组织的领导作用。要明确农村基层党组织的领导核心地位，充分发挥其在乡村振兴中的带头作用，改进和强化农村基层党组织的工作，提升基层党组织服务农村和治理基层的能力。

① 本报评论员.切实将党对农村工作全面领导落到实处[N].农民日报，2019-09-11（001）.

二、全面深化农村改革，着力解决农业农村发展不平衡不充分问题

改革开放40年来，我国社会主义市场经济不断完善，工业化、城镇化水平稳步提升。但与此同时，传统农业效益不高、土地资源利用率低下、征地补偿制度不完善等问题依旧突出，严重制约了我国农业农村的发展和新时代乡村振兴战略的实施。持续推动农业农村经济发展成为我国当前不可回避的重要话题。突破乡村全面振兴的体制机制阻碍，一是要深入推进农业供给侧结构性改革，提高农业综合效益和竞争力。实现农产品质量化、品牌化的转型发展，不断提升农产品在市场中的竞争力，创造农民新的收入增长点。二是要深化农村土地制度改革，巩固和完善农村基本经营制度。早在1990年3月，邓小平就指出："中国社会主义农业的改革和发展，从长远的观点看，要有两个飞跃。第一个飞跃，是废除人民公社，实行家庭联产承包为主的责任制。这是一个很大的前进，要长期坚持不变。第二个飞跃，是适应科学种田和生产社会化的需要，发展适度规模经营，发展集体经济。这是有一个很大的前进，当然这是很长的过程。"①要在长期坚持土地集体所有制的基础上，稳定农户承包权，放活土地经营权。通过"三权"分置改革，建立有效的农地流转机制和市场，满足土地有序流转和有效配置需要。鼓励和引导城市资本下乡、返乡农民工创业，盘活广大农村地区的土地资源，有效实现小农户和现代农业发展有机衔接。三是要大力发展农村集体经济。有效整合农村地区人、财、物资源，根据各地不同资源禀赋、产业优势，积极探索多元集体经济发展模式，多渠道、多途径发展壮大农村集体经济，为推动乡村产业振兴、人才振兴、文化振兴、生态振兴、组织振兴夯实根基。

三、坚持以人民为中心的发展思想，实现城乡融合发展

消解城乡二元结构，走城乡融合发展之路是实现城乡居民共同富裕、确保乡村全面振兴的客观要求。面对我国当前依旧存在的城乡二元经济结构矛盾，

① 中共中央文献研究室．邓小平思想年编（1975—1977）[M]．北京：中央文献出版社，2011.

破解农业农村发展不平衡不充分问题必须建构新型工农城乡关系，坚持走城乡融合发展之路，最终实现城乡融合发展。一是要推动新型工业化、信息化、城镇化、农业现代化“四化”同步发展。注重发挥工业化、信息化、城镇化进程对农业生产率、农业产业结构、农业信息化水平、农业资本积累、人力资源水平等方面的积极作用，引导工农之间、城乡之间相互促进、协同发展，打造互补能力更强、发展机制更全、融合程度更高的工农、城乡新格局，实现农业现代化水平的提升、乡村产业链条的延展和农民生活水平的改善。二是要推动公共服务向农村延伸，提升乡村基本公共服务水平。科学编制多规合一的村庄规划，以农村居民生产生活所需的交通、饮水、物流、电信、医疗等为重点，鼓励社会各类资本以不同方式大力参与农村基础设施的投资与建设，着力补齐制约农村居民生产生活的“短板”。通过增加乡村教育资源、提升医疗服务水平、改善公共文化现状、健全乡村社会救助体系，让社会改革发展的“红利”惠及千万农民朋友，让广大农村群众对美好幸福生活更有祈盼、更有信心。

四、健全“三治结合”的乡村治理体系，推动乡村治理体系和治理能力现代化

随着当前我国农村社会结构、城乡利益格局、农民思想观念的深刻变动和调整，乡村社会，一方面，积聚起了巨大的发展活力；另一方面，也浮泛出一系列治理障碍。党的十九大审时度势，提出健全自治、法治、德治相结合的乡村治理体系，这既是实现乡村善治的有效之途，又是保证乡村振兴战略顺利推进的重要依托。建构“三治结合”的乡村治理体系，一是要深化村民自治实践，充分发挥群众参与治理的主体作用。通过对村民会议、村民代表大会等议事载体的优化整合，打造形成农村场域民事民议、民事民办、民事民管的长效协商议事格局，切实增强村民参与解决村庄公共事务的“主人翁”意识，消解乡村社会转型发展过程中大量治理主体外流带来的自治“撂荒”窘境。二是要推进乡村法治建设，肃清各类涉农安全隐患。要在提升干部群众法治素养的同时，加快对村民选举、征地补偿、打击农村黑恶势力等重点领域涉农法律法规的修改和完善，强化法律在支持“三农”发展、化解农村社会矛盾等方面的权威地位。三是要提升乡村德治水平，孕育良好的乡村社会风尚。要以社会主义

核心价值观为引领，开展移风易俗行动，统筹使用正向激励与负面惩戒两种手段，在强烈对比中破立并举，实现乡村德治从传统的道德说教向可见可感的道德实践飞跃，促使广大乡村地区焕发出文明新气象。

五、加大农村人力资本投入，加快新型职业农民队伍建设

培育新型职业农民队伍关乎农村土地谁来耕种、农业农村现代化谁来承载的大问题，是推进乡村振兴战略的必然要求与重要抓手。

加大人力资本投入，加快建设新型职业农民队伍，一是要提升农民职业素养，培育“爱农业”的新型职业农民队伍。通过持续的思想教育引导，增强农民的农业发展主体观念，实现对农民身份的认同感、农业工作的亲近感和农村环境的归属感。二是要提高农民职业技能，建设“懂技术”的新型职业农民队伍。农民懂技术不仅是实现农业农村现代化的必然要求，更是推进农民职业化发展的形势所需。要在加大农村教育经费投入力度的基础上，紧密联系农业农村发展实际，建立政府、农业学校、社会培训机构以及农场企业“四位一体”的职业培训体系，打通培育高素质、技能化劳动力的重要通道。三是要增强农民经营能力，发展“善经营”的新型职业农民队伍。农业规模化生产的大趋势强化了对农民经营能力的诉求。应鼓励广大农业经营主体将其现有的经营管理知识与市场经营理论有机结合，增强其抵御风险、适应竞争、乐于经营的意识和能力。

第二章　中国农业农村发展历程及政策解读

自古以来，我国就是一个农业大国，农业、农村和农民是社会稳定发展的基础，乡村建设的探索在历史上从未中断。中华人民共和国成立70多年来，我国农业农村发展取得了举世瞩目的成就，这当中离不开政策和改革的保驾护航。在经济社会发展的不同阶段，审时度势地调整农村发展政策，不断推进农村改革，成为“三农”工作的重中之重。本章回顾70多年来中国农业农村发展导向演变，梳理不同时期重要的农业农村政策，以便从历史纵深视角把握乡村振兴战略实施的大背景，进而清楚认识“从何处来”，深入思考“向何处行”。

第一节　乡村社会改良阶段（1911—1948年）

一、乡村社会改良阶段的发展概况

我国两千多年帝制时代的制度和文化，造就了相对稳定的自给自足的农业经济和相对独立的乡村单元。传统乡村社会的发展具有显著“内生性”特点，即以乡村自治和自我组织为特点，依赖于乡村士绅的个人或团体能力以及广大农村地区的“农耕文化”惯性，推动乡村建设。作为帝制时代国家政权的基层个体、国家各个阶层和基层村民联系的纽带，乡村士绅（乡贤）既是乡村规划、建设和管理工作的组织者、参与者，也是乡村水利设施、道路设施等基础设施建设的实施者和受益者。然而，在生产力极不发达的帝制时代，天灾人祸导致乡村地区极度贫困，乡村地区成为帝制时代最不稳定的边缘地带。在此背景下，国家常常借助乡村士绅（乡贤）与村民的血缘关系和影响力，通过小范围改善乡村基础设施、发展自给自足的生产建设，维持相对稳定的乡村社会秩序。

1911年，辛亥革命爆发，推翻了统治中国两千年的君主专制制度，建立中国历史上第一个资产阶级共和政府。随后，中国进入了共和时代，传统的乡村社会出现动荡衰败，乡村士绅也随之逃离乡村，进入工商业较为发达的城镇。[①]由此，传统意义上由乡村士绅主导的乡村建设或改良出现停滞，甚至倒退。同时，受地方军阀、土豪劣绅、外国传教士等进入乡村的影响，在维护地方相对稳定和保障自身利益前提下，广大乡村进入近代民主自治的乡村社会改良阶段。

二、乡村社会改良阶段的探索模式

20世纪30年代，我国乡村建设进入高潮。以晏阳初、梁漱溟、卢作孚、黄炎培、陶行知、高践四等为代表的民国精英知识分子，积极探索创新农业农村发展政策，掀起了乡村建设和改造热潮。其中，定县模式、邹平模式、北碚模式等对后世影响深远。

（一）定县模式

定县模式，即晏阳初和中华平民教育促进会在定县等地推行的系列乡村建设举措。该模式的倡导者和组织者均有海外留学背景，所需经费也不是由国民政府支出，而是美国的民间捐赠。该模式的核心在于，通过“文艺、生计、卫生、公民”四大教育，培育“有文化的中国新农民”。

（二）邹平模式

邹平模式，即梁漱溟及山东乡村建设研究院在邹平等地推行的系列乡村建设举措。其做法是通过兴建学校对广大农村居民进行伦理道德教育，并组织乡村自卫团体，维持社会治安。该模式的领导者大多没有海外教育背景，由于得到了国民政府的经费支持，对政府的依赖性较强。

① 李守可.中国共产党对近代乡村社会运行系统的重构及其启示——从中国近代乡村社会的衰败与式微谈起[J].广西社会科学，2016（02）：140-149.

（三）北碚模式

北碚模式，即卢作孚在重庆北碚等地推行的系列乡村建设举措。该模式最大的特点就是以实业为基础，兴建工厂、开办银行、发展贸易，同时开展教育、文化和环境的建设，实质上走的是一条实业救国的道路。这是中华人民共和国成立前较早进行的、效果较为明显的农村改造运动。

（四）徐公桥模式

徐公桥模式，即由黄炎培等和中华职业教育社推进的系列乡村建设举措。该模式重点通过成立徐公桥乡村改造会，制定了改造传统乡村的章程，并以此促进乡村的教育、医疗、卫生、环境等快速改善。

（五）无锡模式

无锡模式，即由高践四和江苏省教育学院进行探索推行的系列乡村建设举措。该模式最大的特点是抓住了乡村建设的“内生性”特点，立足当地特色资源和历史传承，充分发挥农民的“抱团”意识和团队协作力量，通过农村团体的自主性来解决乡村的诸多实际问题。

第二节　农村合作化改造阶段（1949—1977年）

一、农村合作化改造阶段的发展概况

中华人民共和国成立之初，因城市和工业发展极不充分，加快发展工业（尤其是重工业）成为当时的首要战略任务，而农村则担负着保障粮食安全、为工业提供原材料的重要职责。国家在农村地区实施了以恢复和发展农业为目标、由国家主导的乡村建设运动，农村地区基础设施建设和农民生活水平得到快速提高。20世纪50年代中期开始，国家决定通过互助组、初级社、高级社逐步把农民组织起来，建立苏联集体农庄式的社会主义农业组织。合作化之后建立的以工农商学兵相结合、政社合一为特征的农村人民公社，更被誉为社会主义新农村的更高形式。本阶段的农村发展是以农村生产互助组、农业初级合作社、农业高级合作社、人民公社等为主导，其规模和影响力遍及中国大地。同

时，知识青年上山下乡也为农村发展注入了新的活力，农村地区的基础设施、公共服务和基层政权组织形式等发生了翻天覆地的变化，农民生活生产条件比中华人民共和国成立前有了极大改善，为改革开放后的高速发展奠定了坚实基础。

二、农村合作化改造阶段的主要政策

我国在社会主义建设总路线的指导下，加快在农村建立和发展集体经济，在城市和工业领域实行全民所有制经济，并分步实施了系列社会主义改造运动，形成了集体经济和全民所有制经济双轮驱动的社会主义公有制经济。同时，国家采取了“以农业为基础、以工业为主导”的苏联发展模式，优先发展重工业，在恢复农业生产基础上，严格限制城乡之间的人口流动和产品流动，实行“农业支持工业、农村支持城市”战略。

在上述战略导向下，从中华人民共和国成立之初到改革开放前这段时间，我国重点推行了四项农业农村政策，即土地制度改革、农业合作化改造、建立人民公社制度、统购统销和供销信用合作政策。四项政策在不同时期逐次推进、各有侧重，共同奠定了中华人民共和国农业农村政策框架，在中华人民共和国成立之后很长一段时间内，推动了我国农业生产和农村建设。

（一）土地制度改革

中华人民共和国成立之后，首要任务就是恢复农业生产，推行一场在社会主义建设总路线指导下的农村土地改革运动迫在眉睫。结合解放区土地改革的做法和经验，1950年6月，我国出台《中华人民共和国土地改革法》，以此为法律依据向全国推行新的土地制度，即“废除地主阶级封建剥削的土地所有制，实行农民的土地所有制”。主要做法：没收地主的全部土地，没收的土地以乡为单位，平均分配给没有土地和土地较少的农民，以及被没收土地的地主；保护中农、富农的土地和财产，保存富农经济。至1953年，全国土地制度改革基本完成，约3亿农民共同分配了7亿亩农村土地，宣告了压迫中国人民两千多年的封建土地所有制彻底结束。

（二）农业合作化改造

土地制度改革以后形成的千千万万传统小农经营，在某种程度上阻碍了农业现代化道路，一场具有鲜明社会主义特征、以建立集体经济为目的的农业合作化改造运动应运而生。1953年末，在土地制度改革结束的同时，《中共中央关于发展农业生产合作社的决议》出台并执行。该决议充分肯定了此前在局部地区试点探索、以“土地入股、生产互助”为主要特征的农业生产合作社的优越性。在党中央的大力号召下，短短两年，农业生产合作社数量从1.4万个增长到190多万个，全国入社农户占比达到60%。与此同时，部分地区开始探索更高级别的生产合作形式——生产资料和生产剩余均归集体所有，并快速向全国推广。1956年末，农业高级生产合作社发展到54万个，入社农户占比提高到88%。仅4年时间，全国便基本完成了农业合作化改造。

（三）建立人民公社制度

人民公社最早出现在河南驻马店遂平县，其组织及成效获得了毛泽东的高度评价，毛泽东还将其特点概括为“一大二公”①。1958年8月，党中央正式出台《关于建立农村人民公社问题的决议》，在全国范围内掀起人民公社建设高潮。1958年末，入社农户占比超过99%，全国农村迅速实现了人民公社化。以后几年，经过不断调整和纠偏，逐步形成了“三级所有、队为基础”②“政社合一”的人民公社体制。根据1962年9月通过的《农村人民公社工作条例修正草案》，农村人民公社实行各尽所能、按劳分配、多劳多得、不劳动者不得食的原则，是社会主义的互助、互利的集体经济，与全民所有制经济一起，构成了社会主义经济的两种形式。人民公社制度推行严重的平均主义，是我国急于向共产主义过渡的制度产物。

（四）统购统销和供销信用合作

基于粮食供求矛盾突出，以及“农村支持城市”的战略考虑，中华人民共和国成立以后，中央决定对粮油实行统购统销，并建立供销合作社和信用合作社。1953年起，我国开始了长达32年的粮油统购统销制度，即在农村实行征购，在城市实行定量配给；供销合作社于1957年基本建成上下连接、纵横交错

① “大”是指规模大，通常是将百余户的农业合作社合并为上千户的人民公社，一般是一乡一社；“公”是指公有化，农民一切财产上交公社，在全社范围内统一核算、统一分配，实行供给制度。

② 人民公社的组织，可以是两级，即公社和生产队，也可以是三级，即公社、生产大队和生产队，基本核算单位是生产队。

的全国性流通网络，承担着工农产品交换的重任；农村信用合作社是20世纪50年代初创办的农村互助合作组织，工作重点在于帮助解决农业生产中农具、农资等缺乏的困难。此三项政策着眼于国家与农民、农村的关系，在很长一段时间，为促进生产发展、保障人民生活、稳定社会秩序发挥了重要作用。

第三节　农村市场经济体制形成阶段（1978—2001年）

一、农村市场经济体制形成阶段的发展概况

1978年12月18日，党的十一届三中全会召开，我国翻开了改革开放和社会主义现代化建设的新篇章，也开始了农村市场经济体制改革进程。20世纪70年代末，以家庭联产承包责任制等为主要内容的农村改革迅猛兴起，农业的经营形式由单一的集体经营变成统分结合的双层经营，农户的家庭经营成为农业生产的一个重要层次，由此解决了长期存在的农业劳动和经营激励问题①。80年代初期和中期，从人民公社制度到联产承包责任制、从农村商品生产流通到乡镇企业、从农产品统派购制度改革到工农城乡关系、从实行行政村管理体制到深化农村改革，农村地区生产力得到极大释放，农村环境得到极大改善，农民生活水平得以极大提升。80年代中后期，以农业生产为主体，发展农村第二、第三产业被提上议事日程。自此，乡镇企业成为推动农村经济发展、促进农民增收的重要引擎。

在乡镇企业的带动和引领下，农村地区基础设施和公共服务设施建设快速推进，农民收入快速增长，农村进入大发展阶段。据统计，1988年，全国粮食总产量由1978年的2 000亿千克增加到4 000亿千克。到20世纪90年代初期，乡镇企业成为中国经济中最活跃的部分，中国工业产值中“三分天下有其一”。20世纪90年代以后，随着我国经济体制市场化改革的深入推进，国家发展重心由农村转向城市，重点放在了工业化和城镇化上，对农业、农村和农民的投入有限。与此同时，农业自身存在的弱质性在市场经济中也愈加凸显，“三农”问题逐渐引起社会关注。这一阶段，农业虽得到了长足发展，但在国民生

① 蔡昉.中国改革成功经验的逻辑[J].中国社会科学，2018（1）：29-44.

产总值中的占比逐年下降，从业人口也呈递减态势，对国家发展的影响正在减弱。

二、农村市场经济体制形成阶段的主要政策

党的十一届三中全会做出了把全党工作重点转移到社会主义现代化建设上来的战略决定，确立了解放思想、实事求是的思想路线，开启了波澜壮阔的改革开放征程，而农村改革则成为我国改革开放的重要起点和突破口。20世纪80年代的农村改革以解放生产力、发展生产力、激活农村市场经济为核心，90年代的农村发展战略导向则是在此基础上逐步构建社会主义农村市场经济体制，使我国农业农村发展步入市场化的轨道。

改革开放至我国加入世界贸易组织（WTO）这20多年的时间里，党和国家在农村的主要政策举措包括实行家庭联产承包责任制、倡导发展多种副业、改革农产品流通体制、大力发展农村商品经济等等。同时，为适应新生产力和发展形势，逐步调整农村基层治理结构。通过一系列改革，我国社会主义农村市场经济体制基本形成，农业综合生产力显著提升，农民生活水平大幅提高。

（一）确立家庭承包经营制度

1978年2月，党中央制定了《关于当前农村经济政策几个问题的规定》，提出要尊重生产队自主权，坚持按劳分配，鼓励实行生产责任制和开展多种经营，允许和鼓励社员经营少量的自留地和正当的家庭副业。当年，以凤阳县小岗村为代表的安徽和四川部分农村率先实行了包产到户。党的十一届三中全会后，全国多地根据自身条件探索实行包产到户、包产到组、包干到户等不同形式的生产责任制。尤其是1982年、1983年连续两年的中央一号文件都聚焦农业农村改革发展，以农户家庭承包经营为基础、统分结合的双层经营体制得到全面推广。1983年10月，中共中央、国务院颁发了《关于实施政社分开建立乡政府的通知》，此举不仅标志着“政社合一”的人民公社制度彻底结束，而且促进了承包责任制更深层次、更广范围的践行、巩固和完善。1983年末，我国农村实施包干到户的农户占比超过九成。为保持土地承包关系稳定并长久不变，党的十五届三中全会（1995年）和党的十九大（2017年）均提出“农村土地承包到期后再延长30年”。

（二）农产品流通体制改革

伴随着农业生产迅速恢复，农村商品化意识不断增强。为解决农村鲜活农产品积压浪费和城市农产品需求得不到有效满足的矛盾，党的十一届三中全会提出恢复农产品集市贸易，允许其作为社会主义经济的补充存在。1979年开始，全国各地农产品集贸市场迅速恢复。1983年，中央一号文件提出逐步缩小农产品统购派购范围，并允许农民对完成统派任务后的产品开展多渠道经营。1978—1984年，国家统派购的农副产品的品种减少70%，比重降低45%。1984年、1985年的中央一号文件提出进一步激活农村商品经济，取消农副产品统购统销制度，鼓励农民参与多层次、多渠道的农村商品流通。1990年，我国开始对部分农产品实行“国家定购”，整个20世纪90年代都在开展以粮食为核心的农产品市场流通体制改革，基本解决了粮食收购价格偏低和购销价格倒挂问题，逐步形成了粮食购销双轨制，并初步构建起全国农产品市场网络体系。

（三）鼓励发展乡镇企业

在农业生产效率迅速提升和农村商品经济充分激活的背景下，乡镇企业异军突起，为转移农村剩余劳动力和增加农民收入做出了巨大贡献。改革开放初期，党中央要求加快社队企业发展，鼓励农村发展种养业以外的加工业、建筑业、运输业以及各种服务业。1984年，国务院发布《关于开创社队企业新局面的报告》（中央四号文件），将社队企业统一改称“乡镇企业”，并要求地方各部门积极支持社队企业的发展。此后几年，国家不断放开产业限制，全国兴起了农村大办企业的风潮。不同所有制企业同台竞争，乡镇企业在快速发展中迎来了辉煌时代，1987年乡镇企业产值首次超过农业产值。1991年11月，中央又对乡镇企业出口创汇给予新的扶持政策，进一步促进了乡镇外向型经济发展。但随着外部环境变化，乡镇企业自身的发展局限性日益凸显，在全国经济产业调整的20世纪90年代中期逐渐式微。

（四）乡村治理结构改革

改革开放后，乡镇治理结构改革主要是在20世纪80年代中期。1983年开始实施行政分开，全面建立乡政府。1986年我国发布《关于加强农村基层政权建设工作的通知》，从政治、经济两个领域，村、乡、县三个层级，系统地提出了完善乡镇政权建设的思路[①]。村级层面治理结构改革主要涉及村民自治。1982年12月公布实施的《中华人民共和国宪法》规定农村实行村民自治制度，次年开启村民委员会组织法立法过程，并于1987年审议通过《中华人民共和国村民委员会组织法（试行）》。该法于20世纪90年代中后期加以修订，在加强党的领导、选人、议事、监督方面充实了新的内容，并对村民委员会的性质、职能和相关问题做了更为明确的规定。1998年，《中华人民共和国村民委员会组织法》[②]正式颁布，标志着我国村民自治正式步入法制轨道。

第四节　统筹城乡发展阶段（2002—2016年）

一、统筹城乡发展阶段的发展概况

2002年，党的十六大胜利召开，正式提出“统筹城乡经济社会发展，建设现代农业，发展农村经济，增加农民收入，是全面建成小康社会的重大任务”，城乡统筹建设正式拉开帷幕。这是党中央根据21世纪我国经济社会发展的时代特征和主要矛盾，致力于突破城乡二元结构，破解“三农”难题，全面建成小康社会做出的重大战略决策。2005年10月，党的十六届五中全会提出建设社会主义新农村的重大历史任务，提出“生产发展、生活富裕、乡风文明、村容整洁、管理民主”的具体要求。2006年1月1日，《中华人民共和国农业税条例》正式废止，标志着9亿中国农民彻底告别了缴纳农业税的历史。我国以新农村建设为目标，正式进入工业反哺农业、城市支持农村、财政补贴农民的新时期。2007年10月，党的十七大报告提出，“要统筹城乡发展，推进社会主义新农村建设”，把农村建设纳入国家建设的全局。2008，党的十七届三中全会指出，形成城乡经济社会发展一体化新格局，必须扩大公共财政覆盖农村范围，发展农村公共事业，使广大农民学有所教、劳有所得、病有所医、老有所

① 赵树凯.关于乡镇改革历史进程的考察[J].经济研究参考，2008（32）：44-47.

② 为坚持和加强党的全面领导，完善党领导下的基层群众自治制度和工作机制，与总支部委员会、支部委员会的任期保持一致，2018年末我国对《中华人民共和国村民委员会组织法》做出修订，将村民委员会任期从3年改为5年.

养、住有所居，并提出了城乡一体化建设的八大具体措施①。2012年11月，党的十八大对推动城乡发展一体化做出了重要部署，明确指出要加快发展现代农业，着力促进农民增收，坚持和完善农村基本经营制度，加快完善城乡发展一体化体制机制。2013年，党的十八届三中全会提出“形成以工促农、以城带乡、工农互惠、城乡一体的新型工农城乡关系”。这一时期，随着国家城镇化进程的加快，撤村并点，农民进城成为市民的速度也开始加快。

与此同时，从2004年开始，中央连续发布了14个以“三农”为主题的中央一号文件，表明国家对“三农”问题高度关注，在“三农”领域的财政投入和政策倾斜也不断加大。这一阶段，政府稳步推进土地制度改革，完善乡村公共服务体系，提出“美丽乡村”的建设目标，乡村居民的生活环境得到明显改善。同时，在推动城乡统筹发展方面，城乡一体化建设有了较为具体的发展目标和发展方向，党的多项“三农”工作也全面向城乡一体化建设的目标迈进。在实践中，中央统筹城乡和城乡一体化政策的实施取得显著效果，城市高速发展，农民得到的实惠增多，“三农”问题有所缓解，农村产业基础愈加夯实，公共服务显著提升，生态环境逐步改善，发展潜力得到释放。

二、统筹城乡发展阶段的主要政策

在统筹城乡发展的战略指导下，21世纪以来的农业农村政策遵循“少取、多予、放活”的基本原则，逐步构建强农惠农政策制度框架，加大农村基础设施以及公共服务领域的财政投入，在合作经济、农村金融、县乡财政、义务教育等领域开展农村综合改革试点，完善农民工就业和保障政策，等等。这一系列政策的实施极大地改善了农民生活条件，有效防止了城乡差距进一步扩大。

（一）调整完善强农惠农政策体系

21世纪伊始，党中央决定为农民减负、为农村松绑，开启了农村税费制度改革。2004年取消农业特产税（烟叶除外），试点开展农业税免征。2006年正式废止《中华人民共和国农业税条例》，彻底取消全国农业税。2004—2010

① 包括繁荣发展农村文化、大力办好农村教育事业、促进农村医疗卫生事业发展、健全农村社会保障体系、加强农村基础设施和环境建设、推进农村扶贫开发、加强农村防灾减灾能力建设、强化农村料会管理。

年，我国逐步搭建生产技术与收入相结合、专项与综合相配套的农业补贴政策体系框架，“三补一减”（粮食直接补贴、良种补贴、农机具补贴和农业税减免）政策效应明显。与此同时，中央财政2005年开始对产粮大县加大转移支付和奖励力度，实行粮食最低收购价、大宗农产品临时收储等保护性收购政策。2008年起设立现代农业生产发展专项资金，并不断完善粮食风险基金制度，扩大农业保险保费补贴试点范围，通过一系列政策举措稳定农业生产，促进农民增收。2012年中央财政“三农”投入资金达到12 388亿元，较2002年提高了5.5倍。党的十八大以来，我国农业农村支持保护政策更加强调生态保护建设、农业资源休养生息和集约利用、农田水利等基础设施建设和管护，并不断优化财政支农方式。与此同时，我国致力于促进农村居民合作医疗保险、农村医疗救助制度和新型农村社会养老保险等领域与城市居民并轨，在打破城乡二元结构、实现城乡基本公共服务均等化方面迈出了重要步伐。

（二）促进农民合作经济组织发展

经过20世纪80年代的生产力大发展，我国农产品供求格局发生了根本性改变，农产品产业链条越来越长，但初级产品所占份额越来越低，如何保障初级生产者经济利益的问题浮出水面。1991年，党的十三届八中全会决定，要积极支持农业专业协会、专业合作社和农户自办联办的各种服务组织等。各地也因地制宜开展多种合作形式的探索实践。2004—2008年连续五年的中央一号文件都强调发展农民合作经济组织的必要性和重要性。尤其是2007年7月《中华人民共和国农民专业合作社法》的实施，给予了农民合作社一个正式合法地位，将我国农民合作组织发展推向了一个新高潮。但农民自发组成的合作社和协会在经营观念、管理制度、资金技术等方面与大公司仍然存在较大差距，合作社数量虽多，有效运营的却不多。如何推动农民合作经济组织健康发展，仍然有待改革探索。

（三）农村金融体系重构

改革开放至20世纪90年代中期，“三农”金融服务主体一直是中国农业银行领导下的各地的农村信用合作社。1996年，我国开启农村金融体制改革，农村信用社脱离农行的行政隶属关系，试图转型为由农民自愿入股、社员民主管理的合作性金融组织。2003年，国务院出台《深化农村信用社改革试点方案》，着力推进农村信用合作社产权制度、治理结构和管理制度现代化。党的十六大以后，农村金融机构多元化、构建竞争性农村金融市场体系、提高农村金融经营效益成为农村金融改革的主要内容。与此同时，部分地区于21世纪初开始探索的农户小额信用贷款制度，也在实践中不断完善并逐步扩大试点，成为农村金融服务的又一重要供给主体。

（四）完善农民工相关政策

随着工业化、城镇化的快速推进，农村劳动力转移就业更加普遍，农民工数量从2004年的1.2亿人增加到2017年的2.9亿人，成为“三农”领域举足轻重的庞大群体。党中央、国务院高度重视农民工群体的就业状况和权益保障。2004年，中华人民共和国国家林业和草原局制定《2003—2010年全国农民工培训规划》，牵头多部门启动实施“农村劳动力转移阳光工程”，极大地提高了农民转产转移就业能力，2010年，国务院发文要求继续加大力度，进一步做好农民工培训工作；2003年、2004年连续两年国务院发文要求改善农民工就业环境；2006年，国务院正式建立农民工工作联席会议制度，并印发《关于解决农民工问题的若干意见》，明确要求建立健全就业服务体系，强化农民工就业指导和工伤、医疗、子女教育等保障；2010年、2016年先后发文要求切实解决农民工工资拖欠和支付问题；2014年、2015年，着重鼓励农民工返乡创业，并要求提升就业创业服务和指导。

第五节　乡村振兴战略实施阶段（2017年至今）

一、乡村振兴被提升到战略高度、写入党章

基于我国城乡关系变化特征，为完成决胜全面建成小康社会、建设社会主义现代化国家的重大历史任务，党中央在2017年党的十九大上提出实施乡村振兴战略，要求坚持农业农村优先发展，让农业成为有奔头的产业，让农民成为有吸引力的职业，让农村成为安居乐业的美丽家园。

2018年1月，中央一号文件以乡村振兴战略为主题，明确了乡村振兴的重

大意义和总体要求。2018年9月，中共中央、国务院印发《乡村振兴战略规划（2018—2022年）》，从构建乡村振兴新格局、加快农业现代化步伐、发展壮大乡村产业、建设生态宜居的美丽乡村、繁荣发展乡村文化、健全现代乡村治理体系、保障和改善农村民生、完善城乡融合发展政策体系等方面，对新时代乡村振兴提出全方位的要求和引导。自此，大力推进乡村振兴被提升到战略高度、写入党章，这是党中央着眼于全面建成小康社会、全面建设社会主义现代化国家作出的重大战略决策，为新时代农业农村改革发展指明了方向、明确了重点。

2019年的中央一号文件强调继续坚持农业农村优先发展总方针，抓重点、补短板、强基础，进一步提出了重要农产品保障、数字乡村两大战略，深入推进优质粮食、农产品质量安全保障等8个工程，大豆振兴、农村义务教育学生营养改善等5个计划，奶业振兴、农业关键核心技术攻关等9个行动，美丽宜居村庄和最美庭院创建、群众性精神文明创建两大活动。全面推进乡村振兴的政策举措正加快落实在神州大地上。

二、继续聚焦“三农”问题

2020年2月5日，2020年中央一号文件颁布，继续聚焦“三农”问题。文件明确指出，2020年是全面建成小康社会目标实现之年，是全面打赢脱贫攻坚战收官之年。“小康不小康，关键看老乡”。要完成上述两大目标任务，脱贫攻坚最后堡垒必须攻克，全面小康在“三农”领域突出短板必须补上。

2020年是全面建成小康社会目标实现之年，也是确保实现第一个百年目标、为第二个百年目标打好基础的关键阶段。党的十九大从顶层设计开始把“三农”问题定位为乡村振兴，事实上确立为国家重大战略。乡村振兴战略实现也具体设定了三步目标：到2020年，乡村振兴取得重要进展，制度框架和政策体系基本形成；到2035年，乡村振兴取得决定性进展，农业农村现代化基本实现；到2050年，乡村全面振兴，农业强、农村美、农民富全面实现。在这样一个承上启下之年，一号文件有很重要的现实和战略意义。

“承上”意味着2020年要全面消除绝对贫困，顺利实现第一个百年奋斗目标。我们知道，绝对贫困主要发生在农村。国务院扶贫办表示，我国将对2019

年底全国未摘帽的52个贫困县，以及贫困人口超过1 000人和贫困发生率超过10%的共1 113个贫困村进行挂牌督战，及时解决制约完成脱贫攻坚任务的突出问题，确保贫困人口如期脱贫、贫困县全部摘帽。我们有理由相信，在党中央的统一领导和统一部署下，按照现有的政策力度，今年底之前全面消除绝对贫困，乡村振兴取得重要进展，顺利达成第一个百年目标是完全可以实现的。

“启下”意味着，2020年的一号文件也在为乡村振兴基本建立制度框架和政策体系。一号文件分为五个部分，包括坚决打赢脱贫攻坚战、对标全面建成小康社会加快补上农村基础设施和公共服务短板、保障重要农产品有效供给和促进农民持续增收、加强农村基层治理、强化农村补短板保障措施。前两个部分对标第一个百年目标，对农村全面建成小康社会做最后的扫尾工作和全面期末检查。后三个部分，从保障农产品供应、促进农民收入持续增收、加强农村基层治理，以及强化对农村补短板保障措施等角度，为实现乡村全面振兴，“农业强、农民富、农村美”的目标，建立了基本制度框架和政策体系。

经过改革开放40多年的奋斗，国民经济快速发展，2019年我国国内生产总值（GDP）已经达到了99万亿元，人均GDP突破了1万美元大关，达到了10 276美元。2019年末，我国常住人口城镇化率已经超过了60%。但是，“民以食为天”是一个人类社会亘古不变的现实，在一个人口接近14亿的大国，无论经济多么发展，农业还是国民经济基础，农村还是中国社会稳定发展的“压舱石”，农业农村还是国民经济发展中的弱势和短板。“优先发展农业农村”还是要作为一项长期坚持的政策。

同时，我们也要意识到农业和农村的结构发生了重大的变化，“三农”问题面对着新的挑战：农业工业化、农民收入非农化以及农村老龄化的问题。这些问题对农业可持续发展和乡村振兴目标的实现提出了新的挑战。

第一，农业工业化是指种植业中化肥、农药、现代种子以及机械的大规模投入，以及畜牧业的大规模集中生产和抗生素等的大量使用。农业生产效率在提高的时候，其生产对环境也造成了很大的负担，造成了生物多样性的丧失，以及水资源、土壤以及空气的污染等问题。

第二，虽然我们的城市化率已经超过60%，但是还有大约5.6亿人口居住在农村，农业还是他们的主要收入来源之一。虽然现在国家大力推进土地流转，提高种植规模，但是由于制度和自然条件限制，我国农业生产细碎化的特征还没有根本改变，这导致了农业经营收入占农民总收入比例逐步下降。外出打工已经成为农民的主要收入来源。2018年农村年人均可支配收入为14 617元，工资性收入和经营性收入分别为5 996元和5 358元。工资性收入超过了经营性收入，这意味着，通过支持农业来增加农民收入的政策效果会非常有限。

第三，农村还有40%的常住人口，老龄化是农村最大的特征。这些老年人从文化和经济上都很难融入城镇生活。由于机械服务等农业经营服务体的发展，农业生产本身受到的影响有限。老龄社会最大的挑战是他们的养老问题。现有的养老金和养老设施覆盖是远远不够的。制定农村养老政策，让农村老人实现“老有所养”是一个很大的政策挑战，也是衡量一个国家进步程度的重要标志。①

随着整体经济的进一步发展，中国正在迈向一个发达国家之路。在欧洲等发达国家，其“三农”问题表现为所谓的3F问题（Farm，Food，Future）：农场、食物和可持续发展问题。其核心就是让农业保持活力、保障食物安全的同时，从社会和环境等方面实现可持续发展。

2020年的一号文件对这些问题也有所涉及，但这些问题会成为未来中国农业的主要政策问题；面向未来，解决这些问题，是到2050年乡村全面振兴，农业强、农村美、农民富全面实现的重要前提。

① 杨长福，刘志慧. 农村老人“老有所养”之挑战与抉择[J]. 农村经济，2006（10）：110-112.

第三章　乡村振兴战略的农村发展愿景

乡村振兴是走中国特色现代化道路的必然要求。乡村振兴背景下，产业兴旺是乡村振兴战略的重点，生态宜居是乡村振兴战略的关键，乡风文明是乡村振兴战略的保障、生活富裕是乡村振兴战略的根本。

第一节　乡村振兴战略的重点——产业兴旺

党的十九大指出中国特色社会主义进入新时代，并根据我国社会主要矛盾的转换，提出了实施乡村振兴战略。

乡村振兴战略规划是基于我国的社会和乡村发展现状提出来的，是基于我国社会主要矛盾发生变化和城乡发展不平衡不协调的背景下提出的。[①]

产业兴旺是乡村振兴战略的首要要求，是产业振兴的核心内容。新时代农村产业兴旺有着丰富的内涵，表现出要素流动双向性、经营主体多元性、利益联结复合性、产业发展融合性等典型特征。农村产业兴旺是提高农民生活水平、实现乡村振兴的首要要求，是实现农村产业振兴、推进城乡融合发展的必要条件，是推动农业现代化、构建现代型产业体系的应有之义。

一、产业兴旺的国家政策梳理

“三农”是关系国计民生的根本性问题。1982年，中央出台了第一个一号

① 赵静涛．以产业兴旺推动乡村振兴探究[J].农村经济与科技，2020，31（16）：208-209.

文件——《全国农村工作会议纪要》。自此以后，国家对“三农”的政策力度有增无减。

国家农业政策经历了三个阶段的变化和演进：

第一个阶段（1982—2001年），强调农业生产，围绕农业市场化、规模化、体系化建设推行包括制度、要素投入等一系列改革。

第二个阶段（2002—2016年），强调农业的经济和社会效应，要求农业发展在承担产业任务的同时，承担城乡统筹建设、资源调整、产业体系延伸等多种功能，建立起有保障、有质量、有产能、有效率、有格局的产业体系。

第三个阶段（2017年至今），强调农业产业发展的综合力量，农业要有赋能的属性，能够在一切需要它发挥作用的地方展现应有实力。农业不再作为一种产业体系而存在，而是超越了这种体系，成为全产业、全社会、全生态的体系。乡村产业不再局限于农业或者“农业+”，而是充分发挥农业的力量，实现“农业+”，成为衔接不同产业、不同格局的力量。在未来一段时间内，国家农业政策将聚焦于精准扶贫、农产品增质提效、绿色生产、产业结构和空间调控。

《中共中央　国务院关于实施乡村振兴战略的意见》（2018年中央一号文件）提出了乡村振兴战略的实施意见。乡村振兴，产业兴旺是重点。必须坚持质量兴农、绿色兴农，以农业供给侧结构性改革为主线。

按照党中央、国务院决策部署，国家发改委2018年牵头编制《乡村振兴战略规划（2018—2022年）》，按照程序上报党中央、国务院。2018年5月31日，中共中央政治局召开会议审议。国家发改委根据本次会议要求，对其进行修改完善，并报请印发实施。

《农业农村部财政部关于深入推进农村第一、二、三产业融合发展开展产业兴村强县示范行动的通知》（农财发〔2018〕18号）提出，全面贯彻落实党的十九大精神，以习近平新时代中国特色社会主义思想为引领，以实施乡村振兴战略为总抓手，以农业供给侧结构性改革为主线，以产业融合发展为路径，以乡土经济、乡村产业为核心，以农业产业强镇（含乡，下同）示范建设为载体，以资金资源统筹、投融资机制创新为动力，推动农业转型升级，推进产业全面振兴，带动农村全面进步、农民全面发展，走出一条中国特色社会主义乡村振兴道路。

二、产业兴旺的实施路线图

党的十九大报告要求，建立健全城乡融合发展体制机制和政策体系。产业发展是实现乡村振兴的核心。农村产业发展是农村可持续发展的内在要求。

初步归纳，关于乡村振兴战略的产业兴旺实施路线图如下：

一是编制乡村振兴战略规划、产业振兴专项规划和三年行动计划。各级党委、政府要加强组织领导，明确各级发改、农业、工业和信息化、畜牧、林业等部门职责，加强协调互动，分工负责，研究制定和分解落实乡村振兴战略规划与三年行动计划。各部门制定文化旅游、乡村文明、组织建设、人才建设、科技研发等专项规划，完善各级乡村振兴的政策环境和产业政策，为产业兴旺提供科学的决策依据。

二是积极推动并探索乡村振兴的产业兴旺模式。我国农村过去强调农业生产发展，目标在于解决农民的温饱问题。党的十九大以来，农业必须从生产发展到产业兴旺，其主要目标是实现农业农村现代化。产业兴旺从过去单纯追求产量向追求质量转变，从粗放型向精细型经营转变，从不可持续发展向可持续发展转变，从低端供给向高端供给转变。

三是采取问题导向，制定有序推进的步骤和策略。党的十九大将产业兴旺作为乡村振兴战略的核心。为解决我国农村产业发展的诸多问题，包括但不限于地方特色和核心优势不明显、产业布局同质化、产业结构单一、产业缺少竞争力、效益增长乏力等，必须加强调查研究，改进管理决策水平，创新振兴模式和思路，优化农业产业结构，补短板，降成本，打通农村产业发展的“最后一公里”。

四是确定优势产业和培育产业。根据各地区资源和优势，运营分析模型，确立产业组合和主导产业，明确产业发展的主要任务。积极探索农村产业模式和新业态，制订具体行动计划，推动农村第一、二、三产业融合发展。严守耕地红线，大规模推进高标准农田建设和农村土地综合整治，加强永久基本农田保护，全面落实永久基本农田质量建设，建立健全耕地保护补偿和激励机制，构建数量、质量、生态协调发展的耕地保护体系。运用物联网、大数据、云计算、人工智能等技术改造提升传统农业，发展智慧农业、设施农业、都市农业。大力培育家庭农场，鼓励有条件的种养大户、农村经纪人和投身现代农业的高校毕业生登记注册成立家庭农场，开展示范创建，打造特色农场、美丽农场和智慧农场。

五是落实责任分工和重点任务。以推进供给侧结构性改革为主线，明确产业兴旺的路线和主要责任，分工落实到各部门、各行业和重点农业示范园等，与重点项目相结合，不断优化、提升供给质量和效益，推动农业农村发展提质增效，实现农业增产、农村增值、农民增收。

六是完善产业兴旺的要素配置和激励机制。重点是出台要素资源流动和优化配置的政策，制定出台财政、税收、金融和产业政策，发行产业扶持基金或乡村振兴战略基金，出台人才培育、引进和科技研发激励政策，制定各级党委、政府与乡村振兴、产业兴旺挂钩的政策与考核细则。加大责任考核和业绩兑现，提升规划制定和产业落地的力度和监督约束，推动产业兴旺目标的顺利实现。

三、产业兴旺的实践案例——以国际产业振兴的实践为例

全球各国农业实践可以为我国乡村振兴战略实施提供借鉴。本书系统梳理世界范围内重点国家的实践做法，按照效果显著、模式创新、有普遍参考价值的原则，进行了归纳提炼，总结出日本、韩国、德国等七个典型国家的乡村产业发展案例。

1.日本——精致、品牌、融合

发展精致农业、品牌农业，提高农副产品品质。实施“六次产业”，挖掘农业多种功能。推动专业化分工、工厂化生产，有效保障农副产品商品化率。依靠农协组织提供的全产业链服务，协调并支持各地农业生产。获得政府大力支持并实施高强度的农业贸易保护政策，保护国内农产品市场。

2.马来西亚——创汇、外资技术

实施农业经济多样化发展战略，重点支持橡胶、棕榈油、可可、热带水果、海产品等外向型、创汇型特色农业发展；积极利用新加坡等国家的外资和技术，促进农业与农产品加工业发展。

3.意大利——观光、有机

发展有鲜明地域特征、显著比较优势的蔬菜、瓜果等特色品种，优化农业种养结构；推动观光农业（世界上最早提出休闲农业概念）与有机农业（欧盟有机农业生产面积最大的国家之一）发展，提高农业生产增加值；实施欧盟共同农业政策，加大对提高农业竞争力等支持力度。

4.德国——规模、人力、科技、加工

加大土地整治力度，改善农业基础条件，提高农场经营规模；注重高素质、高技能农业劳动力培养，鼓励发展各类农业联合体和合作社，改善农场经营管理水平；拥有高度发达的农业科技，保障德国农业竞争力；拥有非常发达的农产品加工业，提高农业生产附加值；实施欧盟共同农业政策，加大对提高农业竞争力等支持。

5.荷兰——出口、技术、优质高产

立足欧盟、着眼全球，大力发展出口导向型农业；建有高度发达的设施农业，利用资金密集的先进农业技术来取得较高的农业产出；因地制宜发展大田种植、园艺、畜牧与农产品加工业，凸显优质、高产特色；实施欧盟共同农业政策，加大对提高农业竞争力等支持。

6.韩国——特色、区域性产业

实行新村运动，采用政府主导、农村提出申请的方式进行精准建设；以提高农民收入为核心，着力改善农民生产、生活环境，引导农村发展特色产业、区域性产业。

7.美国——高端、全金融服务

对农业制定全方位扶持保护政策，促进农业规模化、高端化、品牌化发展；政策性、商业性和合作性金融机构三足鼎立，分别发挥引导、核心和扶持作用。

8.乡村产业发展原则

对筛选出的上述案例进行归纳发现，成功的乡村产业发展都遵循以下原则：

一是注重可持续的规划管理，协调产业与生态、社会之间的发展关系。产业始终围绕“生态”和“以人为本”两个中心推进。强化可持续发展理念，尊重规划的权威性，规划一旦得到批准，就必须实施，不能随意更改，同时兼顾规划的综合性、超前性、科学性和务实性。

二是因时、因地、因势制宜，上下结合，充分发挥乡村主体的主观能动性。因时制宜，就是把握历史发展风口，推动乡村产业发展。农业濒临崩溃，工农业、城乡差距大，农村在经济、文化等各领域均远远落后于城市。乡村发展到了需要突破的关口。韩国因时制宜，发起新村运动，以提高农民收入为核心，引导农村发展特色产业、区域性产业。因地制宜，就是充分利用资源禀赋，发挥本国比较优势带动乡村产业发展。马来西亚自然资源丰富，区位优势显著，以特色产业开局，以国际市场支撑多样化发展，充分利用毗邻新加坡的区位优势，引进外资和先进技术实行链上整合，提高附加值。因势制宜，就是对产业发展方向进行精准判断，顺势而为，带领乡村产业占领新高地。美国乡村产业发展一直采用因势利导的政策，农业与制造业、服务业一直“友好相处”，并通过双向资源、技术、资金输出建立完整农业体系。日本首次提出“新六产”概念，在农业未来发展中抢占“跑道”，进行全链服务。另外，各类乡村产业发展成功的国家，无一不是在政府和市场双重努力下快速发展，尤其是在乡村产业发达的国家，政府的规划布局起到了关键作用。

三是重视乡村基础设施建设。各国乡村发展普遍经历了从单一目标向多元目标综合推进的转变，如基础设施建设、人居环境改善、乡村产业振兴等。乡村产业振兴始终是核心，改善乡村居住环境和基础设施条件是普遍的首选，始终把基础设施和公共服务设施建设作为重中之重。在日、韩等国的发展规划中，优先将学校、医院、图书馆、广场、公园等公共基础服务设施放在重要位置，不断改善交通设施、通信设施及能源供给设施，以满足农村居民的生活与工作要求。适应信息化发展形势，不断完善乡村互联网，大力发展信息服务平台建设，为农产品销售、人才培训、农业信息资源开发等提供服务，全面普及农业信息化。基础设施作为有利的支撑条件不断推动产业发展，产业振兴后又反哺基础设施建设，形成良性循环。

四是鼓励大众参与，充分发挥群众的积极性和创造性。在典型案例中，公众不仅可以在规划阶段参与，还可以通过座谈会、规划展示论证等多种方式参与规划的前期研究。为了鼓励公众参与，各国各地区均十分注重公众参与的法律权威，为公众参与提供了法律保障，没有经过公众论证的规划得不到主管部门审批。公众在规划执行和建设阶段，积极履行监督责任，必要时可以对不合乎规划要求的行为进行申诉。

四、产业兴旺的发展方针

（一）坚持因地制宜

产业兴旺具有丰富的内涵。实施乡村产业兴旺既要基于第一产业又不能囿于第一产业，而应着眼于优化第一产业，在此基础上大力发展第二、三产业，促进农旅结合，农网融合，第一、二、三产业融合，强化第一产业对第二、三产业的支撑力度，提升第二、三产业对第一产业的反哺力度。通过第一、二、三产业的相融相通和乘数效应，拓展农业发展空间，拉长农业产业链，拓宽农业产业幅，提升农业价值链，完善农业利益链，促进农业接二连三、跨二进三，推动农村第一、二、三产业融合发展。

1.要优化第一产业

农业关系到国计民生，是国民经济的基础。民以食为天，农业在任何时候、任何情况下都不能放松。然而，在调研中发现，在当前各地实施乡村振兴战略过程中，农业大多被自觉不自觉地轻视了。虽然大家都在谈农旅结合，但实际上“农”讲得不多，“旅”讲得较多；在资金投向上，对“农”投得不多，对“旅”投得较多，轻视第一产业的倾向在有的地方较为明显，这并不符合“产业兴旺”的客观要求。农是本源，否则第一、二、三产业融合就成了无源之水、无本之木。因此，还是要坚持基础产业不能动摇，与此同时，不排斥农旅结合，而是积极鼓励利用农业的多功能性，充分发挥农业的生产、生活、生态功能，推进农旅结合，第一、二、三产业融合发展。具体到工作中，要大力发展“农业+”，农业适合与什么结合就与什么结合，但核心还是要进一步优化农业产业，突出农业产业发展的绿色化、优质化、特色化和品牌化。

2.要因地制宜

一切从实际出发，千万不能照搬照抄，用一个模式去套。落实到某一个具体的乡村，则要坚持宜种（种植业）则种、宜养（养殖业）则养、宜林则林、宜旅则旅、宜工则工、宜商则商、宜运（物流业）则运，要根据各个乡村的实际情况来选择和培育产业发展方向。在这方面，浙江省已涌现出了许多典型案例，如安吉县黄杜村发展白茶产业、永康市下贵村发展养龟产业、余姚市横坎头村发展红色旅游、磐安县乌石村发展乡村旅游、临安市白牛村和缙云县北山村发展农村电商、象山县东门村发展美丽渔村等，都实现了强村富民的产业兴旺目标。这些乡村之所以能够取得成功，是因为做到了因地制宜，在发展壮大优势产业的基础上，积极培育新产业新业态，构建新型乡村产业体系，加快推进“美丽资源”向“美丽经济”的转变，实现了产业兴旺、农村繁荣和农民增收。

（二）坚持规划先行

产业兴旺必须坚持以科学规划为先导。要根据乡村功能定位和实际情况，编制科学系统的产业发展规划，明确产业发展的基础条件、重点任务、阶段目标和行动方案，为乡村产业兴旺引路导航。当前，一些地方乡村产业发展带有较大的盲目性，往往市场热门什么就发展什么，缺乏深入调查研究和论证，存在较大的隐患。

产业发展规划要坚持多规合一。乡村产业发展规划要与土地利用总体规划、生态环境保护规划、城乡建设规划、县（市、区）产业发展规划相融合、相衔接，不能各搞各的，更不能相互矛盾，否则也难以真正落地。产业发展规划要与当地主导产业规划和乡村发展规划有机结合起来，增强产业发展规划的可行性和操作性。

此外，产业发展规划编制好之后，要坚持一以贯之，一张蓝图绘到底。任何一个产业的发展都不可能一蹴而就，往往都有一个较长的培育期，千万不能急功近利，更不能半途而废或频繁变更。

（三）坚持群众主体

乡村产业兴旺的主体是群众，应让广大农民成为乡村“产业兴旺”的主体力量，而不是旁观者和跟随者，其本质是群众工作。产业兴旺最根本的动力来源于农民群众，乡村产业发展一定要发动群众、依靠群众，尊重群众意见，最大限度地发挥群众的主动性、积极性和创造性。乡村产业发展要积极吸引群众参与，而不能代替群众做决策，一个村到底搞什么产业，怎么搞，一定要注意走群众路线，依靠群众、相信群众，不能搞长官意志。一定要先做好群众工作，统一群众思想，鼓励群众广泛参与，充分调动起群众的积极性，通过群众的力量共同促进乡村产业兴旺。

（四）坚持改革创新

乡村产业兴旺要坚持改革创新，既要深化改革，也要创新体制机制，用改革创新的办法来激活市场、激活要素、激活主体，培育、激发和强化乡村产业兴旺新动能，重点要在农户承包地制度、闲置农房和宅基地、社会化服务体系、财政与金融等方面取得更大突破。

一是推进农户承包地制度改革创新。受多种因素影响，目前个别地方农户承包地资源没有得到充分高效利用，有的被抛荒闲置，有的利用效率低。为此，要通过改革创新来盘活农户承包地资源，全面完成农户承包地确权登记颁证工作，认真落实第二轮土地承包到期后再延长30年的政策措施，在此基础上积极鼓励和引导农户承包地依法有序流转。要进一步明晰集体所有权与农户承包权的关系，充分维护农村集体对承包地发包、调整、监督、收回等各项权能，保障其有效地履行承包地集体所有人职责，提高集体在农户承包地流转上的话语权。要积极推进农村承包地经营权登记发证，推动农村承包地“三权分置”制度真正落地。积极推进农村土地利用制度改革，充分利用国家相关政策，加大土地整治力度，通过对山垄田、冷水田进行整治，增加建设用地指标，经整治的连片土地还可以发包给新型经营主体来发展规模经营，提高土地利用率。

二是推进闲置农房和宅基地改革创新。探索完善农村宅基地所有权、资格权、使用权“三权分置”的有效实现形式。鼓励利用农村存量建设用地进行涉农项目建设，支持有条件的乡村通过盘活农村闲置房屋和集体建设用地发展休闲农业和第二、三产业。在符合土地利用总体规划的前提下，调整优化村庄用地布局，有效利用农村零星分散存量建设用地。农村集体经济组织可以依法利用建设用地自办或以土地使用权入股、联营等方式，与其他单位和个人共同兴办住宿、餐饮、停车场等休闲旅游接待服务企业。充分盘活农村闲置农房和宅基地，通过适当的改造发展养老产业和精品民宿，吸引城里人来休闲度假或养老，发展康养产业。对那些撤并搬迁后的村庄原址，除保留一部分农业设施用房或开发民宿等乡村旅游用途外，可因地制宜对农民原宅基地进行复垦，复垦土地取得的用地指标通过市场化出让取得的出让金，主要用于乡村产业发展。

三是推进社会化服务体系改革创新。加快推动农技推广由行政服务体制向社会化服务体制转变，深化“三位一体”改革，积极培育农业社会化服务体系的多元主体，广泛吸引社会各方面积极参与、投资、经营农业社会化服务体系，着力整合和统筹协调各种支农政策措施支持农业社会化服务体系，推动农业社会化服务体系向主体多元化、服务专业化、运行市场化的方向发展，实现农业服务体系的现代化。改变财政支持方式，以政府购买服务的方式按推广项目给予支持，推多少付多少服务费，这样既能提高财政资金使用效益，更能充分调动科技人员的工作积极性。要“以本事论英雄”，不管是农技推广人员、合作社或种养殖大户，还是农民“土专家”，都可以参与到社会化服务体系中来，推进全产业链社会化服务体系建设，扶持社会化服务企业做强、做大。

四是推进财政与金融体制改革创新。加快完善涉农财政资金统筹整合机制，加大涉农财政资金整合力度，优先支持、聚焦投入现代农业和新型乡村产业发展。探索财政撬动金融支农新模式，放大财政资金的杠杆作用，综合运用担保、贴息、保费补贴等金融杠杆政策工具，吸引带动金融投资，解决乡村产业发展“融资难”“融资贵”的问题。积极建立风险保障资金，综合运用担保、贴息、保费补贴等金融杠杆政策工具，吸引带动民间资本加大投入。制定鼓励引导工商资本参与乡村产业兴旺的指导意见，引导更多的工商资本、金融资本、社会资本等投向乡村产业兴旺。支持各类金融机构创新服务“三农”产品、拓展“三农”业务，促进涉农贷款投放持续增长。

（五）坚持真抓实干

实施乡村产业兴旺一定要坚持真抓实干，要有战略定力和足够耐心。“运动式”“口号式”的推进，表面上看起来轰轰烈烈，实际上往往不可持续，几年后回头一看，很可能还会带来“包袱”。调研中发现，各地在实施产业兴旺过程中，或多或少存在这种“运动式”“口号式”产业发展现象，如特色小镇建设、特色农产品发展、村庄景区开发，都是一拥而上，同质化严重，差异化不足，存在较大问题。因此，乡村产业兴旺必须真抓实干，要坚决避免搞形式主义，尤其不能搞成运动式的，否则其结果就是劳民伤财。

（六）坚持党建引领

基层党组织是产业兴旺各项政策的最终执行者。“书记有思路，村民有出路”。实施乡村产业兴旺，关键还要依靠基层党建，坚持党建引领。在实践中，要切实抓好党的基层组织建设，带动乡村实现产业兴旺。乡村产业要发展，就必须有人才，但如果没有产业，那么乡村很难吸引和留住人才，这是一个问题的两个方面。党委、政府要推动产业兴旺这项工作，要做好党建，引领产业发展；反过来，产业发展了又能进一步巩固基层党建，巩固乡村基层治理成果。为此，必须切实选好、配强推进乡村产业兴旺的“当家人”，对于有些村支书不得力或有的村“两委”班子不得力的，该换的要换，该外派的要外派，要切实把上级的各项要求抓紧落实到基层。应充分利用村级班子的基层发动与组织功能，发挥班子成员的积极性和创造性，激励其投身乡村产业兴旺大业，带动群众创业、就业，推动实现乡村产业兴旺。

第二节　乡村振兴战略的关键——生态宜居

乡村，是古今中外文人墨客描绘的景物，也是多数人留恋的故乡。乡村的美丽是多数人良好的愿望与憧憬，但是，现实的乡村并不都是美丽的。由于诸多原因，我国很多的乡村是贫穷、萧条和污水横流的场景，亟待治理。而美丽中国、美丽乡村建设和乡村振兴战略已经吹响了让乡村再次美丽、令人向往的号角。美丽中国的起点和基础是美丽乡村。乡村振兴战略的重点是建设生态宜居的美丽乡村。这更加突出了新时代生态文明建设与人民日益增长的美好生活需要的内在联系。

乡村生态宜居建设是乡村振兴战略的关键，是推进我国城乡协调发展的重要举措。随着乡村振兴战略的实施，乡村生态宜居建设将进入新的发展阶段，实现从过去的发展模式向内涵品质提升的阶段转变。[①]乡村生态宜居是对“生产、生活、生态”为一体的内生性低碳经济发展方式的乡村探索。

一、生态宜居的国家政策梳理

保护和利用生态环境是实现我国绿色协调目标，贯彻落实党的十八大、十九大会议精神，为全面建成小康社会补齐短板的关键举措，是我国经济社会可

① 马赛萍. 乡村生态宜居建设的内涵及路径探讨[J]. 现代农业研究，2020，26（09）：33-35.

持续发展的内在逻辑与要求，也是增进民生福祉、建成美丽中国的基本保障。

《中共中央　国务院关于实施乡村振兴战略的意见》（2018年中央一号文件）、《农村人居环境整治三年行动方案》、《中共中央　国务院关于全面加强生态环境保护坚决打好污染防治攻坚战的意见》，以及国务院办公厅关于转发国家发改委住房和城乡建设部《生活垃圾分类制度实施方案的通知》（国办发〔2017〕26号）指出，环境问题突出、资源保护培育机制匮乏、生活垃圾产生量迅速增长、环境隐患日益突出，成为新型城镇化发展的制约因素。实施乡村振兴战略，遵循减量化、资源化、无害化的绿色发展原则，是改善城乡环境、促进资源循环利用、加快"两型社会"建设、提高新型城镇化质量和生态文明建设水平的关键举措。

《国务院关于开展第二次全国污染源普查的通知》（国发〔2016〕59号）要求，开展全面系统的全国污染源调查与分析。《国务院关于印发土壤污染防治行动计划的通知》（国发〔2016〕31号）是推进生态文明建设和维护国家生态安全的重要内容。《国务院办公厅关于健全生态保护补偿机制的意见》（国办发〔2016〕31号），以及《国务院关于全民所有自然资源资产有偿使用制度改革的指导意见》（国发〔2016〕82号）提出，合理健全生态补偿、调动各方积极性、保护好生态环境的重要手段，是生态文明制度建设的重要内容。

农村道路建设是生态环境的重要组成部分。打造生态宜居的美丽乡村必须把乡村生态文明建设作为基础性工程扎实推进，让美丽乡村看得见未来，留得住乡愁。交通运输部等有关部门和各地区应认真贯彻落实党的十九大精神，从实施乡村振兴战略、打赢脱贫攻坚战的高度，进一步深化对建设农村公路重要意义的认识，聚焦突出问题，完善政策机制，既要把农村公路建好，也要管好、护好、运营好，为广大农民致富奔小康、加快推进农业农村现代化提供更好保障。

二、生态宜居的实施路线图

关于乡村生态振兴工作，2018年中央农村工作会议明确指出，必须坚持人与自然和谐共生，走乡村绿色发展之路。以绿色发展引领生态振兴，统筹山水林田湖草系统治理，加强农村突出环境问题综合治理，建立市场化多元化生态补偿机制，增加农业生态产品和服务供给，实现百姓富、生态美的统一。这为建设美丽宜居乡村指明了方向和行动路线。

一是编制并实施绿色生态、可持续发展的乡村振兴战略规划和行动方案。以绿色发展为引领，统一各级党委、政府的思想，增强“绿水青山就是金山银山”的科学发展理念。让“绿水青山”“蓝天白云”“沃土千里”成为守护美丽宜居示范村的环境摇篮，形成生态系统平衡发展的“动力”系统。

二是制订实施山水林田湖草系统治理方案。坚决打赢蓝天、碧水、净土保卫战，加快生态保护与修复，改革完善生态环境治理体系，统筹实现“蓝天碧水绿草地”。对现有生态资源和山、水、林、田等进行全面规划和有序治理，不断优化生态环境。加强生态生物多样性保护，持续推进治水兴渔、护草守牧、荒山绿化行动。实施水污染防治行动计划，推进河长制、湖长制，坚持污染减排和生态扩容两手发力，加快工业、农业、生活污染源和水生态系统整治，保障饮用水安全，消除城市黑臭水体，减少污染严重水体和不达标水体。全面提升乡村空间治理，改善农村人居环境，以循序合理的乡村建设与改造、治理，实现乡村生活“田园式”栖居。从“村村通”到“户户通”，持续推动基础设施与基本公共服务的升级保障，实施村容村貌改造工程。

三是倡导绿色发展和低碳生活方式。生态宜居作为实现乡村振兴的底层和根本要素，全领域综合污染治理是关键先导工程，以攻为守，夺取和恢复人居环境的宜居。构建生态宜居振兴的“免疫动力系统”，从工业污染物排放监测和综合治理、移动机动排放监测整治、家庭生活用能排放与锅炉排放、建筑扬尘、秸秆燃烧等重点领域的监测整治、综合防治工业固废及噪声、危险废物、辐射环境污染的治理分类防治大气污染。加快调整乡村能源利用结构，鼓励高效清洁用能和新能源推广利用，推行激励与约束并举的节能减排新机制，完善农村环境税收价格政策，多渠道拓宽乡村节能改造、能源投融资渠道。实施生态发展提升工程，倡导绿色低碳办公、绿色出行，大力发展公共交通和骑行生活方式。推进循环生态体系和绿色建筑，减少能耗，增加森林覆盖率。

四是全面治理农村污水、垃圾、道路、厕所等环境，打造美丽宜居乡村。分类管控防治大气污染，多措并举治理土壤污染，源汇并重实现流域水体防治，多方参与规范农村生态监管，全面建设美丽宜居示范村，强化乡村生态环境综合治理。强化区域联防联控，减少重污染天数，改善大气环境质量，增强人民的蓝天幸福感。以农村垃圾、污水治理和村容村貌提升为重点，治理农村人居环境。强化农村生活环境管理、保障农村饮用水安全，实施村容村貌改造工程，持续改善乡村生活居住环境。

五是形成绿色低碳发展的产业体系。首先，遵循新发展理念，优化产业结构、能源结构、运输结构、用地结构。全面实施土壤污染防治行动计划，突出重点区域、行业和污染物，有效管控农业用地和城市建设用地土壤环境风险。坚持自然恢复为主，统筹开展全国生态保护与修复，全面划定并严守生态保护红线，提升生态系统质量和稳定性。其次，加大土地污染综合治理与生态修复。实施监测“三公开”制度，建立属地监测中心站与上级及国家土壤环境信息化管理平台联动机制，加大年度定期自行土壤监测行动频率。以农业“两区”土地为重点，实施农田土壤污染防治行动计划，健全农田土壤污染监测预警体系，推进重金属污染耕地防控和修复，开展土壤污染治理与修复技术应用试点。在污染耕地集中区域，开展受污染土地综合治理与修复试点示范，探索土壤修复新技术、新模式。制定农用地污染防治相关技术规范，加快形成标准修复技术和科学治理推广模式。再次，落实问题清单、危险废物转移办结公示情况等全域污染源调查，采取重点问题式清单导向治理。实施流域环境和近岸海域综合治理，完善“四边三化”“三改一拆”等治污措施，确保水质达到五类，力争达到四类。

六是完善生态补偿机制和监督约束办法，实现生态产业化、产业生态化。建立山水林田湖草生态系统首长责任制。实施山水林田湖草生态修复计划，推进生态系统有序治理。完善以奖促治政策，探索建立生态产品购买、森林碳汇等市场化补偿制度。推行生态建设和保护以工代赈做法，提供更多生态公益岗位。

七是实施农产品生态化工程，为社会各界提供生态、有机农产品和综合化的生产生活服务。大力发展绿色产业，关注调整改造传统产业和发展新能源、节能环保等新兴产业。推动产业绿色化发展，建设一批示范主体，打造生态循环农业新型农作模式。

三、生态宜居的实践案例——以日本北九州“官、产、学、民”绿色发展模式为例

日本北九州市在20世纪60年代经历了环境污染，并为此付出了巨大的代价。经过几十年的生态城建设，环境迅速恢复，成为著名的绿色生态城市。北九州市“绿色城市”的实践经验，值得在生态环保工作中借鉴。

一是创新发展模式，构建“绿色城市”。日本北九州市政府注重和企业、市民等携手，实施“官、产、学、民”联合模式，全面推动生态环境建设。北九州市政府采取了一系列措施：主动立法，设立公害对策部门；成立公害动态监视中心；与企业联合构建舒适的生态环境。1988年，提出“北九州市复兴计划”，恢复被污染的自然环境。鼓励企业参与公害防治工程。引导家庭妇女走上街头，提醒社会关注环境问题。成立环保组织，借助媒体宣传报道及居民监督运动，促进了环保建设。

二是实施循环经济，建设生态工业园区。从1997年开始，实施以环境产业建设、环境新技术开发、减少垃圾、实现循环型社会为主要内容的生态城市建设计划，推动“从某种产业产生的废弃物为别的产业所利用，地区整体的废弃物排放为零”的生态城市建设计划。

三是拓展新兴产业。注重优化固有的产业结构，利用区位优势重构产业，培育新兴产业，实现产业结构的多元化和高度化。推动制造业由钢铁、造船为代表的重工业型产业向以半导体、汽车相关产品为主的加工、组装型产业转换，打造高科技产业、新兴工业的主要基地。优先发展集成电路、汽车、陶瓷、环境、机器人、食品、生物科技等新兴产业。为了建设资源循环型社会，实施了生态工业园区工程，设立实证研究区、综合环保联合企业群区和响滩循环利用区三大区域。

四是推动环境国际合作，输出环境技术。广泛开展国际合作，实施环境技术输出。

四、生态宜居的建设方针

（一）环境治理

一是针对已被污染的环境，采取相应的措施予以治理。二是对可能产生污

染的生产活动进行预防。治理和预防一定要从源头抓起，对污染性生产进行必要的治理。如大气污染，通过对排放出的气体进行治理，降低和减少有毒气体的排放量；污水要通过治理，使其有害物质降到最低，不会危害人体健康；固体污染物通过处理，再次利用，变害为利。总之，通过治理，变污染废物为可利用的资源，增加和节约资源，达到合理利用、变废为宝的目的。要把环境治理和保护作为村庄规划的一项重要内容。

（1）建立安全、清洁的生产机制。环境保护的预防实质就是建立安全、清洁生产的保障机制。在企业建设之初，从规划阶段就要建立在安全、清洁生产的要求之上，从根本上堵住污染的源头。

（2）加大环境保护管理力度。加大环境保护管理的力度，一是要加强对污染企业的管理，增加排污费用，用于污染物的治理；二是限制污染严重企业上马，对那些污染严重又无治理能力的企业，一定不予批准；三是对那些污染严重又无治理能力的企业，一定要关、停、并、转，严禁再生产；四是禁止使用污染严重的农药、化肥和难以降解的塑料薄膜；五是要根据当地实际情况，分片建设污水处理场所，达到污水治理标准。

（3）农村建设要走“四节”“八新”的建设道路。“四节”，即节地、节能、节材、节水；“八新”，即建设新环境、利用新能源、利用新材料、建立新的管理和服务体系、建设新的基础设施和公益建筑、培育和完善新的社会主义市场体系、培育和造就新一代农民、建设社会主义新农村和树立新风尚。

（二）生态建设

生态建设包括建立循环经济、使用新能源和农业生态环境建设等内容。

1.建立循环经济

建设社会主义新农村的一项重要任务就是建立农村的循环经济，以农业资源为基础，对农产品进行深加工，充分利用资源进行再生产，尽可能实现废弃物质资源化利用，充分发挥资源的利用程度。

2.使用新能源

我国农村面广点多、人口众多，能源消耗量大，农村生态环境较差，农民收入偏低。使用新能源就是减少煤炭、石油等耗竭资源的使用量，尽可能使用太阳能、水能、风能、潮汐能、地热能和一些再生能源，充分利用自然能和再生能源，减少污染，节约资源，建立恒生性能源。

3.农业生态环境建设

我国人口多、开发历史久远，人类对自然资源的过度开发造成自然环境和农业生态环境的严重破坏，使得农村生态环境较差，成为农村生产、生活的重要限制因素。因此，编制新农村规划必须把农村生态建设作为一项重要任务。

（三）生态农业建设

实践证明，要遏制生态破坏，保护和改善农业生态环境，实现农业现代化和保持农业可持续发展，必须发展生态农业。生态农业建设规划的指导思想是以生态理论为指导，充分认识农业生态系统是农村复合生态系统中的一个半人工生态系统，农业生态系统不但自身处于高效稳定运转状态，而且要与其他生态系统保持协调稳定。应因地制宜制订生态农业模式，充分合理利用农业内部的能源和资源，注重农源，注重农、林、牧、副、渔等各业的全面发展和合置，促进农业生态系统的良性循环，使自然资源得以永续利用。注重经济与环境协调发展，使经济效益、社会效益和环境效益达到高度统一。

（四）生物多样性保护和自然保护区建设

生物多样性包括遗传多样性、物种多样性和生态系统多样性。生物多样性保护了农业生产的重要资源，也是当今自然保护工作的一个热点。保护生物多样性的最有效途径就是建立自然保护区，具体措施如下：

（1）保护生物多样性。进行自然保护区现状调查，按照建立自然保护区的条件和标准，会同有关部门共同确定保护对象及其类型级别。

（2）确定保护区。确立自然保护区具体地点，并划定保护范围。

（3）建立管理机构。建立相应的管理机构，提出自然保护的要求，并制订防护措施。

（五）农业生态林建设

根据农业环境保护目标，对规划区域内宜林、宜草的荒山、荒地、荒坡、荒滩面积进行普查统计，划出范围，进行绿化，提高植被覆盖率；对于水土流失、草场退化、土地沙化严重的地区，会同有关部门划出退耕还林、还耕还牧区域；对林业用地、各种防护林、道路、农田林网等采取相应的绿化措施；制定并执行有关法规，提出相应的管理措施，以保护森林植被资源，提高绿化覆盖率。

（六）水环境治理

水环境规划方案是由许多具体的技术措施构成的组合方案，这些技术措施涉及水资源开发利用与水污染控制的各个方面。水环境污染治理的基本途径有两种：一是减少污染物排放负荷，对环境质量不能达到功能要求的区域实施污染物排放总量控制；二是提高或充分利用水体的自净能力，提高水环境承载力，并有效利用环境容量。

其具体措施如下：

1.严格执行排放标准

浓度控制是对人为排入环境的污染物浓度所做的限制规定，以达到控制排污量的目的。

2.企业清洁生产

清洁生产是一种基本的污染防治战略，企业在带动区域经济发展的同时，也带来了较大的环境污染。企业清洁生产、减少污染负荷是乡镇企业的正确发展方向。

3.污水治理与资源化

建设污水处理设施是解决城镇水环境污染的最终出路。应根据经济社会发展水平，在有条件的地区开展污水治理和污水资源化工作。污水经二级或三级处理后，可以考虑中水回用和污水资源化。绿化或街道冲洗等用水可以考虑利用中水，达到农灌标准的污水可以考虑进行农灌，这样既节省了水资源，又减少了水污染。

4.农业污染控制

采取调整农业结构、农作物轮种等方法，改善土壤结构。在农田内开展绿化林网，在适宜的地区进行坡耕地改造，减少水土流失。合理使用化肥农药，提倡施用有机肥，控制化肥农药的使用量，淘汰高残留的农药。开展有机农业、生态农业建设，逐步调整农业结构，发展绿色农业，控制畜禽养殖污染。规模较大的畜禽养殖企业要规范污水排放去向，并进行污染治理，粪便要合理利用，在堆存期间进行地基防水处理，并避免被水浸泡，防止污染地下水；规模较小、分散的畜禽养殖场要妥善处理污水排放，粪便要合理堆存。

（七）建设中一般采取的主要措施

对于农业农村的环境保护和生态建设，要依据基本国策、党的各种文件要求和国家生态建设规划的具体安排，采取以下四个方面的措施：

1.加快美丽乡村建设

完善县域村庄规划，强化规划的科学性和约束力。加强农村基础设施建设，强化山水林田路综合治理；加快农村危旧房改造，支持农村环境集中连片整治；开展农村垃圾专项治理，加大农村污水处理和改厕力度。加快转变农业发展方式，推进农业结构调整，大力发展农业循环经济，治理农业污染，提升农产品质量安全水平。依托乡村生态资源，在保护生态环境的前提下，加快发展乡村旅游休闲业，引导农民在房前屋后、道路两旁植树护绿。加强农村精神文明建设，以环境整治和民风建设为重点，扎实推进文明村镇创建。

2.发展绿色产业

大力发展节能环保产业，以推广节能环保产品拉动消费需求，以增强节能环保工程技术能力拉动投资增长，以完善政策机制释放市场潜在需求，推动节能环保技术、装备和服务水平显著提升，加快培育新的经济增长点。实施节能环保产业重大技术装备产业化工程，规划建设产业化示范基地，规范节能环保市场发展，多渠道引导社会资金投入，形成新的支柱产业。加快核电、风电、太阳能光伏发电等新材料、新装备的研发和推广，推进生物质发电、生物质能源、沼气、地热、浅层地温能、海洋能等应用，

发展分布式能源建设智能电网，完善运行管理体系。大力发展节能与新能源汽车，提高创新能力和产业化水平，加强配套基础设施建设，加大推广普及力度。发展有机农业、生态农业，以及特色经济林、林下经济、森林旅游等林产业。

3.严守资源环境生态红线

树立底线思维，设定并严守资源消耗上限、环境质量底线和生态保护红线，将各类开发活动限制在资源环境承载能力之内。合理设定资源消耗“天花板”，加强能源、水、土地等战略性资源管控，强化能源消耗强度控制，做好能源消费总量管理。

4.继续实施水资源开发利用

控制、用水效率控制、水功能区限制纳污三条红线管理。划定永久平衡，确保耕地数量不下降、质量不降低。严守环境质量底线，将大气、水、土壤等环境质量“只能更好、不能变坏”作为地方各级政府环保责任红线，相应确定污染物排放总量限值和环境风险防控措施。在重点生态功能区、生态环境敏感区和脆弱区等区域划定生态红线，确保生态功能不降低、面积不减少、性质不改变；科学划定森林、草原、湿地、海洋等领域的生态红线，严格自然生态空间征（占）用管理，有效遏制生态系统退化的趋势。探索建立资源环境承载能力监测预警机制，对资源消耗和环境容量接近或超过承载能力的地区，及时采取限制性措施。

第三节　乡村振兴战略的根本——生活富裕

乡村振兴战略实施的效果如何，关键还是要通过农民的腰包鼓不鼓、是否实现了生活富裕来进行检验。生活富裕是实施乡村振兴的根本落脚点。我国“三农”问题的核心是广大农民群众的收入问题。生活富裕既是乡村振兴的根本，也是实现全体人民共同富裕的必然要求。[①]农民生活富裕是中国共产党和各级政府最重要的努力方向之一，也是考验地方党委和政府执政水平和政治素养的重要方面。

一、生活富裕的国家政策梳理

要振兴乡村，必须使农业强旺、农村美丽、农民富裕，其中让农民富裕是关键。中华人民共和国成立以来，党中央始终高度重视农民生活富裕问题。党的十一届三中全会以来，我国农村发生了许多重大变化。其中，影响最深远的是普遍实行了多种形式的农业生产责任制，而联产承包责任制又越来越成为主要形式。中国共产党第十二次全国代表大会提出了全面开创社会主义现代化建设的新局面，力争到20世纪末全国工农业年总产值翻两番的宏伟目标，并确定发展农业是实现这一宏伟目标的战略重点之一。

① 丁立江. 乡村振兴须实现生活富裕根本目标[N]. 中国经济时报，2020-07-02（004）.

1983年，中共中央印发《当前农村经济政策的若干问题》的通知提出，我国农村只有走农、林、牧、副、渔全面发展，农、工、商综合经营的道路，才能保持农业生态的良性循环和提高经济效益；才能满足工业发展和城乡人民的需要；才能使农村的剩余劳动力离土不离乡，建立多部门的经济结构；也才能使农民生活富裕起来，改变农村面貌，建设星罗棋布的小型经济文化中心，逐步缩小工农差别和城乡差别。现有的社队企业，不但是支持农业生产的经济力量，而且可以为农民的多种经营提供服务，应在体制改革中认真保护，切勿削弱，更不得随意破坏、分散。社队企业也是合作经济，必须努力办好，继续充实发展。要认真进行调整和整顿，加强民主管理和群众监督，建立多种形式的生产责任制。

2017年前后，党中央、国务院及国家发改委、农业农村部、财政部、生态环境部等都出台了相应的政策文件。其中2017年中共中央办公厅、国务院办公厅印发《关于加快构建政策体系培育新型农业经营主体的意见》，集中体现了党中央的战略意图，凝聚了各方共识，是今后一段时间指导新型农业经营主体发展的重要政策文件。主要目标是到2020年，基本形成与世界贸易组织规则相衔接、与国家财力增长相适应的投入稳定增长机制和政策落实与绩效评估机制，构建框架完整、措施精准、机制有效的政策支持体系，不断提升新型农业经营主体适应市场能力和带动农民增收致富能力，进一步提高农业质量效益、促进现代农业发展。

《国务院关于印发“十三五”生态环境保护规划的通知》提出，要推动绿色产业建设发展，重点在加强林业资源基地建设，根本取决于加快产业转型升级，促进产业高端化、品牌化、特色化、定制化，以满足人民群众对优质绿色产品的需求。开展环保产业技术合作园区及示范基地建设，推动环保产业走出去。

2018年中央一号文件全面阐述了乡村振兴战略的指导思想、基本原则、目标任务、实施路线和保障措施等，是我国推动乡村文明和生活富裕的纲领性文件。

国务院印发《关于加强质量认证体系建设促进全面质量管理的意见》（国发〔2018〕3号）提出，通过3～5年的努力，我国质量认证制度趋于完备，法律法规体系、标准体系、组织体系、监管体系、公共服务体系和国际合作互认体系基本完善，各类企业组织，尤其是中小微企业的质量管理能力明显增强，主要产品、工程、服务，尤其是消费品、食品、农产品的质量水平明显提升，形成一批具有国际竞争力的质量品牌。

二、生活富裕的实施路线图

生活富裕是乡村振兴战略的目标和决定性指标，关系到我国“十三五”规划实施成效和决胜全面建成小康社会胜利的关键。全面建成小康社会，标志性的成果至少含有农村贫困人口全部脱贫、贫困县全部摘帽。打好脱贫攻坚战，关键是打好深度贫困地区脱贫攻坚战，攻克贫困人口集中的乡和村。乡村振兴战略事关国家现代化和中华民族伟大复兴。生活富裕是乡村振兴的重要目标，也是各地区“三农”工作的重点。结合2018年中央一号文件精神，农民富裕可实施以下的工作路线图。

一是增加集体和农民收入。按照“消除空壳村、扶持薄弱村、壮大富裕村”的思路，优先保障集体经济发展，加强农村“三资”管理，拓宽农民增收渠道。加强县、镇两级农经管理队伍建设，完善农村集体“三资”委托代理服务，积极推行会计聘任制，规范村级财务公开。开展村庄经营，引导新型经营主体和集体经济组织建设标准厂房、商铺、营业用房和来料加工点等农民创业基地。鼓励村集体和有条件的农户依法向金融机构融资担保、入股从事农业产业化经营，获取财产性收入。

二是提升创业就业质量。加大乡村人力资源开发，多渠道支持农民创业，全方位提高就业质量，多元化提供创业就业保障，提升创业就业质量。引导工商资本和各类人才下乡，开拓农村创业“蓝海”，享受农村创新创业“红利”。构建一批“线上线下、虚实一体、阳光便捷”的就业服务平台。培育一批家庭工场、手工作坊、乡村车间，鼓励在乡村地区兴办环境友好型农产品加工、传统工艺类、大数据类、休闲旅游类、农耕文化类、农业服务类新企业，实现乡村经济多元化，提供更多就业岗位。

三是推动城乡基础设施互联互通。完善交通物流和仓储基础设施，强化水资源和能源、通信等基础保障，实施数字乡村战略，构建清洁高效能源体系，推动城乡基础设施互联互通，促进农村基础设施提档升级。全面推进城乡客运公交化和城乡公交一体化建设，鼓励发展镇村公交。倡导低碳生活，节约利用生产生活用水，保障水资源供应能力，实行水资源消耗总量和强度双控行动，加大水资源统一调度力度，确保空间均衡，合理分配客水指标，保证居民基本用水。加快农村地区宽带网络和第四代移动通信网络覆盖步伐，开发适应"三农"特点的信息技术、产品、应用和服务。深化农村能源服务体制机制创新，构建"清洁高效、多元互补、城乡协调、统筹发展"的现代农村能源体系。

四是构建农村公共服务体系。优先发展农村教育，重点发展农村医疗，持续优化社会保障，构建覆盖城镇、普惠共享、公平持续的基本公共服务体系。加强新型农民职业教育，建立与区域经济社会发展需求、现代产业体系和社会就业相适应，相互衔接、协调发展、开放兼容的现代职业教育体系，逐步分类推进中等职业教育免除学杂费。健全学生资助制度，把农村需要的人群纳入特殊教育体系，推动优质学校辐射农村薄弱学校常态化。完善农村教育保障体系，建立长效运营机制。全面实施社会保险改革，推广全民参保登记计划，完善城乡一体化的社会保险体系。

五是打好精准脱贫攻坚战。做好乡村振兴与扶贫攻坚有机衔接，坚持精准扶贫、精准脱贫，把提高脱贫质量放在首位。推动产业扶贫、开展教育扶贫、加强精神扶贫、实施金融扶贫、推进社会扶贫、夯实重点扶贫，打好精准脱贫攻坚战。完善社会扶贫供需对接机制，整合全行业志愿服务资源。探索"互联网+"社会扶贫模式，搭建农村最低生活保障工作的动态化精细化管理系统，实现扶贫资金、资源与贫困对象精准对接。

六是出台产业优先扶持政策。在土地、资金、人才等方面优先向农业农村倾斜，并加大党管农村和干部任用力度，提高各方面对农业农村的重视和投入，快速提高农业发展质量和效率。

三、生活富裕的实践案例——以日本川场村城乡合作共赢为例

关于乡村振兴战略中，如何实现生活富裕，可能的路径有很多，这里重点论述日本群马县川场村如何从衰败走向繁荣。

日本川场村位于群马县北部。20世纪60年代，川场村逐渐衰败，1971年被日本政府认定为"过疏地域"（即人口与户数锐减、地域老龄化、经济萎缩、生活信念低落等）。为了摆脱困境，川场村1975年确立了发展"农业+观光

业”的乡村振兴策略。

1981年，川场村与东京都世田谷区结为姐妹关系，开展全方位的城乡交流。一是实施了乡村服务城市计划，1981—1990年，世田谷区与川场村缔结“区民健康村相互协力协定”，共同成立“世田谷区川场故乡公社”，以服务城市居民为主要目标，健康村主要为市民提供疗养、自然体验活动、农产品与手工艺品销售等服务。二是自1991年以来实行城乡互助，共建富裕乡村。这个阶段，川场村、世田谷区以及林地所有者三方共同合作，以“中野馆”附近80公顷范围的森林为对象，开展森林保护等系列活动，推动文化交流、农产品品牌化等城乡合作项目。2007年开始，在“友谊林”计划成功的基础上，推动实施了“后山整备计划”“农林再生事业”等城乡合作活动，引进了环保企业与志愿者组织，改造了居民房屋，业务范围扩大到了城市居民疗养、自然体验、农产品生产、民宿、文化会馆、食物工坊、田园广场等旅游与生活需求。

为发展乡村旅游业，川场村建设了“历史民族资料馆”“名主纪念馆”等文化旅游设施，景观设计保留了农村面貌，路径的地面维持了田间小路的原貌，路牌指示了路径的地理信息，介绍了农产品信息。

总体来看，川场村的产业转型和发展模式重点体现了社区营造的五要素。

（1）人：城乡合作共赢，乡村力量主导。

（2）景：注重空间品质，保留农业景观。

（3）文：延续地域传统，促进文化交流。

（4）地：开发与保护同时进行。

（5）产：农业产业化、品牌化。

川场村借助城乡互动计划，逐步从“过疏地域”的衰败村落发展成城乡居民共享的“魅力故乡”，实现了以农业与观光业为主业的可持续发展。

第四节　乡村振兴战略的保障——乡风文明

乡村文明是乡村振兴的重要内容，是我国传统农耕文化和优秀乡村文化的传承与融合。[①]乡风文明是乡村文化建设和乡村精神文明建设的重要目标，培

① 曲文强，李晓玲，姚嫱. 乡村振兴战略背景下农村优秀传统文化的传承与发展[J]. 甘肃农业，2020（08）：96-98.

育文明乡风是乡村文化建设和乡村精神文明建设的主要内容。

一、乡风文明的国家政策梳理

文化是乡村的灵魂。文化兴，乡村兴。2018年中央一号文件提出，要培育文明乡风、良好家风、淳朴民风，不断提高乡村社会文明程度。文明的乡风、家风和民风是乡村振兴的重要内容和有力保障。

二、乡风文明的实施路线图

乡风文明是乡村振兴的关键。文明中国根在文明乡风，文明中国要靠乡风文明。乡土社会是中华民族优秀传统文化的主阵地，传承和弘扬中华民族优秀传统文化必须注重培育和传承文明乡风。推进乡村乡风、家风和民风文明，应重点实施如下路线图：

第一，加强思想引领。把习近平新时代中国特色社会主义思想作为实施乡村振兴战略，建设文明乡风、家风和民风的思想引领，持续传播党的十九大精神。聚焦脱贫攻坚、绿色发展、共建共治共享社会治理等农村热点问题，研究制定解决问题的思路和方法，引导农村干部群众坚定信心，鼓足干劲，自觉投身乡村振兴的伟大实践。

第二，建设文明新风。积极推动和塑造农村新风尚，杜绝厚葬薄养、人情攀比等陈规陋习。传播科学、健康的生活方式，移风易俗，敦风化俗，引导农民享受现代文明生活。落实村民议事会、道德评议会、红白理事会等村民组织，开展乡风评议，推动自治、法治、德治的融合，整治陋习，树立良好风尚。

第三，塑造良好乡风。开展乡村精神文明创建活动，培育和践行社会主义核心价值观。倡导良好家庭、家教、家风，加强农村家庭文明建设。开展“星级文明农户”“五好文明家庭”等评选活动，关爱农村留守儿童、留守妇女、留守老人，开展农村志愿服务活动。

第四，抓好环境整治。将乡风文明与生态环境建设紧密融合，坚持人与自然和谐共生，践行“绿水青山就是金山银山”的理念，以建设美丽宜居村庄为指引，落实农村人居环境整治工程。加大农村垃圾污水治理和村容村貌建设，推进农村厕所革命，改善农民生产生活条件。深化农业供给侧结构性改革，主动补齐农村人居环境短板。树立现代生态文明观，倡导人与自然和谐共生，尊重自然、顺应自然、保护自然，建设生态宜居和谐的美丽乡村。

三、乡村文明振兴的发展方针

（一）培育文化之魂

乡村文化是乡民在农业生产与生活实践中逐步形成并发展起来的道德情感、社会心理、风俗习惯、是非标准、行为方式、理想追求等，表现为民俗民风、物质生活与行动章法等，以言传身教、潜移默化的方式影响人们，反映了乡民的处世原则、人生理想以及对社会的认知模式等，是乡民生活的主要组成部分，也是乡民赖以生存的精神依托和意义。乡村文化具有极为广泛的群众基础，在民族心理和文化传承中有着独特的作用。在当代，尽管工业文明和城市文明长足发展，但乡村文化仍有其独立的价值体系及独特的社会意义和精神价值。打造先进的乡村文化，一方面，要提高乡村文化个体的综合素质；另一方面，要加强乡村文化基础设施建设，建设乡村文化载体，应通过乡村文化礼堂建设、“农家书屋”建设等，常态开展文化惠民活动。事实证明，培育文明乡风、良好家风、淳朴民风，需要立足乡村文明，挖掘乡村文化潜力，形成多样的文化样式，从而避免乡村文化成为无源之水、无本之木。

影视剧创作是文化创作的重要组成部分，影视剧作品在推动文化繁荣及价值引领方面的作用不可估量。与书籍、报刊、广播等相比，影视因其视听兼备的流媒体特点在传播中具有先天优势，也最为受众所喜闻乐见。由于居家观看便捷、剧情感染人等，因此，影视作品越来越多地占据广大城乡受众的文化与审美感知空间，成为时下最具影响力、负载社会文化意义最多的艺术样态。

（二）以文化铸魂需要接地气

农民喜闻乐见的文化传播形式有很多，对农民影响最大的是科技文化知识和农村题材的影视剧作品。影视剧为弘扬中华文化、反映时代变迁，以及培育国民情操、丰富人民生活做出了独特贡献。中华人民共和国成立以来，农村题材的影视剧作品关注农村社会现实，真情关切农民由改革大潮所激起的思想嬗变与情感波澜，站位农民，为农民代言。剧作坚持把镜头聚焦于当前农村的改革现实，对准农民建设社会主义新农村的伟大创举，同时也以荧屏弘扬主旋律、传递正能量，引领社会主流价值，使影视艺术更接地气、聚人气、提正气。当下，中国特色社会主义进入新时代，新的历史时代需要农村文化有新发展、新气象。以影视剧作品为例，一是要努力创作时代精品，探索“三农”题材影视剧的提档升级。二是要深深扎根于农村沃土。影视剧创作必须坚持思想标准，坚持以“内容为王”，坚持“影以载道、影以明德、影以亲民”；必须充分发挥其宣传教化及价值引领功能。当下，“三农”题材影视剧的创作着眼于促进农村文化、经济和政治建设的健康运行，着力于推进乡村振兴，要让作品为乡村振兴源源不断地提供精神滋养。优秀的“三农”题材影视剧创作者会以虔诚的农民情感和乡土情怀，积极介入社会历史发展的现场，以科学正确的马克思主义世界观和敏锐而深刻的洞察力，准确而及时地发现生活及其问题，并运用艺术镜像将它们表现出来，展示新时代乡村振兴建设的伟大历程和中国农民在农业现代化进程中的伟大壮举，传达社会主义核心价值观，达到感染人、引起心灵共鸣的艺术效果，从而实现价值引领的作用，实现艺术创造生活的最高境界。

（三）以文化铸魂要讲好农民故事

在农村文化建设中，不管是阅读还是其他文化活动，都要讲好农民故事。以影视剧为例，我国农村影视剧经过不断的蜕变与洗礼，从反映生活的范围到主题的开掘及艺术表达方式，都在不断成熟与丰富，但说到底，作为剧，农村影视剧还属于叙事性艺术作品，叙事性的文学元素深深浸润于农村影视剧，所以讲好故事是其寻求创作提档升级的工作重心。影视剧作品反映现实的深度和广度，依托于所讲述的故事和在故事情节中塑造的人物，好的故事及情节必须来源于生活又高于生活。来源于生活，是说创作者不可以杜撰，不可以编造想象中的乡村与农民；高于生活，是指作品所讲述的故事必须是反映生活本质的事件，不能是肤浅的生活表象琐事。个别的、具体的现象不属于本质，本质概括了同类的共性，可以提升人的理性认知，给人以启迪。由反映生活本质事件所构成的“三农”题材影视剧可以反映乡村现实矛盾，表达农民当下诉求，展示农民解决矛盾的前景与路径等。

第四章　乡村振兴的政策与规划方法

第一节　乡村产业振兴发展概述

一、乡村产业振兴发展的潜力与重点

（一）乡村产业振兴发展的潜力

国内乡村产业发展经历了三个重要时期：先是以计划经济为主的时期，进而发展到社队企业时期，然后再到20世纪80年代的乡镇企业发展为主要潮流的时期，最后是20世纪90年代的农业产业化经营模式时期。这几个乡村产业发展阶段的重要作用都是不可取代的，它们是国民经济发展和社会进步的里程碑。

乡村产业振兴虽然获得了较大的成就，但是问题和挑战也是如影随形、无时不在的，尽管各种问题在表现上有所不同，但是究其本质来看都是体制机制矛盾所造成的，而体制机制矛盾又可以分为两种：一种是外部矛盾，主要由不平等的资源要素交换因素、农业农村发展机会的平等性难以保障因素和工农城乡发展具有不平衡性因素等组成；另一种是内部矛盾，包括农村产权制度不够完善、资源优势得不到充分体现、形成集聚效应难度大、经营机制不够灵活等。

现在，城乡一体化进入新时期，在各种强农惠农政策的大力扶持下，农村的各种公共服务和基础设施得到极大完善，很大程度上促进了大众消费需求的提高，为乡村产业发展带来了新的机遇。充足的农产品供应不但有利于巩固农业基础性地位，使得农业劳动生产率以年均10%的速度增长，而且有助于农业

生产性服务业产值不同程度的增长，促进传统农业的转型和新产业的产生和发展，有利于激发农业农村经济发展活力，完善乡村产业的内外部环境，实现农业农村现代化发展趋势。

乡村产业的发展空间非常巨大，它可以促进农村经济社会发展和深刻变革，为振兴和发展我国独特的农村产业做出贡献。[①]乡村产业发展符合实现小康社会的发展目标，充分反映了国家的基本国情和基本农情，保障了重要农产品的供给，实现了乡村振兴发展，有利于农村经济优势的发挥，在提高农民生活水平和保障农产品供给上做出了重要贡献，实现了现代农业产业发展体系的形成。与城市产业互补、结构优化、合作发展的优势有利于我国农村产业新发展模式的形成和快速发展。

（二）乡村产业振兴发展的重点

乡村产业振兴任重而道远，受各种产业功能影响，其定位有所不同。这就需要准确掌握发展的方向和目标，重点完成以下四项重要任务。

1.保障农产品有效供给

农村产业发展的首要任务是保障国家粮食安全和基本农产品供应，保障国家粮食安全就先要巩固和提升大宗农产品的生产能力。调整和优化农业结构，实现提质导向的重要目标，发挥农村资源的优势；对农产品加工业、休闲农业、劳动密集型加工制造业、生产性和生活性服务业和乡村旅游等项目进行大力开发，从质量和效率上提高农业供应体系，满足居民的生态文化需求和绿色优质物质产品需求。

2.保持生态涵养

始终贯彻绿色发展观念，倡导绿色生产生活方式养成，对山水田林进行统筹治理。在生态环境保护中突出政府和市场的主体作用，对重点产业和重点领域进行监管和控制，对产业内部可能出现的重点环节的环境风险进行强化管理，采用现代化的环保技术设备，加强环境治理效果。将乡村生态的优势予以充分的体现，加强乡村绿色生态环保产业的发展和扩大，将乡村资源回收利用和污染治理落到实处，让乡村资源发挥出最大价值。

① 蒋和平，郭超然，蒋黎．乡村振兴背景下我国农业产业的发展思路与政策建议[J]．农业经济与管理，2020（01）：5-14.

3.带动农民就业增收

立足于以人民为中心的基础，产业发展的最终目的是提升农民收入，缩短乡镇贫富距离，促进乡村的全面富裕和发展。

4.促进城乡融合发展

从城乡资源禀赋优势的不同点出发，对城乡各种生产要素实现高度的整合，注意协调配合和错位布局各种产业，加速城乡的融合发展速度。首先，整合调整城乡产业的优势和不足之处，在农村产业里完成原材料生产和初加工等程序，而有关产品设计、终端销售和配送更环节可以在城市产业中完成，这样有利于激发城乡资源的优势和价值，促进城乡产业的共同发展和共同赢利；其次，可以将有关的资金、技术、管理、信息和人才等城市先进生产要素引流到乡村企业。这对农村产业发展能力的提升有着非常重要的意义，有利于农村产业的深度和广度发展，进一步缩小城乡差距。[①]

二、乡村产业振兴发展的政策支持与举措

在乡村产业振兴的过程中，政府和市场两个主体的作用予以最大化是非常有必要的。从政府作用来看，先要规划乡村产业振兴计划，编制重点发展的基础产业目标，予以政策上的扶持，加强产业效率评估体系的健全和改进。市场的主要作用是改进甚至消除影响资源要素自由流动、平等交换的机制，从而充分发挥市场活力、主体活力和要素活力。

（一）乡村产业振兴发展的政策支持

1.公共服务供给一体化

一方面，要全面落实城乡一体化政策，保障农村的基础设施建设，完善农村供水、天然气等基础设施。另一方面，优先保障农业农村的财政支出，确保农业农村的中央预算充足，优化乡村产业的投入结构，提高产业产出效能；将提高主要粮食作物保险保费补贴力度作为各级财政的主要任务，确保地区特色农产品保险补贴政策的落实和优化。增加农村产业的融资能力，从政策上保障农村金融机构对农业农村发展的考核制度更加合理化和科学化，将农业信贷担

① 罗文斌，孟贝，唐沛，等. 土地整理、旅游发展与农户生计的影响机理研究：一个乡村旅游发展的实证检验[J]. 旅游学刊，2019，34（11）：96-106.

保体系覆盖到农村的各个产业，对涉农贷款给予重点关注，对抵押物处置机制和抵押物担保机制进行改革和完善，扩大涉农贷款规模，尽最大可能满足农村农业发展的资金需求。在农业产业中吸收城市的人才、技术、资金和人才等优势，加大农村吸引外部优秀要素的魅力。

2.对农村重点领域改革的深化

改革和创新农村产业振兴的政策制度，加强农村资源要素的配置，具体可以从以下三个方面入手：

第一，要将农村的土地改革制度落到实处，不能局限于土地承包的基本完成，更要将成果应用提上日程，对农村有关的土地制度进行完善和健全，为经营主体的不同发展需求打好基础。农村“三块地”改革也要加快速度，为建设用地提供保障，将农村新产业新业态发展纳入年度新增建设用地计划规划中，完善和落实农民闲置宅基地和闲置农房政策，实现“三权”（宅基地的所有权、使用权和资格权）分置。还可以将入股、联营等方法作为村庄整治、宅基地整理的手段，大力促进农村休闲旅游产业的发展。

第二，进一步深化农村集体产权制度改革，在集体经济组织中进行资产清算核算工作和股权量化工作，将农村集体经济的发展和壮大作为工作重点，实现农民向股东转变、资金向股金转变、自然人农业向法人农业转变等，促进农村集体经济组织的发展和壮大。对农村管理体制实现深入的改革，将农村基层党建工作责任制度进行层次落实，充分体现出县级党委一线指挥的积极意义，从而推动农村生活、生产水平的整体提高。

第三，深化和落实农村社区建设试点工作，建立多元的农村社区治理结构：加强农村精神文明建设，提高农民和乡村社会的整体文明程度，促进农村工业综合治理和农业投入的全面发展，形成国内外资源开发市场两种开发格局模式。

3.打造特色乡村产业融合发展的格局

特色乡村产业融合发展过程需要特别注意以下四个方面：

第一，加强特色乡村产业的壮大和发展，充分利用区域特色和优势，将主导产品的特色和高附加值优势充分体现出来，形成地方特色的区域公用品牌；在现代农业产业园的建设过程中，突出潜力大、有良好前景和有特色的基础产业优势和价值，促进农村产业的现代化建设程度，不断完善第二、三产业增值收益机制。

第二，加大力度发展新产业和新业态，重点开发和利用农村有关产业，如乡村旅游、森林康养、乡村休闲等项目，为农业和林业、旅游业、文化业和康养业等深入融合创造条件。

第三，可以在农村产业中引入现代化的电商行业，借助互联网技术的优势推广农产品，寻求更为广阔的销售渠道；重点支持农业产业平台建设和农村电力服务中心建设，加快电力企业产业园区建设，加快食品加工业集群建设，增加农村电力供应，推动传统食品加工的规模化和产业化。

第四，完善和改进小农户发展政策和机制，加强农业保险力度，将“保险加期货”的方式在农业产业中推广开来；还可以采用股份合作和订单农业等方式，加强农户和新型经营主体之间的联合度，从而确保小农户可以享受到政策的扶持，在产业链和价值链中获得一定的利益保障。

（二）乡村产业振兴发展的策略

1.进一步优化涉农企业家的成长环境

为涉农企业家的发展创造良好的外部条件和环境，使其在农业农村延伸的产业链、供应链和价值链中发挥重要作用。乡村产业振兴发展的加强离不开涉农企业家的贡献和价值体现。在农村产业中，加快现代化水平发展，使其形成更加高效的产业体系、生产体系和经营体系，为农村第一、二、三产业的融合发展创造条件，让农业创新力、竞争力和全要素生产率的优势和价值得以充分发挥。在绿色兴农、品牌兴农、服务兴农和质量兴农的发展中，涉农企业家起着非常关键的积极意义，他们能够更好地延伸农业产业链，为农业价值链和供应链的完善提供便利条件。此外，新型农业经营主体、新型农业服务主体在多种形式的农业适度规模经营发展中有着非常重要的作用。

在农业农村产业多元化和综合化发展和现代农业发展过程中，涉农企业家的作用不可忽视；涉农企业家的出现为农业农村产业的发展理念、组织方式和业态模式带来新的发展机遇，拓展农业农村产业的市场空间和发展空间，加大对人才资源的合理利用。

在乡村产业振兴中，充分发挥涉农企业家的带头作用和引导作用，为其成长创造必要的条件和环境，降低产业准入门槛和风险。促进农业支持政策转向的发展，推动实施农业转向发展政策，加强对新型农业经营者和新型农业服务提供者的政策支持和帮助，使新型农业经营主体的创新力、竞争力等优势得到体现，从而带动小农户进行现代化农业发展。加快农村第一、二、三产业融合，特别关注和引导家庭农场、农民合作社等新农合企业的发展，对农业综合企业、农业龙头企业和规模化专业农民给予一定的帮助和引导。这有利于集成农村要素，开拓农业发展市场，加强资源整合，为乡村产业振兴提供发展空间。

2.加快推进农业农村经济多元化发展的步伐

促进农业农村经济向着综合化和多元化方向发展，加快农村第一、二、三产业的融合发展，发挥出农业农村经济的专业化和特色化优势，并积极引进城市企业和资本的投入，充分利用城市企业的带动作用。

从乡村振兴和区域经济高质量发展的层面来说，城市企业应该具备一定的乡村亲和性和农业融合特点，才能发挥下乡带动作用，为农业延伸产业链的构建提供较大帮助，为供应链和价值链的打造创造条件；除此以外，具备较好农村发展适应性和竞争优势的企业也能很好地起到帮带作用，有利于城乡之间的分工协作和错位发展，如农特产品加工业、乡土工艺品产销、休闲娱乐产业、乡村健康养生和乡村旅游业等很多农村产业就是充分利用城乡错位发展优势。但是，发展农村产业要充分考察和研究地区的人口特点、区位条件、发展状况、发展阶段和资源禀赋等现实情况，这样才能使得农村产业发展符合当地市场发展需求。

特别要提出的是，农业农村产业的多元化与综合化发展和农业产业专业化与特色化发展在一定程度上具有相通性。然而，多元化发展和综合化发展是在宏观层面上进行的，而特色化发展和专业化发展主要是在微观层面上进行的。从二者的关系中可以看出，微观层面的专业化与特色化发展是宏观层面的多元化与综合化发展的基础和前提。因此，不管是从宏观层面来说还是从微观层面来说，农村农业的多元化发展与综合化发展、特色化发展与专业化发展是非常重要的。在宏观经济和微观经济层面上，农村和城市之间建立了一种基于分工和伙伴关系的新型发展模式。

2018年的中央一号文件将乡村特色产业，如科技、旅游、文化和生态作为农村工作的重点，致力于传统工艺的振兴和发展，鼓励手工作坊、乡村车间、家庭工厂等多种形式的农村产业发展。将农村产业建立在科技、旅游、生态发展等基础上，可以推动农村经济的综合化与多元化发展新格局的出现，形成自己的竞争力和优势，真正实现增加农民收入的目的。除此以外，乡村产业的发展既有利于农业农村经济的综合化与多元化发展，又有利于为城市带动乡村经济创造条件，将城市产业的优势资源和人才吸纳到农村产业中来，为乡村关联产业的发展创造积极的氛围。

国内各个区域的乡村资源优势各有不同，发展现状和发展前景也各有不同。加上信息化、城镇化、农业现代化和工业化的不断加剧，为乡村发展趋势带来了不同程度的影响。因此，乡村产业振兴计划更需要基于现实情况考虑，制定更加有针对性的政策、方针来引导农村产业振兴。①

3.建设支撑乡村产业振兴的载体以及平台

乡村产业振兴得益于加强有利于乡村产业振兴的平台和手段。目前，我国农村农业政策的重点是构建产业化发展的手段和平台。比如，加强对农业科技园区、电商产业园、特色小镇、田园综合体、示范推广基地和返乡创业园等多种农村产业发展平台的建设；从政策和资金上对现代农业科技创新中心、新型农业服务主体、新型农业经营主体的发展给予大量支持；完善和强化各种涉农企业平台；建立和完善全面跟踪互联的追溯监控服务平台。

在产业发展的平台或载体建设中，高度重视乡村产业振兴的重要环节和重要领域，对各种资源高度整合和集成，激发市场活力，采取组团式的产业链开发和发展形式，加强农村产业发展的现代化和计算机化，改善和完善各产业之间的资源、要素和市场；提高农村产业振兴变革的效率和质量，有利于农业农村产业发展的多元化与综合化，为乡村产业振兴和乡村振兴发展的高质量和高效率化提供保障。强化试点试验和示范窗口的建设，有利于推进农村产业改革，实现城乡之间和区域之间的联动协同发展机制的制定和发展。②

---

① 郭志敏. 扶贫背景下乡村旅游产业链优化发展的对策研究[J]. 农业经济，2019（10）：50-51.

② 杨桂华，冯艳滨. 乡村旅游精准扶贫要“管好”入驻企业[J]. 人民论坛，2019（23）：72-73.

4.推动供给侧结构性改革的发展

在主要供给侧结构性改革的基础上，建设和推进农村产业体系、生产体系和经营体系，为供给侧结构性的改革提供方便、有利的条件，从本质来说就是解决供给侧的结构问题，从而为供给体系的效率、质量以及竞争力的提升提供一定的保障；提高供应体系的效率和灵活性，以适应不断变化的需求体系和需求结构。

公共产品供给和公共服务供给是有效供给的两个重要方面。乡村产业振兴就是要以现代农业和农村经济发展的多元化与综合化为基础和前提。

提升和保障农业发展质量，发展乡村新动能成为2018年中央一号文件的重要思想指导之一。这也将主线农业供给侧结构性改革作为一项国家政策进行高度重视，从而为现代农业产业体系、生产体系和经营体系的构建和发展创造有利环境，提升农业的竞争力和创新力，加快中国向农业强国转变的步伐。

第二节　乡村文化振兴发展概述

一、乡村文化的内涵

（一）乡村文化

广义的文化是指各种器物、风俗、习惯、语言、宗教、政治、经济等物质的和精神的综合体。狭义的文化是指建立在经济基础上的意识形态的总体，其所限定的范围就是精神文明。乡村文化是指在特定的乡村社会生产方式基础之上，以农民为主体，建立在乡村社区的文化。它是农民文化素质、价值观、交往方式、生活方式等深层心理结构的反映。

乡村文化同一般意义上的文化一样，是一种变化着的文化。文化变迁是乡村文化的一个属性。这就意味着乡村文化可以在新的情况下加以诠释，进行重新构筑，赋予其新的内涵。乡村文化包括乡村宗教文化、礼仪文化、道德文化、祭祖文化、庆典文化、经典文化、教育文化、语言符号文化、娱乐文化、体育文化和民间文学艺术等多种形式。乡村文化的主要活动场所包括乡村文化馆、博物馆、电影院、歌舞厅、祠堂、寺庙、娱乐广场、体育场、社区信息中心和电视、广播、互联网等现代信息传播网络。

乡村社会与城市社会之间既有共性又有区别，其文化形式也有共性和区别。其主要具有以下特点：

（1）农民是乡村文化的主体。乡村文化是以农民为主体的文化，是农民在长期生产和生活中创造出来的文化。

（2）乡村社区是乡村文化载体。顾名思义，乡村文化是乡村的文化，是以乡村社区为载体的文化。

（3）乡村社会生产方式是乡村文化的底色。乡村文化是由乡村生产力水平和生产关系类型决定的，社会生产方式的不同不但是决定乡村文化与城市文化差异的主要原因，而且也是决定乡村文化变迁的决定性因素。

（二）乡村文化的特点

1.乡村文化具有乡土性

传统乡村是以农业为主的自给自足自然经济生产方式，乡土性是乡村文化的底色。乡村文化习俗的形成、乡村节日的设定、传统农民的图腾崇拜等大多与农业生产、乡村环境保护相关。

2.乡村文化具有民间性

乡村文化活动往往是一个综合体，其组织者大都是民间人士，以自愿的方式，依靠自己的威望来组织文化活动。许多文化活动是人们的习俗，并通过乡村社会精英的示范作用世代传承。特别是道德文化、礼仪文化、庆典文化等，通常没有文本规范，常常依靠乡村社会的领头人来把握、示范、传承和发展。

3.乡村文化具有封闭性

传统乡村社会，人们日出而作，日落而息，过着自给自足的生活，农民一般不与外界交往。在封闭的社会环境中成长起来的乡村文化，不可避免地具有封闭性。近年来，随着经济社会的发展，农民的社会流动性和对外交往联系增加，乡村文化封闭性的特点随之逐渐减弱。

4.乡村文化具有相对静态性

社会生产力与社会生产关系的矛盾是文化变迁的根本动力。在传统乡村社会，生产力与生产关系没有本质性的对抗关系，生产力没有根本改变生产关系的要求，乡村社会基本处于静止状态。从文化变迁的角度来看，传统乡村文化基本上可以说是相对静态的；从本质上来说，没有发生本质性的变化；从文化交流的角度来说，由于乡村文化一般很少与外界文化交流，农民的思想观念、社会心理、生活方式等都具有明显的传统性。

5.乡村文化具有多样性

由于农业生产具有很强的地域性，特别是在农业生产落后的条件下，农民之间的交流受到限制，乡村的文化活动也表现出很强的地域性，不同地区的乡村文化在表现形式上具有较大的差异，呈现出多样性的特点。俗话说："十里不同风，百里不同俗。"我国地域广阔，各地农民在生活中创造了丰富多彩的乡村文化，如在饮食、服饰等方面由于各民族居住的环境，特别是气候条件、生产方式和生活方式的不同而存在较大差异。文化多样性还表现在音乐、舞蹈、戏曲、曲艺、文学、诗歌、传说、信仰等各个方面。

二、乡村文化振兴的制度建设

（一）从制度建设高度建设精神文明

制度建设是建设精神文明的重要内容。中国特色社会主义伟大事业不仅要求物质文明有一个大的发展，而且要求精神文明也有一个大的发展。物质文明和精神文明都要搞好，才是有中国特色的社会主义。

精神文明的成果表现为教育、科学、文化知识的发达和人们思想、政治、道德水平的提高，进而把社会主义精神文明建设划分为两个方面，即思想道德建设和科学文化建设，并形成两种体制的制度性安排。在精神文明建设方面，要先取得体制内部的制度性平衡。这样，才能使精神文明自身及与经济体制改革、政治体制改革等整个社会的发展相协调。

（二）制度建设在建设社会主义精神文明的实践中具有重要地位

从制度建设与社会主义精神文明建设的关系来看，制度建设处于人们改造客观世界的自然界与改造主观世界的精神生产和精神生活之中。制度建设是人们改造社会的成果，表现为新的生产关系和社会政治制度的建立与发展，凝聚着社会生产力的物质进步和为推动这一进步而涌现的全部思想、道德、科学、文化、教育发展及智慧。在社会主义社会，精神文明的程度与制度建设和社会的精神生产、精神生活密切相关，社会主义制度建设的全部内容与社会主义精神文明建设的方方面面呈现出不可分割的关系。一方面，制度建设的内容决定了社会主义精神文明的性质，同样也决定了在社会科学、文化、教育等非思想道德部分建设的体制性安排；另一方面. 如果社会主义精神文明建设的全部内容脱离了社会主义社会的制度建设，就会失去意义，这种建设实践本身就不存在。从制度建设的本身来看，制度本身的建设和创新凝聚着人类在精神文明方面的最高成就。现行制度学派的理论分析框架重在根据经济发展与制度选择关系，以成本收益分析和边际分析为原则，回答人们为什么选择这种而不是那种制度。然而，从人类历史进程看，制度的建立和创新应包含两种价值取向及这两种价值取向的统一。经济和效益的选择无疑是基本的，但文化意识形态的选择并不是无足轻重的，这一选择通过制度强化人们的行为准则和社会的共同奋斗目标，以促进社会的内聚性，形成推动社会物质和精神进步的强大动力。因此，制度建设应该既是社会两种文明进步的结果，同时又是对这种进步起巨大推动力的社会存在。制度建设凝聚着人类全部思想道德、科学文化的最高成果。如果社会主义社会的精神文明建设脱离了与之相适应的制度建设，那么必将失去载体。

（三）精神文明制度建设的主要内容

精神文明制度建设的主要内容如下：

第一，制定社会主义精神文明建设制度，保障社会主义物质文明建设和精神文明建设协调发展，促进经济和社会的全面进步。

第二，对群众进行爱国主义、集体主义和社会主义教育，党的基本路线和方针政策教育，思想道德和民主法制教育，正确处理国家、集体、个人三者之间的利益，培养有理想、有道德、有文化、有纪律的新型干部群众。

第三，创造文明卫生的生活环境，加强“婚育新风进万家”活动的宣传教育，开展健康有益的生育文化活动；开展计划生育优质服务创建活动，破除封建迷信，移风易俗，树立社会主义新风尚。

三、乡村文化振兴的硬件（基础设施）建设

（一）加强村级领导班子建设

积极创建领导班子好、党员干部队伍好、工作机制好、小康建设业绩好、农民群众反映好的“五好”党支部，村党支部、村民委员会班子全体成员要加强政治理论学习，认真贯彻执行党在农村的各项方针、政策，努力实现好、维护好、发展好广大人民群众的根本利益，增强班子的凝聚力、战斗力和创造力，带领全村人民建设社会主义新农村。

（二）加强村民思想道德建设

1.学习贯彻《公民道德建设实施纲要》

要广泛开展群众性道德实践教育，大力营造以德治村的氛围，充分发挥道德教化功能，引导村民在社会上做一个好公民、在单位做一个好职工、在家庭做一个好成员、在学校做一个好学生，造就文明型农民，全面提高村民的道德素质。

2.以“三德教育”为重点，逐步形成良好的道德规范

在全村大力提倡“爱国守法、明礼诚信、团结友善、勤俭自强、敬业奉献”的基本道德规范，着力抓好社会公德、职业道德、家庭美德教育，引导全体村民形成团结和谐、安全宁静、友好博爱的良好风尚，树立正确的恋爱观、婚姻观、生育观和家庭观，共同培养良好的家庭亲情和邻里友情，构建新型、和睦的人际关系。

3.倡导健康文明新风尚

大力弘扬以爱国主义为核心的民族精神和以改革创新为核心的时代精神，激发农民群众发扬艰苦奋斗、自力更生的传统美德，为建设社会主义新农村提供强大的精神动力和思想保证。加强思想政治工作，深入开展农村形势和政策教育，认真实施公民道德建设工程，积极推动群众性精神文明创建活动，开展和谐家庭、和谐村组、和谐村镇创建活动。引导农民崇尚科学、抵制迷信、移风易俗、破除陋习，树立先进的思想观念和良好的道德风尚，提倡科学、健康的生活方式，形成文明向上的社会风貌。

4.坚持社会主义核心价值观

坚持“富强、民主、文明、和谐，自由、平等、公正、法制，爱国、敬业、诚信、友善”的社会主义核心价值观，这是社会主义精神文明建设的重要内容，也是社会主义精神文明建设的具体任务。

5.村风民风文明

成立红白理事会、道德评论会、老年人协会等群众组织，公民道德知识教育到位。积极开展各类文明创建活动，完善殡葬改革制度，建设公益性公墓或骨灰堂。

（三）加强社会主义先进文化建设

因地制宜，开展丰富多彩、健康向上的文体活动，努力满足人民群众日益增长的精神文化需求。建设群众文化活动室、群众文化大院，评选文化示范户，引导群众积极开展庭院文化、家庭文化，提高广大村民的文化素养。积极组织群众实施光纤电视入户，维护村广播室的正常运转和线路畅通。进一步加强村民阅报点建设，制作统一、规范的村民阅报点牌子，使这一贴近群众、深受群众喜爱的载体充满生机和活力。广泛开展文化科技卫生“三下乡”活动，进一步巩固和加强广播电视“村村通”、文化站等基层文化设施建设。繁荣农村文化事业，推动实施农民体育健身工程，积极开展多种形式的群众喜闻乐见、寓教于乐的文体活动，保护和发展有地方和民族特色的优秀传统文化，创新农村文化生活的载体和手段，引导文化工作者深入乡村，满足农民群众多层次、多方面的精神文化需求。扶持农村业余文化队伍，鼓励农民兴办文化产业，完善文体活动场所，倡树文明新风尚。建设“一院两室一橱窗”（科技文化大院、综合文体室、图书阅览室和规范的宣传橱窗）和一个供农民进行休闲娱乐活动的文化体育场所，积极开展多种形式的文体活动，抵制腐朽落后文化。

（四）加强科普宣传和创业培训

1.培养技能型农民

要充分利用党员电教室、科技图书室、群众文化活动室等阵地，结合产业结构调整和项目实施的需要，多渠道、多形式地对村民进行科普知识宣传，加强农民实用技术培训和转岗技能培训，使每个劳动力掌握1～2项先进的农村实用技术。此外，还要增强勤劳致富的培训。

2.培训创业型农民

要加强各种协会建设，搭建农民创业大舞台，开办农民创业技能培训，组织农民学习创业知识和政策法规，落实农民创业扶持政策，解决农民创业过程中的实际问题，引进、开发适合农民创业的项目，提供项目选择参考，培养一批农民创业带头人和致富领路人。

（五）加强社会治安综合治理

利用各种载体，采取多种形式，对全体村民进行法制宣传和普法教育，提高全体村民的法制意识和法律素养，造就守法型农民。要健全治安防范机制，建立群防群治队伍，创建平安和谐村社。健全组织领导，增强以村党支部为核心的治保会、调解会的战斗力，及时调解民间纠纷。引导全体村民开展“崇尚科学、反对邪教”和“远离毒品、珍爱生命、创建无毒村”的活动。

（六）加强村容环境卫生整治

要按照“村容整洁”的要求，以“四化”（道路硬化、街院净化、街道亮化、环境绿化）为基本标准。加强村民卫生知识教育，培养村民良好的卫生习惯，实施“一池三改”（建沼气池，改圈、改厕、改厨）。集中抓环境卫生的整治，污染治理基本达标；有公共卫生厕所、排水设施、垃圾收集运转场所、畜禽喂养栏，有环境卫生、环境保护、村容村貌治理等方面的规章制度，无违章建筑，无粪土乱堆、柴草乱放、畜禽散养、侵街占道等现象，达到“三清”（清垃圾、清河道、清路障）。坚持开展除“四害”（蚊子、苍蝇、老鼠、蟑螂）活动，建立村内保洁制度，采取建设垃圾存放池的办法，集中处理日常垃圾，提高广大村民的环卫意识。按照“千万工程提质转型”的要求，推进人畜分离，实现清洁生产、安全生产、文明生产。引导农民发展庭院花草，提高庭院绿化率，美化居住环境，改善农村人居环境，培养健康、文明的生活习惯，建造人与自然和谐发展的生态家园。

（七）全面开展群众性精神文明创建活动

通过各种形式的群众性精神文明创建活动，造就用语礼貌、行为规范、讲究卫生、尊老爱幼、乐于助人的新型农民，促进家庭和睦、邻里和谐和村风乡风文明。广泛开展以“好媳妇”“好妯娌”等为内容的“讲文明、树新风”活动，在全村形成人人讲文明、处处树新风的良好风气。深入开展“婚育新风进万家”活动，以生育文化大院、计划生育中心户为阵地，使计划生育基本国策进村、到社、人户，用新型的生育文化教育、启迪群众。扎实开展农村“三户”评选活动，成立遵纪守法户、“五好”家庭户、“双文明”户的“三户”评选领导小组，制定评选条件，充分发动群众，广泛宣传“三户”创评的意义、标准和做法，让村民了解什么是“三户”、怎样创“三户”、怎样评“三户”，动员村民积极参与。认真推行农村廉政文化建设，利用广播会议、宣传栏等形式切实抓好村务公开和党务公开，对村级事务实行民主决策、民主管理，激发村民“一心一意搞建设、千方百计抓发展”的激情。

（八）加大精神文明建设投入，创造整洁优美环境

不断完善精神文明建设设施，从优化、净化、绿化、美化入手，积极营造整洁、优美、舒心的工作、生活环境。进一步完善精神文明建设的保障机制，确保软硬件设施配套齐全，适应实效需要，搞好资料室、党员活动室、健身室的建设，提供良好的学习和文体活动场所，使宣传思想工作与文明创建有机融合、共同发展。

四、加强乡村文化建设的实现途径

文化振兴是推动乡村振兴发展战略的精神实质。①乡村文化建设作为社会主义新农村建设的重要内容，肩负着为社会主义新农村建设提供思想保证、精神动力和文化支撑的重要责任和使命。党中央、国务院高度重视乡村文化建设，近年来先后下发了《关于进一步加强乡村文化建设的意见》《关于加强公共文化服务体系建设的若干意见》《国家“十三五”时期文化发展改革规划纲要》等重要文件，对新形势下乡村文化建设各项工作做出了部署。在党中央和国务院的推动下，乡村文化建设得到了较好发展，农村公共文化服务水平得到进一步提高，为提升农民群众思想道德和科学文化素质，促进农村经济发展和社会进步发挥了重要作用。但由于受内外环境和各种其他因素的影响，乡村文化建设与农民的精神文化需求还不适应，面临着基础设施短缺滞后，公共文化

① 钱靓．基于乡村振兴视角下的乡村文化传承对策[J]．农家参谋，2020（19）：49-50.

服务体系不健全；文化活动贫乏单调，全民热爱文化、重视文化、群众参与文化活动的氛围不浓；落后的文化活动泛滥等现实困境，需要引起高度重视。乡村文化建设具有全局性、综合性、艰巨性的特点，发展乡村文化必须从发挥基层地方政府的主导作用，转变思想观念，夯实乡村文化基础、培育乡村文化建设主体和统筹城乡发展等方面入手，积极采取综合措施。

（一）切实转变思想观念，高度重视乡村文化建设

认识是行动的先导。加强乡村文化建设必须切实转变观念，走出认识上的误区，确立正确的文化发展观。第一，走出“文化是抽象的观念形态”的误区，确立文化是推动社会进步的真正动力的观念，主动推进文化建设。第二，走出“文化只有投入，没有产出”的误区，确立只有加强文化向整个经济社会的全面渗透，才能使经济获得持久发展动力的观念。经济与文化，本来不具有一方优于另一方的性质，同时也不存在为了追求一方就必须牺牲另一方的关系。经济与文化是互相渗透、相互促进的。在发展社会主义市场经济的条件下，不存在离开经济的纯粹文化，也不存在脱离文化的单纯经济。新时期的文化建设不能只停留在围绕经济建设中心的外围服务，而应成为经济社会发展的一个重要领域，并发挥其独特的功能。第三，走出“文化是属于文化人”的误区，确立文化是人类社会进步的结晶，不仅为全体人民创造，而且为全体人民服务的观念。文化具有物质属性和精神属性相结合的特点，具有引导、激励、整合等不可取代的重要功能。

（二）挖掘经济增长点，夯实乡村文化发展的基础

政治、法律、哲学、宗教、文学、艺术等的发展是以经济发展为基础的。但是，它们又都互相影响，并对经济基础产生影响。并不是只有经济状况才是原因，才是积极的，而其余一切都不过是消极的结果。归根到底这是在不断为自己开辟道路的经济必然性的基础上的相互作用。推动农业生产方式的转型，推进农村经济的发展是推进新乡村文化建设的物质前提。近年来，国家对农村农业的投入逐年增加，为发展农业生产、保障农民生活夯实了基础。一方面，要紧紧利用和抓住这个机遇，促进农业发展方式转变，改变农业低效与弱质化面貌，提升农村产业化和现代化水平，增加农民收入，增强乡村文化消费发展

的内生力。另一方面，要把握国家大力推进文化建设的政策和机遇，把文化产业作为农村新的经济增长点。目前，我国乡村文化产业仍处于初级发展阶段，与现代文化产业匹配的投资、经营、管理和创新的良性循环机制仍未形成，但农村蕴藏着丰富且极具地方特色的乡土文化资源，为发展乡村文化产业提供了重要的资源优势。发展乡村文化产业，努力打造乡村文化产品品牌，可以使农村的文化资源优势转化为经济优势。

（三）增强农民的文化自觉，突出乡村文化建设的主体

文化的认同和发展，需要发挥文化创造者的主动性和创造性。农民既是乡村文化的创造主体，也是参与主体和受惠主体，如果“忽略了新农民这个主体，再好的硬件条件、再美的优良环境，也会失去它们建设和存在的最终意义”。费孝通认为：“生活在一定文化中的人对其文化有自知之明，明白它的来历、形成过程、所具有的特色和它发展的趋向，不带任何文化回归的意思，不是要复旧，同时也不主张全盘西化或全盘他化。”首先，要加强农民的文化自觉，增强他们对自身文化的认同感，促使他们探求建立新型的文化价值观，培育和创新乡村文化。其次，要加强农村基础教育，加大对农民的社会教育和职业教育力度来提升农民的知识底蕴，不断促进农民现代性的成长，实现由外在的“文化要我”到内在的“我要文化”的自觉转变。最后，要壮大乡村文化队伍。对农村文艺骨干和民间艺人，要多关心、多支持，帮助他们解决实际困难和问题。对价值较高的民间艺术传人，要采取录音、录像、留下实物资料等措施将其技艺保存下来，培养继承人。

（四）加大资金投入力度，夯实乡村文化基础设施

资金短缺是制约乡村文化建设的瓶颈，公共文化设施、文化活动的开展，都需要经费的支撑。加强乡村文化建设，必须多渠道地筹措资金。首先，要加大政府财政投入力度。政府是文化建设投入的主体，按照中央有关精神，县政府应设立文化事业专项资金，用于乡村文化建设，其资金数额应占财政收入的1%以上。县级财政投入资金的增幅不能低于上年度地方财政收入的增幅。其次，要积极鼓励民间投资。乡村一级有种植大户，有外出务工人员创办的企业，有一批发家致富的农户，政府应积极主动地做好宣传工作，鼓励和引导他

们投资乡村文化建设。最后，要鼓励农民自筹资金开展文化活动。一些富裕的乡村，农民在物质生活水平提高以后，对文化生活的需求日益迫切。他们自筹资金开展文化活动，政府应对此给予引导、扶助，对做得好的给予奖励。

（五）统筹城乡发展，加速乡村文化繁荣

加强乡村文化建设，必须克服“重城轻乡”的观念，统筹规划，将乡村文化建设作为县域文化建设的重要方面，从管理体制、经费投入、市场开拓、人才培养等方面促进城乡融合与交流，实现城乡文化一体化发展。

1.推进城乡文化管理一体化

完善的组织管理机构是实现城乡文化一体化的首要条件，必须对城乡文化建设实行一体化的组织管理，建立协调统一、高效运转的县、乡、村三级文化机构，努力克服“政出多门，多头管理”等问题。

2.推进城乡公共文化设施建设一体化

公共文化设施是群众开展文化活动的基础，实现城乡文化一体化，就要统筹城乡的协调发展，加快乡镇和村的公共文化设施建设步伐。

3.推进城乡公共文化服务一体化

第一，积极组织感染力强的文化活动，如体育竞赛、文艺会演、文艺巡演、剧院展演、广场表演等。

第二，加快文化信息共享工程建设，特别是要加快推进农村广播电视“户户通”工程建设。

第三，坚持开展送戏下乡、送电影下乡、送书下乡等文化下乡活动；第四，公共文化服务实行“群众消费，政府买单”的消费模式，政府在文化事业费中划出专项经费，用于向文艺团体和电影公司等文化经营单位购买公共文化服务项目，为农民提供文化消费。

（六）重视保护农村优秀传统文化，巩固乡村文化发展的根基

在城市化、工业化、现代化进程中，我国传统的乡村文化正面临凋敝和失落的危机，离开传统文化谈乡村文化建设，无异于舍本逐末。加强乡村文化建设，必须厘清农村本土文化的价值，以传统文化为本位，加强对优秀传统文化的挖掘和传承。文化保护并不意味着维持现状和止步不前，其最终目的是发

展创新。立足于传统文化的挖掘和创新，要注意乡村文化和现代文明的结合，用现代文明改造传统文化之劣，用传统文化打牢现代文明之基，使现代性和传统性都能成为农村新文化的构成部分，真正推进多元文化和农村本土文化的融合，实现乡村文化的历史进步和现代化发展。

（七）发挥政府主导作用，加强乡村文化建设的政治保证

政府作为乡村文化建设的领导者、组织者和指挥者，面对乡村社会经济成分、组织形式、利益关系、分配方式的多样化和相伴而来的农民社会意识的多样化、文化价值选择的多元化的新情况，在乡村文化建设中，不仅仅是给广大农村地区提供统一的文化转型模式和标准的文化生活样板，而且要发挥主导作用，引导乡村文化的发展方向和社会主义先进文化取向相符或一致。

首先，要以社会主义核心价值观引领乡村文化建设。社会主义核心价值观是社会主义的本质特点，规定着乡村文化建设的价值追求和发展方向。政府必须采用农民喜闻乐见的文化形式和语言方式，将社会主义核心价值观融入农民的实际生活中去，向农民传递适合乡村社会发展的价值理念和精神追求，赋予乡村文化以新的时代内涵和时代主题。其次，提高农民的政治参与度，增强农民对中国特色社会主义政治文化的认同感。中国特色社会主义政治文化包含了党的领导、人民当家作主和依法治国的主要内涵，为乡村文化建设提供了正确的理念支撑和价值引导。加强乡村文化建设就是要促使广大农民深刻理解，并拥有民主与法治、公平与正义、权利与义务、自由与规则等意识，培育农民主动的政治参与意识和理性的政治参与行为，并能够积极主动合法有序地参与到中国特色社会主义建设中，自觉维护和正确行使自身的政治权利。

第三节　乡村振兴的规划方法

乡村振兴是一项长期性工作，不可能一蹴而就，必须把坚持党管农村这一“重中之重”落到实处。乡村振兴规划涉及农业、生态、乡村文化、农村社会服务、乡村治理、脱贫攻坚等方方面面的发展情况，必须做好顶层设计，做好规划并制订合适的实施方案。[①]乡村振兴不是一两年就能实现的，须五年、十

① 张玉虎，卢旺.《乡村振兴战略规划（2018—2022年）》的形成——基于多源流理论框架的政策分析[J]. 继续教育研究，2019（4）：56-60.

年，乃至五十年或长期的坚持推进，各地区须根据自身短板、资源和能力分步推进。

一、规划的重要性

继党的十九大提出“实施乡村振兴战略”后，中央先后出台《乡村振兴战略规划（2018—2022年）》和《关于打赢脱贫攻坚战三年行动的指导意见》，细化实化工作重点和政策措施，部署若干重大工程、重大计划、重大行动，形成了今后5年落实中央一号文件的政策框架。2018年的中央一号文件提出，各地区、各部门要编制乡村振兴地方规划和专项规划或方案。加强各类规划的统筹管理和系统衔接，形成城乡融合、区域一体、多规合一的规划体系，促进多规合一，有效整合和统领各专项规划，做到“乡村振兴事事有规可循、层层有人负责”。在重大战略方面，乡村振兴需要进一步部署制定和实施国家质量兴农战略规划，建立健全质量兴农评价体系、政策体系、工作体系和考核体系，深入推进农业绿色化、优质化、特色化、品牌化，调整优化农业生产力布局，推动农业由增产导向转向提质导向。在重大行动方面，部署实施农村人居环境整治三年行动，做好精准脱贫攻坚战三年行动、产业兴村强县行动、农业绿色发展行动等。部署的重大工程主要有大规模推进农村土地整治和高标准农田建设、建设一批重大高效节水灌溉工程、发展现代农作物畜禽水产林木种业等。

乡村振兴规划要根据各地发展的现状和需要分类、有序地推进和实施，应因地制宜、因势而搞。贫困地区和发达地区不一样，贫困地区的乡村振兴应立足扶贫工作，也就是农民生存问题。江浙地区和北方地区的建设条件、发展基础、资金条件不同，江浙地区乡村产业足够兴旺，包括特色小镇、田园综合体在内的城乡建设都走在前面，美丽乡村建设也极为成功。同时，江浙地区注重改善生态环境，也就更容易做到产业兴旺、文化丰富、生活富裕、治理有效。而北方的大部分乡村受基础条件的限制，美丽乡村建设难度较大，需要依靠国家财政补贴和民间资本，并且需要构建强有力的产业支撑。

二、规划编制的流程

规划编制一般包括前期准备阶段、规划编制阶段、征求意见阶段和评审报批阶段。在前期准备阶段，工作组赴实地做好初步接洽与考察，制订初步规划提纲和工作方案，组成规划编制团队，收集资料，并进行现场详细调研，加强资料整理和分析；在规划起草阶段，加强研究分析，确定思路、目标和主要任务；形成规划初稿后，加强与委托方和业内专家的沟通和充分征求意见；最后通过评审和修改定稿。

（一）任务确定和前期准备阶段

合作双方经初步沟通后，应根据对方要求和完成时段，衡量本单位目前规划工作安排和现存技术实力。若预估可以在规定时间内完成规划工作，则接受任务，双方达成合作意向，并签订规划合同，同时明确双方目标和任务；若无法完成，则拒绝接受。

前期准备工作充分与否，对规划工作的顺利开展有很大影响，必须予以高度重视。前期准备工作一般包括组织准备、技术准备、物质准备和资料准备等。

1.组织准备

规划合同签订后，应立即组织各方面的专业人士成立规划编制组，初步拟定调研大纲，分解内容、明确分工，选定主要负责人和多个专业负责人。为了保证规划质量，还应成立由相关领导、专家组成的顾问咨询团。

2.技术准备

由规划主持人编制工作计划和调研大纲，召开规划启动会，明确各自承担的任务和完成的时间。各专业负责人还要提出资料清单、编制调查表格、拟定问题现场答疑等。对以前没有涉及过的领域，还应组织技术培训或聘请外援专家。

3.物质准备

绘制现场调查的工作底图和工作表格，准备现场调查所用的全球定位系统（GPS）和录音笔等，有时还要联系现场，勘查备用车辆。

4.资料准备

主要通过网络查询、电话交流、邮件传递等方式进行初步资料收集，还应提前制订各专业调查资料清单、调查问卷或访谈提纲等。

5.现场调查

规划组奔赴现场进行实地调研，收集相关资料；与当地领导和专家座谈，熟悉当地情况，了解当地政府的想法和规划需要解决的问题；发放调查表和补充资料清单，与相关人员进行深入沟通与交流，召开座谈会。规划组应提前将调研方案发给对方，要求到达现场后，规划区主要负责人邀请当地建设局、规划局、土地局、环保局、水利局、农业局、畜牧局、水产局、乡企局、科技局和旅游局等部门的分管领导或技术人员参与座谈与讨论，听取各单位介绍本部门的基本情况、发展思路和相关建议等，大致了解规划区和周边区域农业发展状况、典型的成功案例、目前存在的问题以及今后发展的思路等。

6.典型勘察

重点勘察当地比较典型的标准化种植基地、规模化养殖场或重点龙头企业、农民合作社等单位，并根据调查提纲与当地专家或一线生产人员进行深入的接触和广泛的交流，充分获取难得的一手材料。

7.资料收集

在与当地各部门交流的同时，还应收集各产业发展的统计数据和规划资料、产业分布图、相关建设标准和地方优惠政策等。

（二）规划编制阶段

1.大纲拟订

根据双方沟通和实地调查资料，拟订规划编制大纲，提出各章节所涵盖的规划内容，双方通过交流达成一致意见后，根据各自专业分配到个人，并明确任务完成时间。

2.形成框架方案

根据现场座谈内容和收集的基础数据资料，确定规划思路、功能定位与分区，形成总体框架方案。

3.规划起草

根据调查所掌握的资料，负责各专业的相关人员通过与委托方多次沟通，在规定时间内分章节完成各自承担的规划内容和相关图纸。在此基础上，规划区负责人完成文本整合，并召集全体编制组成员充分讨论后形成规划初稿。

（三）征求意见阶段

1.初稿研讨

编制方将规划初稿提交给委托方，由委托方审阅后，提出修改意见。

2.反馈给编制方

到现场与委托方交流规划初步的成果，并听取反馈意见。若初稿与委托方的想法出入较大，还要派相关专业人员到现场进行必要的补充调研，进行再次分析及项目研究。

3.规划定稿

听取委托方的反馈意见和补充调查后，通过多次讨论与研究修改完善规划文本，提交规划修改稿。与相关领导及职能部门进行多次沟通交流后，再次修改完善规划，并形成规划送审稿。

（四）评审报批阶段

1.召开评审会

由双方商定组织召开评审会，或由当地农业主管部门根据相关要求组织评审，由编制方制作幻灯片（PPT），汇报并答疑，各专家对规划进行评审，形成评审意见。

2.提交终稿

根据专家评审意见做最后的修改完善，形成最终报告。将规划报告、表格、图纸一并装订成册，加盖公章，提交甲方。

三、规划大纲的主要内容

规划大纲是规划区规划的骨架，需要按照逻辑思维要求，结合规划区实际进行设计。规划大纲不可能一步到位，需要多次反复、不断优化调整才能确定，一个好的规划大纲是规划编制组对规划区未来整体框架的构建及条理化脉络的勾画，对下一步规划研究和编制都起着非常重要的作用。规划区规划目前没有统一、标准的编制格式，笔者通过多年的工作经验和规划实践，总结出综合型规划区规划大纲主要内容。

1.规划背景与意义

主要包括规划由来、规划意义、规划依据、规划范围与规划期限。

2.规划区现状与环境条件分析

主要包括规划区基本概况、环境条件和现状问题分析等方面的内容。

3.总体规划方案

主要包括指导思想、规划原则、发展思路、发展定位、规划目标、发展战略与步骤、功能分区与布局等方面的内容。

4.各类振兴方式规划分析

包括产业振兴、人才振兴、生态振兴、文化振兴、组织振兴，或者对农业现代化、农村产业融合、农村创新创业活力、生态宜居乡村、繁荣乡村文化、改善农村民生、城乡融合体制机制等方面进行分析。

5.基础设施专项规划

为了更好地推进规划区总体规划和各功能板块规划的顺利实施，应配套规划区基础设施专项规划。

6.投资估算与效益分析

按照各功能板块和专项规划进行投资汇总，计算出规划区规划投资总额，再根据各级政府相关扶持政策，提出财政资金、社会资本和自筹资金等多种资金筹措方案，并分析规划区规划实施后即将产生的经济、社会和生态效益。

四、重点内容

（一）编制思路的确定

以乡村振兴战略实施为契机，通过基础现状和发展条件分析，确定当地乡村振兴发展定位和功能布局，统筹城乡发展空间、优化乡村发展布局、分类推进乡村发展、有序实现乡村振兴，在此基础上，形成规划的重点任务、工程和保障措施。具体来看，在建设定位上，要坚持农业农村优先发展，按照产业兴旺、生态宜居、乡风文明、治理有效、生活富裕的总体要求，建立健全城乡融合发展体制机制和政策体系；在建设内容上，重点推进农业现代化、农村产业融合发展体系、生态宜居乡村、乡村文化、现代乡村治理体系、保障和改善农村民生等任务；在实施路径上，统筹推进农村经济建设、政治建设、文化建设、社会建设、生态文明建设和党的建设，加快推进乡村治理体系和治理能力现代化，加快推进农业、农村现代化，走中国特色社会主义乡村振兴道路，让农民成为有吸引力的职业，让农村成为安居乐业的美丽家园。

（二）指导思想的确定

指导思想是规划区总体规划方案的重要组成部分，是对规划区发展的整体把脉与定向，是规划区未来建设的行动指南。指导思想的撰写要求简明扼要、概括全面、条理清楚，重点突出在指导思想中，一般要阐述清楚以下几个方面的内容：

1.规划区规划的依据

通常情况下，规划区规划的依据是指中央及地方政府有关规划区建设、区域经济发展的相关政策、方针等。在撰写这部分内容时，要重点分析近年来中央发布的重要文件、经济发展规划和产业布局规划等，地方政府出台的现代农业发展规划、农业规划区建设意见，以及相关优惠政策也应在依据之列。

2.规划区规划立足的突出优势

规划区建设的优势一般包括资源、区位、产业和市场等，分析优势时应在现场调查、准确把脉的基础上，总结出有利于规划区发展的突出优势，便于规划区差异化发展。

3.规划区规划确定的总体目标

规划区发展要实现的总体目标一般包括多个，如到规划期末，将其打造成国家级或区域级乡村振兴示范样板区、国家级农业科技规划区、区域性现代农业示范园、农业产业聚集区等。在指导思想中应根据规划区发展现状，突出核心目标。

4.规划区建设的重点内容

应根据农业规划区的比较优势、存在的问题、发展方向等，确定规划区建设的重点内容。重点内容主要包括构建现代农业产业体系、加强科技创新与技术支撑、强化基础设施建设与物质装备、探寻组织管理与运行机制模式等。

5.规划区建设要发挥的作用

主要是指规划区规划实施后所要达到的效果。应从经济、社会和生态等方面阐述，包括在科技示范与辐射带动、产业集聚与技术集成、带动农民就业与增收等方面发挥的作用。

（三）规划原则的确定

规划原则是规划区规划和项目设置需要遵循的基本方针，对规划区建设起重要的指导作用。基本原则的撰写应根据规划区的指导思想、功能定位和发展战略加以确定，做到普遍性与特殊性相结合、前瞻性与现实性相结合、理论性与可操作性相结合。规划在遵循“创新、协调、绿色、开放、共享”基本原则的基础上，应结合规划区实际，突出特色。

下面推荐几项比较有代表性的原则：

1.在总体构思方面，坚持以农为本、“四农”齐驱的原则

这是规划区规划的基本所系、本质所在和根本出发点。姓农，就是要以农业为基础、以农民为核心；务农，就是要围绕农业干，推广应用新品种、新技术，做大、做强农业产业；为农，就是要为农业发展和农民增收服务；兴农，就是要吸引和集聚现代要素，提高农业质量和收益，使农民、企业双方受益。应把“四农”作为规划的宗旨，不能偏离这一定位。

2.在产业选择方面，坚持因地制宜、突出特色的原则

结合规划区所处的自然条件源禀赋、产业基础和市场容量等方面的因素，因地制宜地确定规划区的主导产业，宜农则农、宜牧则牧、宜游则游，特色要鲜明，成长性要良好，有利于可持续发展。

3.在功能定位方面，坚持示范引领、市场主导的原则

在市场经济条件下，规划区产业的选择必须以市场需求为导向，生产的产品、提供的服务的市场竞争力必须高，这样才能发挥市场主体在产业发展、商贸流通等方面的主导作用，进而推动区域农业经济的快速发展。

（四）规划目标的确定

规划目标是指规划区规划实施所期望达到的目的和效果，包括宏观层面的总体目标和落实总体方向的具体目标。科学、合理的规划目标是评价和监督规划区规划实施效果的重要依据。

1.总体目标

总体目标是对规划区未来发展蓝图的大致描绘，反映的是规划区最终要实现的状态，是具体目标制定的基础和依据。总体目标涉及的方面比较多，应重点从以下几方面进行叙述：

（1）在实现最终成效方面，应对规划实施后取得的最终成效进行概括性描述，要求与规划区发展定位相呼应，总体反映规划区规划实施后所处的状态。

（2）在空间布局形成方面，应根据当地空间布局规划、土地空间规划，以及地貌地形、资源分布等情况进行布局，如到规划期末，产业布局科学、合理，土地资源配置更加有效，区域布局不断优化，最终形成不同用途的多种功能区或功能板块。

（3）在综合效益方面，应从经济、社会和生态等方面分析取得的效益，如到规划期末，经济、社会、生态效益得到明显提升，土地产出率、劳动生产率和资源利用率达到实现农业现代化的相应水平。

（4）在农民增收方面，应分析带动农民增收的机制，测算带动农民增收的效果，如到规划期末，参与产业各环节的农民能够分享到产业增值收益，农民可支配收入持续增长，并明显高于当地平均水平。

2.具体目标

（1）概述。具体目标应满足总体目标的要求，需要对总体目标进行进一步分解，同时，它是实现总体目标的基础条件，要尽可能地考虑资源配置的可能性和市场容量的潜在性。在选择具体目标时，应注重主要目标与次要目标、定性目标与定量目标、预期性目标与约束性目标，便于项目验收和进度考核，具体目标应与不同规划期的目标保持一致。为便于比较分析和获得数据，应尽可能采用国家统计部门公布的数据。

（2）规划目标指标体系的构成。结合各类农业规划区具体条件及自身特点，可通过构建一系列规划指标体系来完成具体目标的制定，其具体目标主要包括规划区经济效益、农业产出、农业基础设施与物资装备、农业经营管理、辐射示范带动等内容。

（五）规划布局的确定

1.总体布局

总体布局是空间结构和用地布局的集合。其中空间结构是规划区各要素在空间地域的相互关系和组合形式，是各要素的空间聚集规模和集聚形态；用地布局是各要素的落地过程。空间结构与用地布局科学与否，关系到规划区功能组织是否合理、建设投资是否经济、规划区发展是否可持续等。

2.空间结构

（1）空间结构组成要素。空间结构组成要素主要包括聚集点、发展轴线、聚集区和点（轴线、区）连接网络。

1）聚集点。聚集点是指规划区内某一要素或几个要素在特定位置集中形成的一种空间布局形态，与其所在区域相比，可抽象为面上的点，即聚集点。聚集点一般表现为农业规划区的科技核、文化核、管理服务核、加工物流核等，是整个规划区的科技辐射源、文化交流中心、管理服务中心、产业增长极等。

2）发展轴线。发展轴线是指某一产业或经济活动在地理空间上依托水陆交通干线呈线状分布的空间形态。在农业规划区中，发展轴线表现为聚集点（核），辐射影响周边区域的路径，具有一定的方向性和时序性；也可表现为某一产业具有较大发展潜力的线状地带，吸引资金、技术等要素向该线状地带聚集，形成特定产业发展轴线。根据发展轴线上聚集要素的数量、密度、质量及重要性的不同，可将发展轴线分成不同的等级，高等级发展轴线上的要素逐步向低等级发展轴线扩散，进而带动整个规划区的发展。

3）聚集区。聚集区是指规划区内某些经济活动在地理空间上所表现出的面状分布状态。规划区规划主要表现为优质农产品规模化种养基地（如设施农业、畜禽水产养殖等）、农产品加工物流基地，以及农业休闲观光基地等。

4）点（轴线、区）连接网络。聚集点、发展轴线、聚集区作为规划区的内容，彼此之间通过人流、物流、信息流、能源流等相互联系、相互作用形成的网络即为点（轴线、区）连接网络，能够推动规划区有序发展。

（2）空间结构影响因素分析。空间结构受地理区位、自然条件、产业基础、技术条件和交通格局等要素影响，这些因素为规划区空间结构的选择和用地布局提供基础信息。

1）地理区位分析。重点分析规划区的地理区位、经济区位和交通区位。具体如下：①分析地理位置，在城镇体系中的定位；②分析主体功能区规划、农业发展规划等上位规划对规划区所在区域的定位；③分析规划区距离机场、火车站等交通站点和高速公路等的距离，规划区与重要景点、大型市场、农产品加工物流区的距离等。

2）自然条件分析。重点分析规划区的地形地貌、气候条件、水文地质、土壤土地等条件。具体如下：①分析规划区的地貌类型、地面坡度和坡向等；②分析规划区所在区域的年降水量及时空分布、年蒸发量、年日照时数、无霜期、主导风向和自然灾害等；③分析规划区可利用水资源量（地表水、地下水）、水质状况和工程地质条件等；④分析规划区土壤类型、土壤肥力和土壤重金属含量，以及土地利用类型、各类用地面积及比例等。

3）产业基础分析。重点分析规划区所在区域的产业规模与结构。具体如下：①分析规划区所在区域的第一、二、三产业结构；②分析主导产业规模及潜力；③分析土地产出率、劳动生产率和资源利用率等指标；④分析主导产业全产业链情况；⑤分析休闲观光农业发展情况等。

4）技术条件分析。重点分析规划区所在区域科技推广、科技研发等条件。具体如下：①分析规划区所在区域相关的科研院所研发团队及研究方向；②分析规划区所在区域农技推广队伍及配套设施情况、区域主推品种和主导技术等；③分析高素质农民、农村实用人才、农业经营管理人才的现状等。

5）交通格局分析。主要分析规划区内部交通和对外交通网络、主干路网；对外联系的主要通道，区域交通规划对规划区交通格局的影响等。

（3）空间布局模式选择。分析规划区内布局是对有关事物事项的全面安排。农业规划区的空间布局主要是规划区各项要素的空间安排，即聚集点、聚集区、发展轴线及其相互联系的网络在特定区域内的空间组，常用的有圈层布局模式、点—轴布局模式和园中园布局模式等。

1）圈层布局模式。圈层布局模式是指以聚集点为辐射源，带动聚集区发展的“点—区”空间组合形式。在圈层布局模中，聚集点一般为规划区的核心区，聚集区围绕核心区展开布局，呈现“一核多区”的空间结构。圈层布局模式适用于地貌类型相对单一、地势平坦、产业发展核心要素相对聚集的农业规划区。

2）点—轴布局模式。“点”是规划区内不同层级的产业节点，是带动产业发展的增长极，“轴”是规划区内沿主干道路或河流水系聚集技术、资金、人才等先进生产要素的发展轴带，以轴带串联各节点，梯次带动整个规划区现代农业的发展。点—轴布局模式呈现“一（多）核多轴多区”的空间结构，主要适用于增长极清晰、产业轴向发展趋势明显的规划区。增长极一般为科技要素集聚点、加工仓储物流集中区、优质农产品种养示范点。

农产品消费市场等节点为规划区发展或提供科技支撑、或提供市场需求、或带动产业提质增效。发展轴按主导功能不同，可分为不同的主题轴，如休闲观光体验轴、高效园艺发展轴、种养结合生态发展轴等，不同主题的发展轴带动沿线区域的相关产业发展。根据发展轴聚集相关要素的密度、质量大小的不同，可划分为主轴、副轴等不同等级的轴带。不同主题、不同等级的发展轴与不同类型的增长极相连，形成各类空间要素相互作用的骨干网络，推动整个规划区的快速发展。

3）园中园布局模式。园中园布局模式是指在一个规划区内有两种或两种以上的布局模式出现，每种布局模式在规划区某一个区域自成体系，如圈层式和点—轴式布局同时出现在一个规划区中，或同个规划区内有两个圈层布局或点—轴式布局等。这种空间布局模式主要出现在地形复杂的山地丘陵区，规划区内有多个地理单元，不同的地理单元有不同的发展主题，由多个主题小园有机构成整个农业规划区。

第五章　基于乡村振兴战略的产业振兴路径

第一节　乡村产业振兴的原则与意义

一、产业的基本内涵

（一）产业

1.产业的含义

产业，到底是指什么，什么是产业？“产业”这个词的定义，在不同的历史时期、不同的语言环境、不同的区域、不同的地点都有着属于它自己的解释。随着社会的不断进步和发展，大家对“产业”这个词的理解也在慢慢发生着微妙的变化。产业的概念有广义和狭义之分，从广义上来讲，产业既可以泛指国民经济中的各行各业，大到工业、农业、流通、服务，又能具体到某个行业或是相对独立的部门，比如电机电器业、食品业、船舶业、旅游业、仓储业等等。从狭义上来讲，在历史学或是政治经济学上，产业又特指工业，因为工业对于产业以及整个经济社会来说，扮演着至关重要的角色，占据着特殊的地位，是密不可分的关系，所以产业有时被特指为工业。在产业经济学上提到的产业泛指国民经济中的各行各业，被作为专门的研究对象。

2.产业结构的分类

产业结构的分类方法多种多样。主要包括：第一，马克思的两大部类法，以产品的不同最终用途为划分标准，分为生产资料部门和消费资料部门，用来解释社会再生产是两大部类中产业间的实物和价值的比例平衡关系，但在实际应用中较为困难。第二，列宁以物质生产的不同特点划分的农业、轻工业和重工业的产业分类法，非常简单但没有涵盖所有的物质生产部门。第三，霍夫曼按产品用途划分为消费资料产业、资本资料产业和其他产业三类，为未来的工业化研究奠定了基础。第四，按产业发展的层次顺序及其与自然界的关系来划分的三次产业分类法，是被很多国家广泛使用的一种产业经济分析方法，用来解释经济发展的条件与结果，其主要内容有第一产业（直接源自自然作为广义的农业）、第二产业（加工自然物质的制造业或工业）、第三产业（能够提供物质财富作为广义的服务业），但存在内容描述过于笼统的缺点。其主要代表人物：创始人为英国经济学家费希尔，20世纪30年代，他所著的《安全与进步的冲突》从世界经济的角度对产业分类方法进行了详尽阐述。继承者为英国统计学家克拉克，创作了《经济进步的条件》，总结了未完成的产业分类方法规律，并将此分类方法进行普及和推广。后由美国当代著名的经济学家西蒙·库兹涅茨在前人研究基础上做了深入的研究和总结，将国民收入和劳动力等因素考虑进来，并进行了大量的实证分析，使三次分类法得到创新与发展。第五，以不同产业在生产过程中对资源的依赖程度和需求种类之间存在的差异为标准的生产要素集约分类法，划分为劳动、技术、资本、知识密集型产业。第六，按照产业的地位和作用作为划分标准的产业地位分类法。第七，按产业发展状况进行分类的方法。

2018年3月27日，国家统计局下发了关于修订《三次产业划分规定（2012）》的通知，对行业类别进行了调整，第二产业中的“石油加工、炼焦和核燃料加工业”改为“石油、煤炭及其他燃料加工业”，第三产业中“农、林、牧、渔服务业”改为“农、林、牧、渔专业及辅助性活动”，新增“土地管理业”大类等，更为清晰地反映了我国三次产业的发展情况。

近年来，我国产业结构的分类得到了很大的改善。根据社会生产活动历史发展顺序划分三大产业，第一产业以自然物为直接生产对象，包括农、林、牧、渔业，指生产食材以及其他一些生物材料的产业；第二产业服务于第一产业，对基本材料进行加工处理，主要指加工制造业；第三产业范围面积较为广泛，是指除第一、二产业以外的其他行业，包括交通运输业、通信业、餐饮业、教育产业、公共服务业、其他公益事业等非物质生产部门。三大产业之间相互联系，相互制约，密不可分，第一产业提供物质基础，第二产业带动第一产业发展，第三产业又丰富和发展了第一、二产业。通过对产业结构的划分，能更为清晰地比较第一、二、三产业的劳动生产率，也体现出我国作为传统的农业国家，农业现代化水平依旧落后。

（二）乡村产业振兴

乡村产业振兴，就是通过最大限度地发挥自然优势和区位优势，以市场为导向，适应市场经济的要求，结合发挥科学技术的引领作用，从而实现资源优化配置，产业结构优化合理。农村由传统农业向现代化农业转变，增加了农民的基本收入，缩小城乡收入差距，为全面繁荣农村经济采取有效措施的一个循序渐进的过程。①

产业作为农村的根本，振兴产业在农村的发展中起着动力引擎的作用，产业的发展能为农村的繁荣提供强大的动力，因此，要立足农情，从根本上解决农村问题，农业是基础，以农业产业的发展推动整个农村的经济发展，推进农村农业的现代化，从而实现农村的全面发展。

二、乡村产业振兴遵循的原则

产业振兴要遵循“试点先行”与“逐步推广”相统一的原则。坚持试点先行，再逐步推广的方法，是保证重大改革推进的一个重要手段，意思是政府在推出一项政策或改革时，尤其是涉及关系较为重大的措施，应该先选取一个试点，进行局部探索，等在这个试点地区逐步摸透经验总结，在实践中检验和修正，遇到问题及时纠正，搞清状况和获取资料，根据实际情况随时进行调整，再结合经验与政策进行大范围的推广。这样做能够避免由于政策的不成熟导致的不良影响，可减少大范围造成的严重失误，同时试点先行遇到问题时解决起来的损失要比大范围推广小得多，也比较容易解决，改革起来较为稳妥。这个方法是以矛盾的个性与共性在一定条件下能够相互转化、矛盾的共性寓于个性之中为辩证法依据的。在农村推行产业振兴政策时，有很多策略需要在各个农村地区推广，比如第一、二、三产业的融合发展，农业产业集群的升级，土地

① 黄颖一．地方农村报如何助力乡村振兴战略[J]．青年记者，2020（23）：42-43.

流转等，就需要先选择一个小的区域为切入点开始试验，摸着石头过河，其本身就是一个试错的过程，总结经验的同时逐步形成模式，及时改进再逐步推广到各个农村地区，这是认识和把握客观规律的根本途径。

遵循“试点先行”和“逐步推广”相统一的原则时，需要注意以下问题：在试点先行的实际操作中得到的效果非常好，推广开的效果却很差，主要原因在于没有做到具体问题具体分析，在试点地区和其他地区存在很大差异性时，得到的结果也会相差甚远，如果情况存在很大相似性，效果也会非常明显。在试点地区实行政策时，各方面的关注度是极高的，财政支撑和政策支撑同时发挥作用，但当推广范围较大时，不能集中各方支援以及特殊照顾，因此，效果就会很差。要尊重差异，区别对待，不能搞“一刀切”。我国有很多政策都是以这种形式进行推广的，比如国家为促进科技创新，先在中关村进行试点，然后再向全国范围内推广，还有刑事案件速裁程序的推广以及改革开放都是采取的这个方法，因此，农村的产业振兴战略必然需要遵循“试点先行”与“逐步推广”相统一的原则。

三、乡村振兴战略背景下推进产业振兴的重大意义

（一）乡村产业振兴是实现全面建成小康社会的推动力量

2020年是全面建成小康社会的决胜时期，社会主义农村想取得重大进展要依靠经济。经济是一个国家的命脉，以经济建设为中心，关系到国家的兴旺和发达，在经济建设大局下行动，也同样适用于农村，乡村的振兴重点在于产业。全面建成小康社会要求全面性，同时也说明了其短板在于贫困人口和贫困农村，农村脱贫攻坚的彻底解决需要依靠产业的振兴，农民的收入得到提升，农村才能兴旺，因此，农村全面富裕的那一刻便是小康社会的全面建成。目前在大多数农村，农民依然依靠农业为主要经济收入，因此，依靠农业产业振兴来全面建成小康社会兹事体大。通过融合第一、二、三产业，优化农业产业结构，延长产业链条，提高农业创新能力，培育新型农业经营主体，发展农村特色产业，从根本上提高农民经济收入，创造就业，改善贫困生活，促进农村富裕，构建现代化农业。

（二）乡村产业振兴是满足农民对美好生活向往的有力保障

中国进入了一个新时代，经济建设、民主法治建设、思想文化建设、生态文明建设等各方面都取得了显著的成效，中国的面貌焕然一新，但是这其中还有很多问题不可忽视。城市在享受着改革开放带来的胜利果实时，农村依旧止步于落后的生活水平，城乡差距不断扩大，农村的农业基础薄弱，人居环境、基础设施建设有待提升，公共服务水准急需完善，这就造成农民对农村未来的前景和发展忧心忡忡，也慢慢失去了对美好生活的向往。为了让农民重新建立信心，乡村振兴战略的实施显得尤为重要，产业作为农村的根本，振兴产业是振兴农村的内在需要。因此，要立足农情，以自身的独特地理位置和特色为优势，最大限度地利用自然资源，实施乡村的产业振兴，从各个方面提升农民的生活质量，切实改善落后贫穷的现状，仅仅局限于扶贫不行，要从根本上解决农村问题，农业是基础，以农业产业的发展推动整个农村的经济发展，提高农业生产能力，构建第一、二、三产业融合发展体系，推进农村农业的现代化，从而实现农村的全面发展，满足广大农民对乡村发展的憧憬和对美好生活的向往。

（三）乡村产业振兴是实现民族伟大复兴的物质基础

中国是一个幅员辽阔的国家，自改革开放40多年来迎难而上，取得令人叹为观止的历史性成就。中华民族的伟大复兴应包括国际综合国力增强、社会全面进步、祖国统一、能够在国际舞台上唱响中国声音等诸多方面。乡村产业振兴是立足于“三农”问题短板、城乡发展不平衡不充分等问题上的重大战略举措。中华民族伟大复兴的实现必然要以实现农业产业振兴为前提，国家的现代化归根到底是农业的现代化，农业的快速发展带动社会稳定，农业发展的速度决定着国民经济的发展速度。当前我国农村产业发展整体水平依然较低，市场竞争能力不足，新型农业产业经营主体仍有待培育，乡村治理能力不强，要始终坚持农业的基础性地位不动摇，大力推动产业振兴，是实现中华民族伟大复兴的物质保障，要坚定不移地把“三农”问题作为全党工作的重心，坚持农村农业优先发展，将农业大国转化为农业强国，是实现中华民族伟大复兴不可或缺的一部分。

第二节　乡村振兴战略背景下产业振兴的理论依托

一、比较优势理论

亚当·斯密，18世纪的英国古典经济学家，为经济学的创立做出了巨大贡献，首先提出了比较优势理论，其理论后由古典经济学家大卫·李嘉图进行丰富和发展，赫克歇尔、俄林进行充实和完善，最后比较优势理论被发展成为现代的“资源配置”理论。

亚当·斯密认为，各个国家找到自己的特长，根据其特长发挥其优势进行分工，然后再扩大生产规模进行专业化生产，从而大大提高本国家的劳动生产率以及商品产量，使价值规律在市场上完全发挥作用，再通过交换以达到社会福利的最大化。他的主张是以各个国家建立在绝对优势的基础上进行大规模生产、交换，最后达到利益共赢。

大卫·李嘉图敢于从绝对优势的理论中站出来，简单用一句话来诠释，那便是“两利相权取其重，两弊相权取其轻”。比较优势理论是由英国古典政治经济学家大卫·李嘉图在代表作《政治经济学及赋税原理》中提出来的。一开始此理论被叫作比较成本贸易理论，后又发展为比较优势理论。他认为，首先，国家间进行贸易合作的条件是建立在生产技术上的差别，而且这种差别是相对的，正是由于这种差别的存在才导致相对成本上有所差别。其次，每个国家根据“取其重”和“取其轻”分别进行出口和进口，充分发挥本国优势，进行专业化大生产，从而利益双方都可以最大限度地节省劳动力资源和自然资源，通过市场上的自由竞争，获得最大利益。这一原理有点类似于中国历史上的田忌赛马，以相对优势取得最终胜利。

大卫·李嘉图认为，商品的价值取决于生产一件商品所耗费的劳动量，利益双方就应该生产自己拿手的商品，也就是劳动成本低一点的商品。例如，两个厂家都在生产电脑和桌子，每个厂家都各自更擅长生产其中一种商品，那为什么两家不能分工协作呢？甲厂家擅长生产电脑，乙厂家擅长生产桌子，这不是对两家都有好处么，何乐而不为呢？利用这种可观的相对优势进行相互交换，利益双方就均可获得更多的利益。

推广和运用比较优势理论，在一定程度上可发挥巨大作用，促进生产力的高度发展。将这种分工提升到世界的高度，也为当时的英国推行自由贸易政策，从以英国为中心划分国际分工格局慢慢转化为资本主义生产方式占据世界生产方式的重要组成部分，反映了英国工业资产阶级迫切渴望获取高额利润的诉求。

受大卫·李嘉图的影响，H-O理论（即赫克歇尔-俄林理论）应运而生。瑞典经济学家赫克歇尔和俄林主张，之所以会产生比较优势，是因为每个国家或地方生产要素相对禀赋有所差别，也就是说，生产要素不仅仅只有劳动，还有资源、土地、资本等多个方面，各个国家应依据本国相对充裕的生产要素进行大规模专业化生产后进行出口，反之进口本国生产要素相对贫瘠的产品，从而形成各国的比较优势。①

借鉴比较优势理论，乡村振兴要在充分挖掘区域自然资源优势的基础上借力发展。实施乡村振兴战略的成功与否取决于农村产业的发展水平高低。农村产业是依附于自然资源而发展的产业，因此，比较优势理论可以推动农村产业区域合理化布局及专业化生产，发挥农村的区域比较优势，最终形成区域优势明显、别人难以模仿的产业。

二、竞争优势理论

哈佛大学商学院教授迈克尔·波特在企业竞争战略理论领域具有很大的影响力。首先，他创建的竞争优势理论对于传统的H-O理论来说是一个伟大的创新，以动态的、非特定化的视野把决定竞争优势进行了整理和归纳，分别是要素状况、需求状况、相关支撑产业及企业战略、结构与竞争四类决定性因素。其次，把公司的战略、组织和竞争作为另外两种外部力量，这在国际上是一种新的贸易理论和政策。波特认为对一个在贸易上占领优势的国家来说，成功因素的归纳是一个相对复杂、综合的结果，不只是取决于这个国家拥有的自然资源、劳动力、汇率等，也不能仅仅通过继承获得，而是发挥产业创新的作用。极具影响力的发明可以带动着国家产业的发展。除了产业和企业理论，在国际

① 唐洋洋. 中国外贸比较优势向竞争优势转变策略[J]. 合作经济与科技，2015（16）：136–137.

竞争上，波特还创造了国际竞争优势的钻石体系的架构。

波特理论中的需求状况指的是此项产业的产品提供的需求情况，在需求数量或是成熟度方面与其他国家的优劣势比较。例如，如果一个国家某项产业的需求走在世界需求的前端，那么这个国家该产业是一个较早起步的状态，有时间差上的优势，从而一招领先，步步领先。比如说日本这个国家，地域狭小，对日常使用的家电产品要求非常高，体积小便于携带等，这些消费者的强烈需要促使日本的家电行业竞争力强，在国际上都占有领先的地位。

借鉴竞争优势理论，分析现在这个竞争力巨大的农村市场，农村产业要想发展领先，必须用拥有强大的优势产业群。波特还认为，所有战略均具有特殊性，不能普遍适用于所有环境。政府应发挥引领、督促的作用，为激烈的市场创造一个相对公平的环境，竞争力也会促进企业改革创新以提高生产力并在市场立足。

三、产业集群理论

产业集群理论于20世纪20年代作为一种经济理论出现，源于对区域经济增长问题的研究和思考，侧重于产业集聚方面的解释。该理论的主要观点有马歇尔的《经济学原理》著作，提出外部经济观点，意思是将扩大企业的生产规模行为作为正确的外部性或溢出效应，这一行为会对本产业相关的所有企业产生巨大的推动作用，而且还能促使集聚关联企业获得信息和运输上的优势。德国经济学家韦伯在《工业区位论》中深入研究区位论思想，并成为第一个提出集聚经济这个概念的人，其核心是通过最大限度地降低运输环节上的费用，以获取企业效益。他认为集聚产生的经济效益是通过扩大生产规模和同一地点的企业集群两种方式为企业增加收益和节省成本。克鲁格曼从贸易经济和经济地理角度研究产业集群，认为产品的贸易活动间接起到了生产要素贸易的作用。农业产业的集聚行为促使农村产业进行分工与协作，有利于提升产业竞争力和劳动生产效率，对农村的现代化发展具有重要的指导意义。

借鉴产业集群理论，乡村产业振兴要建立独特的农业产业集群。农业产业集群就是社会分工逐渐细化、专业化程度不断提高的一个组织经济发展的创造性活动，各主体之间地理位置相邻，在相关的产业领域，集群内部各主体参与互动，农业产业的空间布局相对集中，各经营主体相互联系分工协作，优势互补，逐步实现产品、功能、结构的升级和优化，形成既合作又竞争的强劲局面。所有的农业产业集群都是独一无二、不可复制的动态过程，必须要深入了解地区产业化发展特色，选择适合区域的产业集群模式。进行品牌宣传，可促进农业各集群主体的发展，农业产业更具竞争优势，加快农业现代化的发展进程。

四、可持续发展理论

可持续发展理论是指满足当代人需要的同时，也满足后代人的需要，不能对其需要的能力构成威胁。可持续发展理论的发展过程较为长远。在20世纪五六十年代，经济迅速发展、人口增长、环境破坏等巨大压力的背景下，1987年，联合国世界与环境发展委员会发表了一份名为《我们共同的未来》的报告，在报告中就环境与发展问题做出了全面阐述和说明。“可持续发展”，这是第一次正式地提出了可持续发展的概念，这个词最早源于生态学词汇中，在地球环境能否超负荷运转中得到启示，认为可持续发展是一种维持生态完整性的发展状态。该理论追求的是持续性、协调性、公平性、高效性和多维度的发展，有三个方面具体内容：可持续经济、可持续生态和可持续社会三者协调统一的发展。该理论肯定了经济发展的决定性作用，但要遵循与环境的承载能力相协调的原则，给予自然环境极大的重视。其核心理论有资源持续利用理论、外部性理论、财富代际公平分配理论等。

借鉴可持续发展理论，乡村产业振兴要处理好经济与生态环境关系。农村的产业发展绝不能以牺牲环境、破坏资源为代价，在追求经济效益的同时，更要追求经济发展的质量，做到低投入、低消耗、低污染，以社会的可持续发展为目的，实现生态与经济的良性循环，资源消耗不可逆，农村产业发展应最低程度地减少浪费和污染，促使人类社会获得永续发展。

五、农业产业化理论

农业产业化的概念在外国并没有提及，但其实质都是一致的。它起源于20世纪50 年代的美国，随后在日本和西欧等国家发展开来。这种农业产业化的生产经营形式被取代，称为“农业一体化”或“农业产业一体化”（agricul tural integration），是由美国哈佛大学的戴维斯和戈尔德提出的。此外，还定义了“农业综合经营”的概念，指的是在产前、产中、产后，农业生产部门和与其有关系的经济部门的相互联合。农业产业化以市场为前提和导向，在西方国家得到了迅猛发展，并不断成熟起来形成了特色鲜明的产业链条体系。美国经济学家萨布雷特·嘎塔克提出了农业生产是为了满足本国需要的主要农产品的内向型农业产业化理论，随之又有了与之相对应的外向型农业产业化提法。

在我国，农业产业化也经历了漫长的发展历程，早在1987年就有了贸工农一体化的发展思想，然后于1993年首次在山东提出，被称作一种新的农业发展战略。简单地讲，农业产业化就是在家庭承包经营责任制稳定的前提下，以市场为导向，以提高生产效益为目的，以龙头企业为引领，大力发展科技创新，改变“各自为政”的传统农业经营方式。进行专业化生产，是一种动态化、现代化的经营手段，强调市场化、规模化、专业化、社会化和企业化，实现产供销一体化生产经营，农业产业化提高了自我积累能力，代表着中国农业发展史上的伟大革命，促使农村经济走上了一个良性的发展轨道，是实现乡村振兴的必经之路。

借鉴农业产业化理论，乡村产业振兴要走农工商一体化发展道路。要通过政府引导和支持，以当地农业资源基础为依托，延伸发展相关农产品加工生产，并进行现代先进的商业经营模式，从而使农村实现产业链条的深入发展。

六、分工协作理论

马克思指出：“一个民族的生产力发展水平，最明显地表现在该民族分工的发展程度上，任何新的生产力，只要它不仅仅是现有的生产力的量的扩大，都会引起分工的进一步发展。”[①]经济社会的发展速度与专业化分工水平保持在一个正比例的关系上，两者相互促进、协同发展。传统经济模式下，分工简单，发展水平低下，而在现代化发展模式下，技术创新迅猛发展，生产力水平大幅度提高，分工程度逐渐细化。

分工与协作二者的关系为：分工为协作提供前提，协作意味着分工，协作

① 马克思. 马克思恩格新选集：第1卷[M]. 北京：人民出版社，1975：25.

是分工的必然结果，两者相互促进、同时存在。马克思把协作定义为，在相同或不同但存在联系的生产过程中，有计划、有目的地一起同时工作，这种工作形式就叫作协作。根据复杂程度分为简单协作和复杂协作。马克思重视分工的重要性，同时也强调了共同劳动与协作的意义——能创造出一种新的生产力。农业产业集群通过集中生产，是一种扩大了劳动范围、缩小了空间范围的新形式，以减少各类非生产费用。

"这里的问题不仅是通过协作提高了个人生产力，而且是创造了一种生产力，这种生产力本身必然是集体力。"①马克思还举了一个生动的例子用来说明两个简单的事物联合的效果之和大于单个的部分之和。他认为一个骑兵连的整体影响与散开的单个骑兵的进攻力量和抵抗力是存在巨大差别的，也就是说协作的力量是巨大的，能够提高整体的生产力。

借鉴分工协作理论，乡村产业振兴要通过经营主体的分工实现集群优势，乡村区域集群企业要想获得更大的生存空间，必须通过调整经营战略，各要素参与分工的同时更要注重协作，通过建立健全紧密的利益联结机制，集中资本、科学技术、资源、管理等要素，产业间相互渗透，以延伸农业生产链条，构建现代化农业产业体系。产业融合与产业集群都是一种体现高度分工与协作的方式，是产业分工被建立起来的一种新的、有序的再组织过程，突破界限，更加注重产业结构的衔接与融合，既避免了资源的浪费，又缩短了必要的劳动时间，同时还能提高整个产业的劳动生产率和核心竞争力。

第三节　乡村振兴战略背景下产业振兴的理论依托路径探索

一、优化产业链条构成要素，推动第一、二、三产业融合发展

（一）提升从业人员整体水平，培育新型农业经营主体

我国农业生产实践能保持平衡稳定的发展，合理内核在于农业产业活动中各要素之间的和谐统一。重构专业化、组织化、社会化、集约化的新型农业经营体系，是发展现代化农业的客观需要，关系到现代化农业的发展方向，关系

① 马克思，恩格斯. 马克思恩格斯选集：第2卷[M]. 北京：人民出版社，2012：207.

到是否能彻底改变农村的落后面貌。农村产业的融合发展要求具有雄厚的经济实力、强大的经营能力和农业的生产规模。农民个人直接参与的经营方式不现实，通过新型农业经营主体的组织和引导，集中规模较小的个体农户，转变为直接参与或间接参与的农业经营主体。新型农业经营主体较传统的农业经营主体有本质上的区别，培育了农民合作社、家庭农场、专业大户等新形式，在家庭承包经营的基础上，以提高农业生产力、壮大集体经济实力为目的，调动农民的生产积极性，适应快速发展的社会主义市场经济体制，建立起一个集专业化、组织化、社会化的现代农业生产经营组织形式，新型农业经营主体的建立有利于保障我国农业的健康发展，更好地推动农业现代化。

第一，因人而异实施层次培训，提升经营主体综合素质。农民的现代化决定了农业的现代化。调查研究发现，传统的农业经营主体以妇女、老人为主，受教育水平低下，经营规模小，经常处于亏损状态，农业劳动力呈现老龄化、低文化趋势，这就要求新型农业经营主体的普遍受教育水平更高，更加年轻化，男性比例提高，因此，有文化、掌握现代农业生产技术的高素质新型农业经营主体，能快速提高农业生产效率，调动农民的积极性和创造性；政府相关部门也应加大扶持力度正确引导，完善对农业从业人员的培育政策，突出培养重点、拓宽教育培训途径等加强对农民的职业教育，同时还要通过资金激励手段鼓励优秀人才回到农村创业。

第二，整合低下经营模式，推动优势经营主体发展。根据规模经济理论，一定时期内，农业适度经营规模的扩大有利于提高利润水平，解决农户生产方式效率低的问题。传统经营模式小且分布零散，无法进行机械化作业和标准化生产。为提高农产品的竞争地位，提高农民收入水平，必须走集约化、规模化道路，将土地从劳动力较弱的农民手里转移到龙头企业或农业大户里来，提高资源利用率，释放更多的土地用来扩大生产规模，进行现代化生产经营模式，从根本上解决“大市场”与“小生产”之间的矛盾。

（二）突破第一、二、三产业要素束缚，完善融合保障体系

彻底突破第一、二、三产业要素瓶颈的制约，培育农村第一、二、三产业融合发展的新动能。

第一，突破“地”的要素制约，充分保障土地供给量。农村土地面积极其

有限，农村用地需求不断增加。在保障耕地面积的同时，要满足农村产业用地是乡村振兴、农民富裕必先解决的焦点问题。盘活土地存量，是快速缓解用地矛盾的有效方法，建议政府等相关部门开展土地综合整治工作，完善新增建设用地的供给机制，优化农村土地布局。各地区在用地计划中，要将农村第一、二、三产业融合发展用地加入进去，在开发废弃工厂、医院或学校旧址等建设土地时，优先考虑农村产业发展的用地问题，挖掘农村闲置资源，释放农村土地存量，精准利用土地资源。同时，要加快土地流转机制，通过政府补贴扶持、租赁、入股等机制，激发农民参与土地流转的积极性。

第二，突破“钱”的要素制约。用好政府的钱，吸引社会的资本。丰富贷款抵押方式。积极推进农村承包土地经营权和农民住房财产权抵押贷款试点，让农民手上的“死资产”变活。政府应该优化投资结构，将固定资产投资继续向农村三大产业融合发展倾倒，建立起基础牢固、发展长远、影响深远的全局性工程。同时，加快改变农业基础设施薄弱状况，提高农业补贴政策的指向性和精确性，为乡村带来资金流，营造良好的融资环境，满足乡村振兴多样化的金融需求，不断激发农村资源资产的金融活力。

第三，突破“人”的要素制约。首先，要健全人才培养体系，加强对农民进行的教育，培养出一批掌握先进农业技术和现代化管理知识的新型农业专业人才；其次，政府相关部门下发文件或政策鼓励有知识、高素质的年轻人投身于乡村振兴，并给予优惠保障政策，尤其在人员编制、工资待遇、人才流动等方面给予制度上的保障，加快完善农村的公共配套服务，改善农村生活环境，享受与城市一样的生活品质，除此之外，通过建立实践基地、创业孵化基地、交流合作平台等方式，培养出一支爱农村、懂农业、有文化、懂技术的优秀人才队伍，为农村三大产业的融合发展提供人才支撑。

（三）健全第一、二、三产业利益联结体系，保障农民合理收益水平

推进农村三大产业的融合发展，利益联结机制松散，导致农业产业化经营过程不畅。如何保障多方利益，是现代农业产业化过程中的突出问题。构建合理的利益联结机制能保障龙头企业与农户之间的利益均衡分配，有效解决小农户与大市场之间的现实矛盾，具有十分重要的现实意义。具体政策如下：

第一，建立风险防范保障制度。农业生产受自然条件影响呈现不稳定性，

积极实行农业保险、农产品收购保护价（保证高于市场收益），将市场价格波动或自然灾害所造成的损失降到最低，提高企业与农户的风险防范能力。

第二，鼓励发展合作制和股份合作制，与企业签订农业经营股份合作协议，合理建立分红机制，农户在企业中以劳动、资本、土地、技术入股，拥有股份并参与企业的监督管理，将农业生产各环节所得利润与农民利益联结在一起，引导农民提高自我发展和生产积极性，形成利益共享风险共担的利益共同体。龙头企业往往很难与散户进行直接对接，可通过建立农业协会组织负责协调，形成“企业+协会+农户”的模式。在这种利益联结模式下，农户和企业的经济利益都能得到保障。

第三，建立健全监督约束机制。企业与农民签订农产品购销合同，以平等、互利为原则，严格规范合同内容，避免产生违约现象。各主体要明晰责任，由松散的市场交易关系转化为严格紧密的利益协调关系。加快完善购销合同，加大违约惩罚力度，有效规范各主体行为。

二、发挥地方优势，发展乡村特色产业

（一）强化质量安全，培育农业品牌

品牌是特色农产品实现市场价值的有效载体。发展特色农业应以质量求效益，以品牌求发展。要立足特色农产品生产实际，逐步形成与国际标准、国家标准、行业标准、地方标准、企业标准相配套，产前、产中、产后全覆盖的完备标准化生产体系。

第一，强化质量安全，全程标准化技术作业。从农业生产现状来看，各个地区农村的生产方式判若云泥，毫无统一标准可言。各个地区应根据其特长和特色，通过标准化作业以提高工作效率，提高农业生产力，增加产量，是农业现代化的必然选择。以农业为主要实践对象进行一系列符合现实需要的、统一的、协调的、合理的标准化活动就是农业标准化。具体来说，就是以保护生态环境为前提，以市场为导向，以促农民增收为目的，以农业技术推广为手段，以指定的国家标准为基础开展的活动。农业标准化，促使科技成果在生产力发展方面得以实现。

俗话说：“民以食为天。”农民受到利益驱使，大量使用农药以及其他有

毒有害物质，造成农产品中毒现象频频发生，同时也对消费者的身心健康构成了巨大威胁，农产品质量安全问题需要引起足够重视。农业标准化便是提升农产品质量安全的主要方法和手段，因为农产品的整个生产过程在通过农业标准化实践中完全符合国家标准，操作严谨、管理制度规范，还可利用新闻媒体、互联网等手段使生产过程透明化，为消费者进行展示，也促进了农产品的宣传，从而增强市场竞争力。

第二，培育农产品主体品牌。对农村产业的长久生存和发展来说，品牌相当于轴心，发挥着举足轻重的作用，维系整个命脉。以可口可乐公司在中国的发展历程为例，为把名字翻译好，使广大中国人接受，煞费苦心，最后才确定下来朗朗上口的品牌名称。费尽心思创建出来好的品牌，并通过电视广告打造独树一帜的品牌形象，是可口可乐在中国产量第一的重要原因。

品牌是一种无形的资产，表面上看起来没有产品那么实际，但其带来的影响不可小觑。农业产业的发展也是一样的，在农产品建立之初，应加大力度做大、做强品牌，通过互联网或在各大活动中，有意识、有目的地加大农产品的品牌宣传，可快速增加主题品牌的知名度，树立良好的社会形象。从消费心理来看，消费者在进行消费活动时所表现出的心理特征具有盲目性、从众性、求异和攀比等，农产品主体品牌的培育需要根据消费者的消费心理和消费动机，创造出有个性的品牌形象，销量提高的同时也大大增强了消费者对此品牌的信任感。

品牌建设对农业产业的发展具有巨大推动作用。农产品的品牌建设应根据自身的独特地理环境和价值，集合力量创作出有区域特点的品牌产品，同时要注意品牌故事的塑造和宣传，新时期实现乡村振兴要坚持遵循乡村自身发展规律，结合乡村实际，充分挖掘乡村特点，注重保留乡村优秀传统文化风貌，走出一条适合乡村发展的独特振兴之路。

（二）深入挖掘当地特色，重点发展特色产业

对于一个农业大国来说，大力发展特色农业对推动农村产业振兴，农业现代化发展具有重要意义。目前农产品市场同质化问题严重，竞争力激烈，亟待发展具有区域特色的农产品品牌。

第一，以政府执法部门前瞻统筹视野，布局具有属地特色的引领产业。

政府要明确自己在农业发展中的定位，对农业市场领域进行有效的监督指导，维护健康有序的市场秩序，积极鼓励农业科技创新，对农业知识产权实行奖励和保护，同时要对农业相关项目的审批环节进行相应的简化，避免操作过程复杂、烦琐，加大对特色农产品的资金投入力度，减少不合理的农业税费，全方位帮扶农产品企业做大、做强。

第二，以市场潜在发展趋势为引领，培育未来能满足市场需求的潜力产业。紧密联系市场，根据市场风向培育和塑造品牌，坚持“健康”与“绿色”发展观念，将潜在的资源挖掘出来，同时要延伸和完善特色农业产业链条，扩大特色农业规模，加大农产品的宣传力度与推广，加快推进农产品产地市场体系建设，加强农产品的冷链仓储、分拣、装卸、配送等工作，减少农产品流通损失，提高农产品附加值和市场竞争力。

第三，结合区域产地独特环境，开发极具地理特色的优势产业。特色农业是现代农业的一种表现，要立足区域独特的地理环境，将资源优势转化为产业优势，科学的选择和开发具有地理特色的优势产业，例如燕山的板栗、太行山的苹果、邯郸鸡泽的辣椒、赵县的雪梨等等，同时，利用技术创新，建设规模化、标准化的农业示范基地。

（三）加大监管力度，有效规范特色农产品市场

第一，实行农产品市场准入制度，对农产品质量进行监督，有效杜绝质量问题，保证“舌尖上的安全”。推行农产品市场准入制度是对农产品的有效筛选方式，农产品的上市销售必须经过专业机构的认证和检查，对于不符合国家标准或不合格的产品坚决不允许流入市场进行销售，以“坚持标准，严格准入，开放市场，强制退出”为原则，在市场保持开放的同时，严格按照标准进入，对于不合格的产品将会面临严格强制退出机制。被允许上市的合格产品按照规定，必须按要求注明产地、生产者、保质期、产品质量等级等相关信息，真正做到对农产品质量问题的全程监管。

第二，建立健全农产品质量监管体系。大型农产品批发市场、农贸市场必须同时建立规范标准的质量检测机构，制订产品检测计划，提高检测硬件设备的准确性，便于展开农产品质量检测工作。同时，要整合政府各部门资源，加大对农产品质量安全抽查的执法力度，将不合格的农产品依法进行销毁或无公

害处理，杜绝一切安全隐患，同时注意协调农产品监管机构的人员、设备、办公设施、经费等问题。此外，在大型农产品批发市场或各检测机构，还应设立农产品质量安全公示牌，其内容包括农产品名称、产地、产品质量等级、检测结果等项目，定期向社会公示。

第三，实行农产品质量安全责任追究制度。农产品进入市场前，必须要求经营者对所经营产品的质量安全负责，以保护消费者权益，维护良好的市场秩序，农产品检测机构做好相关信息的登记，以便进行安全质量责任追究。政府等有关部门应各司其职，提高震慑力，对于不履行农产品质量安全承诺的人员，按照规定依法进行处罚，并追究法律责任。

三、多措并举，巩固农业支持保护力度

（一）多渠道筹资，夯实资金支持力度

第一，完善财政支撑，加大财政支农政策。农村财政支农所占比例较低，城乡发展依然存在较大差异，严重影响了农村经济的活跃度，政府应依据市场发展情况做出合理的资金流动和安排。首先，应适当放大财政投资政策的即期扩张效应及中长期维护与推动效应，加大对农村的资金投入力度，从城市建设向农村基础设施建设稍做偏移，尤其要加大农村的科技创新支持力度，各地区在实行财政支农政策时注意因地制宜，制定科学合理的方案；其次，要深化农村税费体制改革，增加农民可支配收入，减轻农村企业或农户的非税负担，整顿政府收入机制；与此同时，适时调整好财政政策，积极的财政政策能够促进农业结构的调整，增加整个社会的财富，国家的财力有限，可通过增加民间或企业的投资，减轻对政府的依赖，避免走入只有国家财政政策才能推动农业结构调整的思想误区，促使农村经济步入健康循环、发展的轨道。

第二，完善金融支撑。除积极的财政政策手段，农村产业的发展还应发挥政策性银行的政策导向作用，改善农村融资环境，通过实地调查研究，并结合当地的金融政策及其发展特点，开发和创新金融产品，同时，要加强对金融产品的管理，避免管理人员为提升绩效滥用职能或欺诈农民等现象的产生；政策性金融机构应加强与政府发改委、财政局等高层机构的交流，实行信息共享机制，做好金融资源和信息的协调整合，改善乡村信息闭塞、信息共享机制不健

全等问题。

（二）多层次科技输血，发挥科技振兴作用

第一，与高校建立联系，各取所需。广大农村以传统农业为主，生产方式极其落后和单一，很大程度上造成农业带动经济的发展模式。在这种环境下，以乡镇为单位，通过培养具有较高素质与技能的农技人员来改善农村这种现状。首先，农村的发展归根到底是以农民为劳动主体的创造活动，在农业的知识方面，农技人员具备较强的理解力，想法新颖。接受水平也远远高于一些固执已见的普通农民，在农业的生产过程中，创新型农技人员可以更顺利地引进新技术、新产品、新机器，促进农村的农业转型和升级。其次，农技人员具备较强的掌控能力，能帮助农民在农业生产过程中及时解决技术难题，拿种小麦来说，农民应选择什么样的土地能种出高产又优质的小麦，播种时间，如何灌水，施肥应注意哪些问题，在小麦遭受病虫害的时候应如何处理，等等。农技人员在接受培训后，能快速、准确地解决好这些问题，在很大程度上保护了粮食的产量，也大大提高了农民的生产效率。最后，农技人员的平均年龄较广大农民小，在国家下达文件或政策后，能及时地了解和学习，从而可以以最通俗易懂的方式把有效信息传达给农民，解决了农村信息闭塞的问题，以便农民及时了解时事紧跟时代的脚步。

同时，建立产学研合作关系，也就是把生产、教育与科研结合起来，企业、高等院校及科研单位分别将自身的资源优势集合起来，因为他们具有不同的社会分工。首先，与高等院校等进行合作，他们可以为农业生产创造出新的生命力，通过技术创新促进农业生产力的发展，实现生产过程的升级。其次，农业生产与高等院校建立密切联系，可以为高校学生提供实习机会，将所学知识运用到实践，企业也可以通过这种途径找到人才。最后，农业产业与高等院校是互利共赢的合作关系，高等院校为农业产业提供技术创新和人才发展，同时农业产业具有实践产地和丰富的自然资源，优势互补，互惠互利，协同发展。

第二，鼓励企业内部自主创新。企业内部的自主创新，大到关系国家的命运，小到决定农村产业的健康可持续发展。地区越是贫困，越是需要走自主创新之路。目前我国农村产业集群已初步形成，正处于一个极速发展的趋势。农业产业集群对农村地区的经济发展的重要作用逐渐也凸现出来，我们绝不能走

封闭、传统农业化的老路，要走农业现代化的新路。因此，要彻底改变传统农业的落后局面，就必然需要农业企业内部的技术创新做支撑，才能满足现代农业发展的需要。

增加创新资金投入。在政府层面上，除了下发一些政策文件外，还需要逐步增加对企业科技创新的投入力度和研究与试验经费投入，为农村企业经济的快速发展提供驱动引擎，同时放宽对企业的项目扶持力度，积极给予企业创新项目的经费支持。在企业自身层面上，要给予技术创新足够的重视，把创新作为发展的第一动力，除此之外，企业要根据自身每年的销售收入拿出部分资金来进行应用研究和实验发展。最后可以通过向银行申请贷款、融资或者员工入股、以债券或是股票的形式公开向社会筹集资金等多种形式加大科技创新资金的投入。

完善技术创新激励机制，健全企业创新体系。技术创新对一个企业及其一个产业的发展都起着至关重要的作用。企业要想长久立足，就必须从提高科技创新能力入手，这时在企业内部设立专门的技术中心就显得十分迫切了。企业技术中心可通过有效地整合全体技术人员，使产品得到全方位的监督，在保证了质量的同时，也有效地提高了生产力。

首先，企业技术中心作为一个高层次、高水平的技术组织机构，需面向市场，准确地获取和分析市场信息，围绕市场需求，以技术创新为手段负责产品、材料、工艺、装备的长期研究，不断开发出竞争力强、市场前景广阔的先进技术成果，为企业制定核心技术创新的目标和规划。其次，企业技术中心的建立需要以技术设备为支撑，企业在建立此技术中心的同时必须完善技术中心的先进设备，软硬件设施兼顾，在新技术研发的各个阶段都应配备研发软件以保证后续的开发工作。

为鼓励企业的自主创新，在政府等相关部门层面，应创造一切条件对此行为进行保护。比如，建立健全知识产权的法律法规制度，完善对知识产权评估机构的认证，规范知识产权交易市场。同时，技术创新是一种确定因素和稳定因素较差的活动，政府应采取直接或间接的资金激励制度来加大对企业技术中心的扶持力度，通过出台有关引用优秀人才的政策，保障人才住房、基础服务等良好条件和给予科研经费支出等方式。在企业内部层面，要根据工作考评对研发人员进行激励，主要内容有研发人员的出勤率、产品完成质量与进度以及实际操作中表现出来的创新意识和团队精神。物质激励是一种效果最为明显的激励手段，可最大限度提高研发人员的工作积极性，但物质激励需注意公平、公正，保证可以全身心地投入到技术研发的工作中，不能因此影响研发人员的情绪。另外，还可通过精神激励来实现，比如让研发人员参与管理以及荣誉称号激励等。总之，企业应尽可能采取多样化的激励措施来提升企业创新团队的素质，从而进一步激发研发人员的技术创新精神。

第三，积极引进外部先进技术。在加强农业产业的技术创新方面，借鉴外部经验，积极引进外部先进技术，展现出强大的优越性。一个地区的农业产业在资金充裕、时间允许的情况下可以慢慢去自主开发新技术，但是资金短缺和时间紧迫往往是大多数农村地区都存在的问题。从实际情况来看，积极引进外部先进技术是一种投资少、快捷且有效提升本地区技术水平的途径，可减少重复研发的时间。在新技术引进之后，要注重新技术的消化与再创新，避免短期化思想，从长远发展考虑，在满足于引进外部优秀技术带来的短期经济效益时，不可停滞不前，更要投入比以往更多的时间、精力和资金在后续的技术研发中。通过积极引进、消化、吸收再到创新的一个过程，缩小与其他地区的差距。

在借鉴外部先进的技术的同时。配备必要的软硬件设施、先进的管理制度，开展一些有利于技术创新开发的讲座、技术展览或交流会等活动，在吸取优秀成果的同时，拓宽对技术知识的学习程度。当今农村产业发展迅速，应抓住机遇，趋利避害，全面提升农村的经济水平，把引进与自主创新有效结合起来，降低在创新方面的盲目投入风险，掌握核心技术，使农村产业不断得到完善和进步。

（三）全方位健全产业振兴机制，营造制度振兴氛围

第一，建立健全城乡融合发展体制机制。党的十八大以来，农民收入持续增长，农村社会和谐稳定，但农村发展不平衡不充分问题依然突出，重塑城乡关系，走城乡融合发展之路显得尤为重要，要坚持以整体谋划、重点突破、因地制宜、循序渐进、共享发展为原则，以城乡全面融合、共同富裕为目标，推动人才、土地、资本等要素双向流动，为乡村振兴注入新动能。

第二，建立城市人才入乡激励机制和人才保障机制。吸引优秀年轻人回到

农村发展。关键在于优化人才引进条件，农村振兴需要一支懂技术、有能力的人才队伍，要善于挖掘本地区优秀人才，并且为优秀人才的回乡之路做好后续保障工作，让他们在农村看得到发展和希望。同时鼓励高校毕业生参与基层管理，为农村注入新的活力。

第三，加快推进农村金融组织体系的健全。目前我国农村金融体系建设已较为健全，但从全面振兴农村产业来看，还有一段距离，必须加快完善金融组织体系，通过金融机构分工协作支农、推动金融互联网平台、鼓励小额信贷公司转型等措施，优化金融服务机构的技术水平，提升金融服务能力，加强农村信用环境建设。

四、突出产业集群效应，确立独特的核心竞争力

农业产业集群就是农业发展到一定阶段的标志性形态，是社会分工逐渐细化、专业化程度不断提高、社会不断进步的现象，是一个组织经济发展的创造性活动，代表着农业这个基础性产业告别传统进入现代化阶段，并由低级到高级不断发展的过程。产业集群的各主体之间从地理位置上看是相邻的，在某一个相关的产业领域，集群内部各主体参与互动，农业产业的空间布局相对集中，各经营主体又相互联系，分工协作，存在共性且优势互补，快速提高经济效益，逐步实现产品、功能、结构的升级和优化，形成既合作又竞争的强劲局面。

（一）重点培育区域龙头企业，发挥标杆企业引领作用

受根深蒂固的传统思想影响，农民习惯过上自给自足的生活，但是这个想法早已跟不上社会快速发展的步伐。培育区域龙头重点企业是一条快速提高农业产业化水平、农业产业结构调整的重要途径，有利于增加农业经济综合效益和农民收入，促进农业的现代化发展。

第一，因地制宜地选择该地区有产业联系的中小企业聚集到一起，以企业收购、兼并或是融资、控股为手段，尽可能形成具有一定规模的大型骨干企业，进行集中扶持。这些龙头企业应符合国家产业政策，具备良好的区位优势、产业优势、经济优势，同时能够参与国际竞争，带动能力强，推动整个地区的发展。

第二，在龙头企业形成之后，应继续跟进企业农产品加工的各个细节，

选择性地加以帮扶，比如，要改进传统的农产品加工方式，重视农产品的深加工，开展多元化经营。同时，对龙头企业提供培训服务，着重于技术创新，督促龙头企业引进新技术、新工艺，更新生产设备，但也要注意保护环境，及时宣传污染治理，加大金融支持力度和优惠政策，外联市场，内联基地和农户，形成标准化基地建设，及时扩建以便跟上规模化发展，还要学习运用先进的信息技术，发展网上交易城、电子商务平台和物流配送中心等。

第三，要以订单方式为主，将企业与农户建立一个相对稳定的生产销售关系，共同发展，相互依存，促进农业的转型升级，逐步形成产业化、规模化的现代化农业生产。

（二）深度整合集群资源，汇聚规模经营优势

第一，建立权威的行业协会，提供社会服务保障。目前来看，农业服务机构的数量并不多，质量也参差不齐，农业产业集群的优化和升级，离不开权威行业协会的建立。行业协会是以提供专业化服务为目的的机构，主要职能有负责经济运营、营销推广、产业运作，提供市场的信息指导和技术推广服务和培训教育，密切联系政府与农民，密切联系农户与市场，同时，对集群内部各主体进行监督等，快速、有效地改善农村产业发展中存在的市场信息获取不及时、生产方式单一、技术落后等问题。行业协会形式多样，如农民合作经济组织、中介组织、农产品行业协会等。行业协会早已在发达国家普遍推广。它们以制定符合产业发展规定的标准或是规章制度为前提，对农业产业集群各主体进行管理和监督，成为促进农业产业化、市场化、规模化发展的重要力量，但是农业产业化的发展依靠农户个人的力量远远不够。因此，在建立农业协会等服务机构的同时，要发挥政府的规范引导作用，对农业的发展给予大力支持，积极鼓励引进先进生产技术和管理模式，利用农业信息网络实现数据资源和信息资源的共享，以促进农业产业结构的优化和升级，实现了农民增收、政府管理有效的双赢局面。

第二，积极鼓励农户参与建立专业化生产基地。农户是整个农业生产与发展的主体，农户的广泛支持与努力对于农业产业集群的建立极其重要，在政府和广大行业协会的引导下，农户以极高的热情切实参与农业生产，是推动乡村振兴战略工作的重要保障。首先，应充分发挥农户的作用，以资金或土地等要

素参与入股来提高农户的利益，满足经济诉求，使农户与企业共同承担风险与利益，提高农户的积极性，增加农户的基本收入。同时，要鼓励农户建立专业化、标准化、规模化的生产基地，这是龙头企业的发展的需要。其次，龙头企业和广大服务性的行业协会要做好带头和引领，提供市场最新消息以及技术推广，基础设施也要配套，及时跟上生产经营活动的进行，这样专业化的生产基地能有效提高市场的竞争力，扩大农产品在本区域的影响力，更好地促进农业现代化的发展。

（三）建立规范的土地制度，积聚蓄势待发能量

目前正处于城镇化中后期阶段。深化农村改革必然要处理好农民与土地的关系，建立规范的土地制度，落实好集体所有权，维护好农民承包权，积极放活土地经营权，继续推进农村土地“三权分置”改革，对盘活农村经济、彻底振兴农村产业具有重要意义。

第一，合理、有序地推进土地流转工作。现代化农业的建立需要在土地流转的前提下完成，是乡村振兴的必由之路，是发展规模化农业经营的基础。以农民自愿为前提，积极引导和鼓励农民将分散的土地转移到新型农业经营主体手中，如农民合作社、专业大户、龙头企业等，通过政府补贴扶持、租赁、入股等机制，激发农民参与土地流转的积极性，同时，要注意在土地流转过程中，凡是涉及土地产权或规模化流转问题，要确保农民享有知情权和监督权，只有这样才能构建起现代化农业产业体系，实现农业的规模化、品质化、集约化发展。

第二，推进土地承包经营权有偿退出机制。2015年8月，国务院办公厅在《关于加快转变农业发展方式的意见》里明确指出，以充分尊重农民的意愿为前提，在农村土地集体所有的基础上，开展农民土地承包经营权有偿退出的试点。2017年2月，中央一号文件还指出对资源退出土地承包的农户给予补偿。探索土地承包经营权有偿退出机制，可以使农田得到充分、合理的利用，提高利用率，从而促进现代化农业经营方式的转变。随着城乡二元结构的发展，考虑到部门农民愿意进城务工安家，且收入稳定，应妥善处理农村承包地，将土地经营权有偿退还给集体或真正种地的人手中，但要注意帮农民算好“三账”：离农账、进城账和后路账，严格按照程序执行，顺应农民意愿，任何组织或个人不得强制逼迫农民放弃土地承包与宅基地使用权，切实维护农民利益。

第六章　乡村振兴与精准扶贫有效衔接理论阐释

第一节　乡村振兴战略与精准扶贫之间的关系

乡村振兴战略与精准扶贫相辅相成、一脉相连。乡村振兴战略是精准扶贫的支撑，精准扶贫又是乡村振兴战略的使命，以精准扶贫助力乡村振兴既是解决社会主要矛盾的政治需要，也是践行马克思主义中国化的使命要求。二者的有机结合是解决贫困问题的关键。

一、乡村振兴战略是精准扶贫的深化和保障

党的十九大提出的乡村振兴战略，强调乡村改变以往的局面，充分发挥其主动性、积极性，打造新型乡村。特别是通过乡村振兴战略的实施，更加深入地推进国家的现代化建设，促进城市和乡村的融合发展，也为建设乡村美丽家园和精准扶贫的顺利完成提供支撑。

实施乡村振兴战略，先要发展农村经济，真正让贫困人口脱贫致富。经过长期的努力，精准扶贫工作取得了决定性进展。随着乡村振兴战略的深入实施，将为我国开展精准扶贫工作带来新思路。①

（一）乡村振兴战略的新要求对精准扶贫的推进具有导向作用

实施乡村振兴战略是实现中华民族伟大复兴的重要环节。作为战略部署，乡村振兴是七大战略中的基础和前提。乡村振兴战略有着新的要求，产业兴

① 刘琳琳．乡村振兴战略下精准扶贫实现路径探析[J]．现代化农业，2020（9）：58-60.

旺、生态宜居、乡风文明、治理有效、生活富裕，引领着精准扶贫的前进方向，更加驱动了精准扶贫的发展。精准扶贫“五个一批”中发展生产脱贫一批有着至关重要的地位，同时也是扶贫进而实现脱贫的内生动力。产业扶贫是一种内在发展机制，可以通过大市场促进产业的发展，其实质是“输血式扶贫”转变为“造血式扶贫”，这一过程对消除贫困和加快推进贫困地区的发展有极其重要的作用。

首先，产业兴旺、生活富裕是从农村产业和经济水平提高层面制定的目标。产业兴旺居于首位，这与产业扶贫十分契合。精准扶贫是希望通过产业帮扶或养殖业帮扶为农民提供增收途径，给予贫困户产业补贴，使他们在经营农村产业时无后顾之忧，这样农村产业才有更大的市场。农村的各种资源也可以利用大市场的优势，经营自身产业。而农民生活在农村，最多的资源便是农产品，农产品经过产业的加工销售，可以增加农民收入，提高农民生活水平，实现生活富裕这一目标。

其次，乡村振兴为农村产业提供基础的同时，融合了第一、二、三产业的发展，延长了产业链。这是产业扶贫和脱贫实现可持续性的关键，也为精准扶贫的长期有效提供了保障。

乡村振兴中的产业振兴是全面立体的振兴，这就要求我们不单变革生产、生活方式，还要加大推进新业态与新动能的力度，从而提升产业扶贫的水平。加之要实现精准扶贫、精准脱贫的关键在于贫困者本身，创造贫困人口自身的内生动力，是精准扶贫的重点。乡风文明也是乡村振兴20字方针的新要求，精准脱贫要从本质上解决农民的贫困问题。农民生活富裕后，才会进而追求精神文明的富有，还可以通过提高接受教育和文化水平的建设，给予贫困人口脱贫的决心，转变他们的心态，调动他们主动脱贫的积极性，激发内生动力脱贫。乡村振兴中治理有效正好给予精准扶贫一个导向，农民物质生活满足后，彼此间的埋怨会减少，也可以提升乡村干部队伍素质，农村公共事务的处理能力也随之提高，有利于贯彻落实精准扶贫决策。

最后，让基层扶贫干部可以“有所为”和“能为之”。[①]更加注重生态环境的保护，加强山水林田湖草的保护，建设青山绿水和空气清新的田园风光。

---

① 王曙光.乡村振兴战略与中国扶贫开发的战略转型[J].农村金融研究，2018（02）：14-19.

乡村团结一心，创造更文明绿色的乡村，这都是精准扶贫的目标导向。目前，我国的精准扶贫工作是由各级党委和政府主持，基层干部是精准扶贫的主要力量。他们深入扶贫一线，对贫困人口进行帮扶，但是目前仍有贫困人口不思进取，没有借助国家帮扶政策积极脱贫，而是更加关心国家和扶贫干部给予帮扶的多少，更关注外界的帮扶。这些贫困人口就存在内生动力缺乏的问题。为此，要做到精准扶贫，就必须给予内生动力不足的贫困人口精神上的帮扶，鼓励他们通过自身动力脱贫。激发贫困群众的主动性、参与性，变被动为主动增加自主脱贫动力，达到精准扶贫的目标。

（二）建立健全城乡融合发展体制机制是实现精准扶贫的必要手段

马克思认为，城乡融合是社会发展的必然趋势，是城乡发展的终极目标。从中国现代化进程看，要怎样处理城乡关系，始终是贯穿中国工业化和城镇化进程的主线。改革开放特别是党的十九大以来，我们党对“三农”问题的重视有目共睹。出台的中央一号文件不仅支持了工业化，而且确保了国家粮食安全，农业农村发展取得了历史性成就。从党的十六大报告提出“统筹城乡经济社会发展”到党的十六届四中全会的“两个趋向”强调工业要反哺农业，城市支持乡村发展。接着在党的十七大提出“形成城乡经济社会发展一体化”的前提下，党的十九大提出乡村振兴战略，首次将“城乡融合发展”写入党的文献，标志着中国特色社会主义城乡关系进入新时期。

我国的政策体系从城乡二元发展开始，经历了统筹发展、一体化发展和融合发展的过程，最后回归到健全融合城乡发展。这是一个新的高度，是解决社会主要矛盾的必然要求，也是实现乡村振兴的必经之路。在面对比较严峻的农业、农村和农民问题，乡村振兴战略强调推进农村农业的现代化。这将暗示在新时代农村将是中国现代化建设的主阵地，它将发挥更大的作用和做出更多的贡献。

精准扶贫与城乡发展理念是相辅相成的，推进贫困地区的发展要以城乡融合发展为目标，促进区域间的平衡发展，更加注重城乡两端的发展状况，将乡村振兴战略运用于城市的建设中，并通过建立健全城乡融合发展机制，形成以工业反哺农业、城市带动乡村、工农业互利互惠、城乡一体化的新型城乡关系。以实现城乡居民基本权益的平等化和城乡享受公共服务的均等化。

二、精准扶贫是落实乡村振兴战略的前提

乡村振兴战略顺应了我国时代发展进步的需要，更顺应了社会主要矛盾的变化。怎样落实这一战略部署，就要求通过精准扶贫来实现。以精准扶贫助力乡村振兴战略是中国社会打破落后思想解决贫困问题践行马克思主义中国化的使命要求。以精准扶贫助力乡村振兴是解决社会主要矛盾的政治需要。

（一）精准扶贫助力乡村振兴是解决社会主要矛盾的政治要求

党的十九大报告明确了我国经济社会发展进入了新时代，同时提出我国社会的主要矛盾是人民日益增长的美好生活需要和不平衡不充分发展之间的矛盾。这一矛盾突出表现在我国目前最大的不平衡发展是城市和乡村的不平衡，最大的不充分发展是农村、农业、农民发展的不充分。而满足人民日益增长的美好生活需要中，农民是最大、最需要满足的群体。以精准扶贫助力乡村振兴，加快农村农业的现代化建设，是解决社会主要矛盾的必然要求。乡村振兴战略的提出与精准扶贫的切实推进，将为社会主要矛盾的解决起到重要作用。

首先，以精准扶贫助力乡村振兴，指明了化解我国社会主要矛盾的方向。解决一个问题，最重要的是找到其矛盾根源，以便针对矛盾去解决问题。党中央提出社会主要矛盾的转变，是强调农村、农业重点发展的体现。党中央通过“抓重点补短板强弱项”来治理国家和社会，以精准扶贫助力乡村振兴，是抓到了我国主要矛盾的重点。这有利于补齐不充分、不平衡发展的短板，强化农村、农业现代化发展这一弱项。以精准扶贫助力是从更高的战略部署，指明解决我国社会主要矛盾的方向是要实现乡村振兴。通过精准扶贫的助力，乡村振兴、全面建成小康社会和中华民族伟大复兴的中国梦才能实现。

其次，以精准扶贫助力乡村振兴，具体化解我国社会主义矛盾中农业农村发展，从乡村振兴战略的提出到精准扶贫的实施，是决策的具体化，这一措施细化了农村发展思路。为解决社会主要矛盾和城乡发展不平衡，农村地区发展不充分和农民的幸福感获得感尚未得到满足提供了具体方案，因此，精准扶贫助力乡村振兴是解决我国社会主要矛盾的具体方略。

最后，以精准扶贫助力乡村振兴将切实推进我国社会主要矛盾的解决。在精准扶贫助力乡村振兴过程中，乡村将是我国社会经济的主战场，也是我国可

持续发展的内在动力基地，将推动社会主要矛盾的解决。以精准扶贫助力乡村振兴，为满足农民对美好生活的需要提供了保障。精准扶贫的这一过程本身，也是解决社会主要矛盾的关键。乡村振兴20字方针是精准扶贫在贯彻和落实过程中的目标导向，深入落实精准扶贫，助力乡村振兴，将化解农业农村发展的主要矛盾。

（二）精准扶贫是马克思主义中国化践行者落实乡村振兴战略的历史使命

精准扶贫是我国当前加快推进贫困地区脱贫的重要措施，也是践行马克思主义中国化的重要使命。贫困问题历来是中国共产党领导人最重视的问题，改革开放40多年来，党中央在出现新的问题和矛盾的背景下，秉承“全面建成小康社会，实现社会主义现代化和中华民族伟大复兴最根本、最紧迫的任务，还是进一步解放和发展生产力”的精神，一心为人民群众着想。关注农村地区的贫困问题，提出精准扶贫的方针。乡村振兴是社会主义现代化建设的重要目标，是新时期继续解放农村发展问题的重要任务。继续坚持精准扶贫，助力乡村振兴，是践行马克思主义中国化的使命要求，具有重要的意义。践行马克思主义中国化使命，要求社会公平、公正，加强社会各个方面的共同发展。以精准扶贫助力乡村振兴，为确保社会的公平、公正，打破落后思想和解决农村贫困问题提供了有力的支撑。

三、精准扶贫是解决农村贫困问题、实现乡村振兴的责任与要求

乡村振兴战略的提出，就是为了消除乡村衰落的问题，精准扶贫的实施更是为了使乡村摆脱贫困。精准扶贫与乡村振兴战略的结合提高了贫困人口内生动力，促使他们积极主动地去增加收入，最后实现贫困县全部脱帽，加快贫困问题的解决。

（一）精准扶贫与乡村振兴中最大的短板是贫困问题

马克思和恩格斯认为，资本家通过剥削和压榨劳动力获得剩余价值，导致劳动者的相对或绝对贫困，整个社会的资源和财富流向资本家。由此说明，资本主义的私有制是导致无产阶级贫困的根本原因。要消除这一现象，必须建立一种没有剥削、没有压迫的制度，社会主义制度由此而生。我国历代领导人

结合了我国的基本国情，走出了一条中国特色社会主义道路。木桶效应理论说明，木桶的盛水量并不取决于最长的木板，而是取决于最短的。改革开放40多年以来，我们已经拥有越来越多的长板，但短板仍然存在，最大的短板就是乡村的贫困问题。乡村振兴战略是我国农村发展新的起点，也为农村、农业工作提出了目标。经过之前的脱贫攻坚战，我国农村发展工作有了一定进展，精准扶贫使一部分人稳定脱贫。虽然如此，在小康社会的全面建成阶段，我国任务最重的地区依旧是农村，贫困问题成为精准扶贫与乡村振兴中最大的短板。社会发展的不平衡是国家一直以来的问题，乡村是社会不平衡发展的集中地。缩小城乡不平衡，让农村摆脱贫困是乡村振兴的前提，也是精准扶贫的必然要求。只有摘掉贫困帽子，才能助力乡村振兴。党的十九大提出乡村振兴战略的同时，要求动员全社会力量，坚持精准扶贫、精准脱贫，做到脱真贫、真脱贫，这是实现乡村振兴的基本要求。

（二）精准扶贫与乡村振兴战略的有机衔接是解决贫困问题的突破口

精准扶贫是中国富有责任意识的体现，是长期坚持解决农村农业农民问题的指导方针。解决农村地区的贫困问题，就是精准扶贫与乡村振兴的有机衔接。这主要体现在以下几方面：

第一，解决贫困问题可提高乡村治理的效率，通过精准扶贫的实施，使基层工作者了解农村贫困人口，有利于做到急贫困人口之所急，想贫困人口之所想，提高乡村的高效治理能力，进而达到乡村振兴的目的。

第二，精准扶贫通过创新扶贫路径，强化区域资源的整合。通过跨区域联合的合作道路，解决乡村贫困问题，推动各贫困地区共同发展。

第三，精准扶贫要做到各区域、各地区协调发展，统筹兼顾。提高贫困地区人民的生活水平和生活质量，兼顾贫困地区农业产业发展与环境保护，解决贫困问题，实现乡村振兴战略20字方针的要求。

第四，精准扶贫可以缩小城乡差距，解决社会矛盾。加强农村农业的现代化建设，改革农村的管理机制，减少贫困地区“三农”问题的产生，振兴美丽乡村。

第二节　乡村振兴战略与精准扶贫有效衔接的必要性与可行性

一、乡村振兴战略与精准扶贫有效衔接的必要性

乡村振兴战略侧重于为农村发展指明方向，是一个系统性工程，意在促进农村经济、文化、社会、生态的全面发展和整体提升；精准扶贫从致贫的因素出发，针对不同原因，采取不同的扶贫措施，帮助每一个贫困户脱贫。在实践中需要将乡村振兴与精准扶贫进行有效衔接。二者衔接的必要性主要体现在基层实际工作的现实需要、机制衔接的理论诉求与中国共产党的初心与使命要求三个层面。

（一）基层实际工作的现实需要

《乡村振兴战略规划（2018—2022年）》发布后，各地结合本地实际情况和发展特点，陆续印发相关实施方案。打赢脱贫攻坚战是乡村振兴的先决条件，乡村振兴战略和打好精准脱贫攻坚战必须协调并进，不能搞重复建设，尽可能减少资源浪费，但在基层实际工作中还存在着诸多问题。

1.脱贫攻坚与乡村振兴如何衔接没有形成清晰的思路

乡村振兴战略已陆续写入地方政府的政策文件，但是在实际工作中，如何将脱贫攻坚所累积的经验应用于乡村振兴战略的实施，以及如何将乡村振兴战略所提供的政策和支持应用于脱贫攻坚，都还没有清晰而成熟的思路和做法。不少地方政府并没有形成因地制宜、协调推进乡村振兴与脱贫攻坚的规划布局。

2.脱贫攻坚与乡村振兴各自运作具有区域差异性

乡村振兴与脱贫攻坚的性质和地位的异质性进一步加剧了二者衔接的难度。乡村振兴是具有战略指引意义的权威性长期战略，而脱贫攻坚则是必须实现的短期性政治目标。在压力性体制下，容易出现各自运作的现象。其中主要可能表现为：对于经济欠发达地区和未脱贫地区，主要还是就脱贫攻坚谈脱贫攻坚；而对于经济发达地区或已脱贫地区，则主要是就乡村振兴谈乡村振兴，两者之间呈现“两张皮”的现象。

3.二者衔接呈现零散化和碎片化特征

在基层实际工作中，既要警惕简单地把脱贫攻坚理解为乡村振兴，盲目扩大精准扶贫的目标、内容和标准，导致扶贫不精准；又要预防把乡村振兴理解为可以完全覆盖脱贫攻坚的所有要求，出现只落实乡村振兴战略或脱贫攻坚政策的现象。如果不能理解和处理好二者之间的关系，那么“扶贫能让穷人致富吗”这类“实践迷惑”将难免再次发生。

目前，大多数基层政府开始根据当地已有的工作实践，从某个层面探讨二者之间的联系，例如甘肃省庆阳市通过“三变”改革聚焦脱贫攻坚，助力乡村振兴；河南省台前县将“扶贫车间”视为实现乡村振兴和脱贫攻坚的重要载体；河南省商丘市示范区探索了“基层党建、脱贫攻坚、乡村振兴”齐驱并进模式等。在基层实际工作中。如果不能实现乡村振兴与脱贫攻坚系统而有效的机制衔接，就会导致重复建设和资源浪费，可能还会给农业农村工作带来更多的问题。

（二）机制衔接的理论诉求

对乡村振兴与脱贫攻坚关系机理的理解决定了对二者衔接机制的探索。乡村振兴与脱贫攻坚是“互涵式”关系，即乡村振兴与脱贫攻坚具有有机统一的互动关系，这为二者之间的有效衔接奠定了理论基础。“互涵式”关系主要体现在内容的共融性、作用的互构性和主体的一致性等三个方面。

1.内容的共融性

打好脱贫攻坚战是实施乡村振兴战略的内在内容。中共中央、国务院印发的《关于实施乡村振兴战略的意见》中的第八项便是“打好精准脱贫攻坚战”，脱贫攻坚是乡村振兴战略中的重要组成部分。乡村振兴与脱贫攻坚均属于系统性的国家工程，在诸多内容上具有同质性。实施乡村振兴战略的主要内容包括实施质量兴农战略，构建农村第一、二、三产业融合发展体系，促进小农户和现代农业发展有机衔接，推进乡村绿色发展，繁荣兴盛农村文化，构建乡村治理新体系和提高农村民生保障水平等，与脱贫攻坚所实施的产业扶贫、小农扶贫、生态扶贫、文化扶贫、党建扶贫和社会保障兜底扶贫等内容具有共融性。

2.作用的互构性

脱贫攻坚为乡村振兴奠定了坚实的物质基础和组织前提：脱贫成效显著能

极大地减轻乡村振兴的压力，而脱贫攻坚的组织载体和运作经验可为乡村振兴提供借鉴。乡村振兴也为脱贫攻坚提供了动力和保障。为乡村振兴所制定的标准、目标、思想与原则可以优化充实到脱贫攻坚的行动中，而为乡村振兴所匹配的政策、资源和项目均可为决胜脱贫攻坚提供物质保障，这些都有利于将乡村振兴与脱贫攻坚有机结合起来，打好“组合拳”。

3.主体的一致性

乡村振兴与脱贫攻坚两大战略在目标群体、制定主体、实施主体抑或参与主体层面均具有一致性。党和政府是乡村振兴与脱贫攻坚相关制度和政策的供给方和实施主体，终极目标是服务广大农民群众，因此，在两大战略的具体实施过程中，需要肯定农民的主体地位，需要动员全社会各方力量。脱贫攻坚形成了专项扶贫、行业扶贫、社会扶贫三位一体的大扶贫格局，形成了“脱贫攻坚，全员参与”的局面，当前已取得了积极的扶贫绩效；同理，乡村振兴战略的实施同样需要多方主体的共同参与，形成各方协作、共促振兴的局面。

综上所述，乡村振兴与脱贫攻坚各自运作的实践倾向与两者机制衔接的零散化困境构成了必须进行乡村振兴与脱贫攻坚衔接机制设计的直接原因，以内容共融、作用互构和主体一致为特征的“互涵式”关系是必须进行机制衔接设计的重要原因。以缩小贫富差距和城乡差距为目标的脱贫攻坚和乡村振兴战略的有效衔接，实质上体现了中国共产党的初心与使命要求，成为必须进行机制衔接设计的根本原因。

二、乡村振兴战略与精准扶贫有效衔接的可行性

精准扶贫与乡村振兴战略的契合点是二者均为实现农村居民生活富裕。二者是在未来一段时间内破解乡村发展不平衡不充分的两个重要抓手，体现为城乡融合进程中“乡村价值”的全面提升。乡村振兴与脱贫攻坚存在着以内容共融、作用互构和主体一致为特征的“互涵式”关系，这也为二者的有效衔接奠定了理论的可行性。乡村振兴可以借鉴脱贫攻坚的有效经验实现稳步发展，脱贫攻坚能够利用乡村振兴机遇实现成果巩固和纵深发展，这也明确了二者有效衔接的实践可行性。

（一）乡村振兴借鉴脱贫攻坚的前期成功经验实现稳步发展

1.产业扶贫为实现乡村产业振兴奠定了基础

产业扶贫是扶贫开发领域所要实施的重要战略。

首先，将产业与扶贫融合起来，借助产业带动贫困户已成为我国特色扶贫的重要经验。这也就是说，要立足于贫困地区的独特资源禀赋，发展特色产业扶贫，因其具备差异化和不可复制属性，故而具备较强的市场竞争力。其次。开展以规模化和组织化经营主体带动的产业扶贫，通过合作社、龙头企业、社会化服务组织、村集体与贫困农户建立联动发展的利益联结机制，实现脱贫。再次，要立足于贫困农户自身生计资源和贫困地区生态资源，发展多样化的小农扶贫，实现小农产品与消费市场的固定对接。

产业扶贫不仅取得了卓越的减贫成效，而且实现了贫困地区产业的初步发展，为产业振兴的实现发挥了奠基性效能。该效能主要体现在三个方面：首先，特色产业的发展为品牌农业等高端农业的发展奠定了基础，顺应了农业供给侧结构性改革的要求，提升了农业竞争力；其次，在组织化经营主体带动的产业扶贫中，农户通过与经营主体的互动，提高了自组织水平和能力，进而为实现农户组织化的产业发展奠定了基础；再次，多样化的小农产业扶贫，充分挖掘和开拓了农业和农村的多种功能和价值，使多种功能和要素相互配合。

2.扶志扶智为实现乡村文化振兴引领了方向

脱贫攻坚始终坚持以人民为中心的发展理念，坚持农民主体地位，激发了贫困户的内在动力，贫困户由此实现了“要我脱贫”到“我要脱贫”的思想转变。其原因在于脱贫行动坚持“扶贫同扶志扶智相结合”的原则，具体实施机制如下：一是典型引领，通过突出自强不息、自力更生脱贫致富的先进事迹，示范带动贫困群众；二是扶志教育，通过创办脱贫攻坚“农民夜校”，弘扬自尊、自爱、自强精神，抵制“等、靠、要”不良风气；三是创新机制，通过加大以工代赈实施力度，推广“以表现换物品”的爱心超市自助模式。上述措施的落实，不仅激发了贫困户的内生动力，而且实现了乡村文化的改善。为此，乡村振兴要借鉴相关经验，发挥价值观的引领作用。具体而言，一要通过宣传乡村自组织实现振兴的样本点，进行引导示范；二是通过创办乡村振兴“农民讲习所”，弘扬积极、进取的传统优秀文化，提高农民的主体意识；三是通过对乡村振兴项目和资源输入机制进行创新，如将乡村振兴项目控制权进一步下放到社区层面，将自上而下的项目资源与自下而上的农民主动性相结合，激发村庄自组织和农民的参与意识和主创精神，进而实现从“要我振兴”到“我要振兴”的思想转变，提升农民的主体地位和责任意识。

（二）脱贫攻坚利用乡村振兴机遇实现纵深发展

1.利用乡村振兴实现脱贫效果的巩固和延伸。

脱贫攻坚虽已取得了巨大减贫绩效，但已脱贫地区和已脱贫人口还可能存在较大的返贫风险。一是产业发展基础亟待巩固。由于脱贫攻坚以消灭绝对贫困为目标，以2020年为终结点，因而在选择扶贫产业时，容易选择短期减贫效果明显的产业。短期减贫效果明显的产业并不意味着长期市场竞争力的保持。由于刚脱贫地区的产业发展历史较短，缺乏经验积淀，再加上产业结构单一，面临较大的自然和市场风险，已脱贫地区产业发展容易遭遇困境，需要巩固产业发展成果。二是基础设施和基本公共服务有待完善。脱贫攻坚以实现贫困户精准脱贫为重点，对村庄基础设施和公共服务关注相对较少。三是农户可持续脱贫能力有待提升。如何预防绝大多数已脱贫人口返贫和巩固脱贫成果，越来越成为亟待解决的重要问题。乡村振兴战略的实施为预防绝大多数已脱贫人口返贫和巩固脱贫成果提供了大量配置性资源和政策支持，有助于实现对脱贫攻坚持续性延伸。已脱贫乡村和贫困人口应当成为乡村振兴战略的支持重点。乡村振兴应着力提高已脱贫农户由脱贫迈向富裕的可能性，这将有助于实现脱贫效果的巩固和延伸。

2.利用乡村振兴强化脱贫攻坚综合性治理能力

深度贫困是决胜脱贫攻坚最为关注的点。深度贫困具有绝对贫困的底线特征，表征为“两高、一低、一差、三重”，即贫困人口占比高、贫困发生率高，人均可支配收入低，基础设施和住房条件差，低保五保贫困人口脱贫任务重、因病致贫返贫人口脱贫任务重、贫困老人脱贫任务重。这是由生态环境的脆弱、产业基础的薄弱、知识文化的欠缺，以及基层组织的不作为等问题多重叠加形成的，要破解深度贫困的难题需要采取综合性治理措施。乡村振兴为深度贫困问题的解决提供了良好的契机。脱贫攻坚期内，贫困地区乡村振兴的主要任务是脱贫攻坚，但同时赋予脱贫攻坚以新的综合性内涵，即按照乡村振兴的总要求，有机融入深度贫困的脱贫攻坚。产业扶贫方面，可采用特色农业、小农产业扶贫和组织化产业扶贫方式，充分挖掘农业的多功能性，打造“六次产业”，推进农村第一、二、三产业融合发展。生态扶贫方面，因地制宜采取生态移民搬迁、生态资源市场化扶贫和生态补偿扶贫等多种方式，重点发展生态旅游和碳汇产业。文化扶贫方面，创办“农民职业培训班”宣传优秀传统文化，通过扶贫扶智创新自助式扶贫方式，激发贫困户内生能力。党建扶贫方面，将扶贫驻村工作队和扶贫第一书记直接转变为乡村振兴工作队和第一书记，通过党建引领加强村两委和村内组织的向心力和凝聚力，提高村民自组织能力，为承接脱贫攻坚或者乡村振兴的政策、项目与资金奠定组织基础。

3.利用乡村振兴开启城乡一体化扶贫治理模式

随着“农业农村优先发展”和“城乡融合发展”理念的提出，扶贫规则也开始发生变迁。传统扶贫时期，扶贫规则以保护型贫困治理模式为主，典型代表便是农村“五保”和低保政策。脱贫攻坚实施以来，政府在保留保护型扶贫的基础上，更加注重市场导向型开发性扶贫，即通过将贫困户引入无限市场或有限市场方式，激发贫困户内生动力和主动意识，典型代表是一般化农业产业化扶贫模式或小农产业扶贫模式，由此形成了以保护型治理和开发型治理为特征的复合型扶贫治理模式。保护型治理强调保护贫困群体的利益和权利，维护底线公平；开发型治理则强调以市场化手段带动贫困户，创造贫困户从贫困到富裕的可能性。伴随着以实现城乡融合发展为主旨的乡村振兴战略的提出，扶贫治理被纳入城乡一体化扶贫治理轨道。例如，在保护型贫困治理方面，农村“五保”已经实现向特困人口供养政策的转变，城乡低保政策也开始得以建立；在开发型贫困治理模式层面，2020年后的精准扶贫将进入以相对贫困为特征的新阶段。扶贫政策与低保政策进行合并，不仅是乡村振兴与脱贫攻坚有机衔接机制构建的需要，而且也是后全面小康时代扶贫治理的必然趋势。伴随着乡村振兴战略的持续推动，以及城乡公共服务和公共基础设施均等化的实现，城乡一体化扶贫治理模式将得以开启。①

综上所述，精准扶贫与乡村振兴战略有效衔接是完全可行的。一是乡村振

① 豆书龙，叶敬忠. 乡村振兴与脱贫攻坚的有机衔接及其机制构建[J].改革，2019（1）：19-29.

兴借鉴脱贫攻坚的前期成功经验实现稳步发展；产业扶贫为实现乡村产业振兴奠定了基础；脱贫攻坚为实现乡村人才振兴创造了条件；扶志扶智为实现乡村文化振兴引领了方向；生态扶贫为实现乡村生态振兴提供了重要经验；“以党建促脱贫”为向“以党建促振兴”转变提供了可能。二是脱贫攻坚利用乡村振兴机遇实现纵深发展：利用乡村振兴能够实现脱贫效果的巩固和延伸；利用乡村振兴能够强化脱贫攻坚综合性治理能力；利用乡村振兴能够开启城乡一体化扶贫治理模式。

第三节　乡村振兴战略与精准扶贫有机衔接的政策逻辑与主要内容

全面厘清乡村振兴战略与精准扶贫有机衔接的政策逻辑，就是准确回答两者的衔接原因、相互作用方式和实现有机衔接后的重要意义，进而运用政策系统理论，分析两者有机衔接的主要内容。

一、乡村振兴战略与精准扶贫有机衔接的政策逻辑

（一）精准扶贫是实施乡村振兴的基础工程和必经之路

打赢脱贫攻坚战是确保我国如期实现全面建成小康社会奋斗目标的重要战略支撑，反映了国内“三农”工作面临的新形势和扶贫工作面临的新任务，具有重要战略意义。在现代化的进程中，不能忽视农村，不能忽视农业，不能忽视农民。《乡村振兴战略规划（2018—2022年）》就如何打赢脱贫攻坚战单列一个章节来详细阐述，这表明，打赢脱贫攻坚战是实施乡村振兴战略需要优先考虑完成的任务。

实施乡村振兴战略，若想保有持续、长久的政策活力和源源不断的前进动力，必须得到农民的广泛参与和全力支持。而如期打赢脱贫攻坚战，确保到2020年贫困地区和贫困群众同全国一道进入全面小康社会，既完成脱贫数量任务，又确保脱贫质量可靠，才能奠定乡村振兴实施的群众基础。同时，精准扶贫在一定程度上改善了贫困村庄的道路、水利、住房等基础设施条件，提升了贫困村庄的医疗、教育等基本公共服务水平，不仅缩小了贫困村与非贫困村之

间的发展差距，保障了贫困村集体经济、农业发展、乡村旅游等各项事业在进入乡村振兴后的发展动能，更提振了贫困农民在家门口参与乡村振兴的信心。精准扶贫是实施乡村振兴的基础工程。

实施乡村振兴战略，必须补齐农村民生短板，也就是消除贫困。若2020年后，部分农民还处于为吃穿发愁，子女教育、家庭住房和基本医疗无保障的绝对贫困状态，在这样的背景下实施乡村振兴是没有现实意义的。农民摆脱贫困是实施乡村振兴的前提，必须如期消除农民的绝对贫困。精准扶贫的政策目标群体是贫困农民，脱贫攻坚的主战场在农村，乡村振兴的政策目标群体是包含贫困农民在内的全体农民，主战场同样是在农村。只有如期打赢脱贫攻坚战，实现精准脱贫的农民才有自信和底气和一般农民一起投身于乡村振兴战略当中，参与家乡各项事业建设，以多种形式参与农业生产经营。只有解决了贫困农民的生活基本需求和绝对贫困问题，才能免除贫困农民的生存忧虑，为乡村振兴第二步的顺利开局创造有利条件。精准扶贫是实施乡村振兴的必经之路。

（二）乡村振兴与精准扶贫的共同推进需要互动与融合

要把实施乡村振兴战略与推动精准扶贫相衔接，需要两者互促共进、长效发展。乡村振兴与精准扶贫，均服务于我国两个百年奋斗目标。从时序上讲，打赢脱贫攻坚战在于2020年实现全面建成小康社会的第一个百年奋斗目标；乡村振兴着眼于21世纪中叶，把我国建成富强民主文明和谐美丽的社会主义现代化强国的第二个百年奋斗目标。两者不仅是积极有效化解我国当前社会主要矛盾的重要路径，而且都着眼于解决我国的“三农”问题。精准扶贫必须与实施乡村振兴的时间节点吻合，必须符合乡村振兴的方向和路径，必须契合乡村振兴的目标和要求。

乡村振兴是在精准扶贫的基础上有序推进，不是平行于精准扶贫的独立存在。为了确保乡村各项事业始终沿着正确的方向前进，最大限度地发挥资金、人才、技术等要素资源的综合效用，防止重复建设现象的发生，必须融合推进乡村振兴与精准扶贫各项工作。乡村振兴战略的实施，应在实现打赢精准脱贫攻坚战各项目标的基础上，巩固各贫困地区以往的脱贫成效，防止因各种因素带来的脱贫之后又返贫的现象发生，进而拉动贫困群众生产、生活进步，实现贫困地区经济发展增量提质。扶贫产业发展既要有助于打赢精准脱贫攻坚战，又要能在乡村振兴中进一步发挥积极的作用，从而在产业层面实现互动融合。广大农民，尤其是通过精准扶贫实现精准脱贫的农民，要将在精准脱贫过程中形成的“受助”心态，逐渐转化成与乡村振兴战略相匹配的“自助”心态。在两者共同推进的特殊协同节点上，应确保它们之间的充分互动、融合、匹配与共振，以乡村振兴战略思路开创精准扶贫新局面。

（三）乡村振兴是精准扶贫成果可持续的有力保障

党的十九届四中全会审议通过的《中共中央关于坚持和完善中国特色社会主义制度、推进国家治理体系和治理能力现代化若干重大问题的决定》中指出，打赢脱贫攻坚战以后，要巩固精准扶贫成果，建立解决相对贫困的长效机制。由此可见，完成脱贫攻坚，并不意味着今后不再有贫困问题，反贫困的事业还没有终结。以实现贫困农民“两不愁三保障”为代表的一系列脱贫攻坚成果，在全国进入小康社会以后必须可持续，脱贫攻坚成效必须持久，才能确保已经脱贫的贫困人口不再返贫，防止出现绝对贫困现象的反弹。

以产业为例，产业扶贫中新建的各类产业项目在脱贫攻坚中获得了一定的发展，不能因脱贫攻坚的收官就让产业陷入停滞状态。乡村振兴战略的实施，顺应了产业建设发展规律，引领乡村产业在2020年以后继续提档升级，实现产业生产规模扩大、经济效益提升、社会效益彰显，带动更多低收入农民通过参与产业发展而持续增收。乡村振兴战略的实施，不仅为扶贫产业在2020年后的发展指明了方向，还将进一步补齐贫困乡村基础设施和基本公共服务领域的短板，夯实农村产业发展基础，释放乡村经济潜力，集聚乡村发展动能。乡村振兴是脱贫攻坚成果可持续的有力保障，是精准扶贫的动力。

二、乡村振兴战略与精准扶贫有机衔接的主要内容

乡村振兴最终是要实现乡村的全面振兴。所谓全面振兴，是整个乡村振兴的体制机制和政策都相当完善，城乡之间实现良性互动，并相互促进，中国的“三农”问题得到解决。精准扶贫，核心目标是2020年现行标准下农村贫困人口吃穿不愁，教育、医疗和住房有保障，贫困县全部摘帽，解决区域性整体贫困，消灭绝对贫困。从政策执行时间、范围、目标群体、具体内容等角度看，乡村振兴具有长期性、整体性、综合性和系统性的特征，精准扶贫具有短

期性、局部性、特殊性和专业性的特征。乡村振兴是具有战略指引权威性的长期战略，而精准扶贫是必须实现的短期性政治目标。在明晰乡村振兴与精准扶贫各自特征的基础上，通过梳理《中共中央　国务院关于打赢脱贫攻坚战的决定》《中共中央　国务院关于实施乡村振兴战略的意见》等一系列政策文献，运用政策系统理论，结合笔者在工作中的实践总结，按照优先考虑农民的排序原则，识别出乡村振兴与精准扶贫有机衔接的主要内容。

（一）从“两不愁三保障”到生活富裕

脱贫攻坚中的“两不愁三保障”，聚焦贫困农民最基本的生活需求，不用为饮食、穿衣发愁，不用担心基本医疗、住房安全和孩子的义务教育，是农民群众对美好生活向往的最低层次。但摆脱贫困并意味着一定生活富裕，生活富裕的基本前提是摆脱贫困，摆脱贫困的进阶才是生活富裕。而乡村振兴中的生活富裕是广大农民对美好生活的向往更高层次的体现。

从“两不愁三保障”到生活富裕，都是对农民生活水平和生活质量的密切关注，农民从吃得饱、有得穿，到吃得好、穿得有品位的变化，是从有学上、能看病、有房住，到享受优质教育资源、优质医疗服务和宜居舒适住房的转变，是从维持农民最基本的生存需求，到实现享受更高品质生活的升级。

（二）从激发内生动力到乡风文明

精准扶贫中，贫困农民内生动力的激发，依靠的是扶智扶志行动的开展。扶智，以教育扶贫为先导，保障贫困家庭义务教育阶段的学生，除因身体条件不适宜学习的情形外，全部都可以就近在学校接受基础教育，学习科学文化知识，防止因家庭贫困而导致辍学现象的发生，根除因教育环节缺失导致的致贫因素，从教育层面培养贫困家庭最根本的脱贫能力。

从激发贫困农民的内生动力到乡风文明，是一个循序渐进的过程，需要进一步丰富对农民的教化方式和引导形式，努力营造积极向上、勤奋自强的良好舆论氛围。需要立足提升农民精神风貌，传承发展以勤劳朴实、睦邻友好、守望相助等为代表的农村优秀传统文化，加强农村思想道德建设，使社会主义核心价值观深入人心。需要多举措加强精神文明创建，让更多更高质量的公共文化服务由农民共享。在中国特色社会主义进入新时代的大背景下，创造性转化，创新性发展，形成家风良好传承、民风淳朴友善、乡风文明向上的时代新气象。

（三）从生态扶贫到生态宜居

精准扶贫中的生态扶贫，将贫困农村地区的生态环境修复和贫困农户的经济收入提升有机结合起来，以设置护林员、巡河员、保洁员等生态公益性岗位为例，不仅解决了一部分具备劳动能力的贫困农户的就业问题，而且强化了当地保护环境的人力投入，辅之以其他环保举措，为已经破坏的自然生态环境实现逐步修复，奠定了强有力的人力保障，实现了农民居住地生态改善和自身摆脱贫困的双赢。乡村振兴中的生态宜居，关注良好乡村人居环境的构建，不单单是乡村生态系统的治理和改善，还包括农村垃圾、废弃农膜、畜禽粪便污染等突出环境问题的综合整治等多方面，与农民生产生活联系更加紧密。由此可见，生态宜居是生态扶贫的更高层次目标，不仅拓展了生态保护的范围，还扩容了自然生态与“三农”领域的联系。

从生态扶贫到生态宜居，始终践行的是“绿水青山就是金山银山”的发展理念，两者均为发展生态经济奠定了必要的环境基础。这是坚持“绿色”增长的体现，即在不破坏生态环境的前提下，实现经济领域的增长。生态宜居中的山水林天湖草系统的综合治理，同样需要农民的广泛参与，可以将生态扶贫设置生态公益性岗位的模式衔接过来，在推动山水林天湖草综合治理的同时，丰富农民增收的途径，使符合条件的农民实现就近就业，有效防止在全面建成小康社会后。

（四）从产业扶贫到产业兴旺

产业扶贫在精准扶贫中的任务，是通过新建或发展现有乡村特色产业项目的方式吸引贫困农民以多种方式参与，实现贫困农民家庭经济收入的增长，从而实现摆脱贫困的最终目的。在特色产业种类的选择上，主要是依托当地的土壤环境、气候条件等自然资源禀赋以及劳动力结构等条件，因地制宜发展农作物种植业、农产品加工业、畜禽养殖业、传统手工业和休闲农业等特色产业。产业脱贫强调产业的品牌化发展路径，突出产品的竞争优势，即“一村一品”。产业兴旺，核心是有效激发乡村产业的发展活力，作为乡村振兴的经济发展基础，最终目的是促进农业现代化发展和乡村现有产业转型升级，提升的是农业附加值，支持乡村的进一步发展。

从产业扶贫到产业兴旺，是乡村产业递进发展的过程。农村之所以出现贫困现象，一方面是因为当地缺乏相关乡村产业的支撑，另一方面是因为没有深度挖掘农村现有产业的发展潜力，对现有产业的利用率偏低。两个方面的原因都导致了部分农民的家庭经济收入较低，陷入了贫困状态。实施产业扶贫，不仅填补了乡村的产业发展空白，而且进一步激发了原有乡村产业的发展潜力。产业兴旺，将会使乡村产业实现从无到有、从有到强、从强到优的递进式转变，最终实现乡村产业振兴。依托产业扶贫发展起来的当地特色农业项目，奠定了乡村产业兴旺的基础。

（五）从党建扶贫到治理有效

党建扶贫，主要是立足农村发展实际，通过加强农村基层党组织建设，引领群众脱贫致富。党建扶贫成效的显现，一方面，依靠发挥现有农村基层党员的引领作用；另一方面，有赖于新增基层党员的示范带动，即将政治上合格、带动能力强、有责任心的各行各业的优秀人才，吸收到基层党组织队伍中来，发挥他们的优势所长，助力精准扶贫。同时，农村基层党组织是实现乡村治理有效的坚强组织保障。

从党建扶贫到治理有效，贯穿其中的是农村基层党组织的建设。基层党员干部，不仅要在精准扶贫中带领贫困群众脱贫致富，更要在乡村振兴中带领广大农民群众广泛参与乡村治理，坚持要事集体商议原则，引导农民形成遵纪守法和崇尚道德的良好风气，构建自治、法治、德治相结合的乡村有效治理新格局。

第四节　乡村振兴战略下精准扶贫推进现状及其理论依托

在乡村振兴战略提出的大背景下，我国农村地区正在不断推进精准扶贫。精准扶贫紧紧围绕贫困人口所面临的实际困难，加强改善农村居住环境和村容村貌，为农民创设美丽家园。同时，精准扶贫在实际推进过程当中也存在不少现实问题。

一、农村精准扶贫的现状

精准扶贫在推进过程中取得了显著的进展。2012—2017年，中国贫困人口减少近7 000万，但贫困人口既然存在，脱贫过程中有很多问题是不可能一蹴而就，需要有足够的信念和清晰的思路助力脱贫。通过这几年的扶贫工作，我们改善了村容村貌和农村基础设施建设，同时政府加大对乡村的投入力度，力争创设美丽乡村。

（一）以改善村容村貌为目的创设美丽乡村

精准扶贫在推进过程中不断加强农村的基础设施建设，集中力量加强示范村的建设，加大对重点示范村的改造力度；打造特色乡村旅游扶贫，带动各贫困村的发展。同时，对农村进行危房改造，启动农村特色建筑面貌整治工作；还完善了乡村的交通路网，开展农村环境整洁工作，加大资金投入力度；设立乡村保洁队，为农村配备垃圾箱，并设立垃圾堆放点。深入推进农村环境的清洁工程，保证各乡村设施维护和卫生整洁的长效性和持续性。目前，我国把乡村振兴的实现作为精准扶贫的主要目标，建设生态环境优美、产业兴旺、基础设施完善的美丽乡村。构建美丽庭院和干净人家，创设绿化景观，提升了乡村村容村貌的变化。精准扶贫过程中着重将美丽乡村建设和独特区域旅游进行深度融合，实现乡村农业产业的互利发展。精准扶贫落实过程中，牢记“绿水青山就是金山银山”的理念，扎实开展生态建设和环境违法治理，不断优化生态环境。大力推进退耕还林政策，加强林业资源的管理。实施扶贫攻坚造林合作社，提高环境保护的治理，从而提升空气质量。为乡村振兴村容村貌的改善和美丽乡村的建设提供保障。

（二）以生活富裕为目标，加大扶持力度

精准扶贫促进了农村工作机制的改革，加大了政府对乡村现代农业的投入力度，形成乡村美丽振兴的产业基础，提高了贫困人口参与农村建设和繁荣的积极性。通过落实精准扶贫六个精准的要求，因村派人派驻第一书记。为贫困农村带去新思想、新业态，为农民的增收增产出谋划策，提高农业农村的创新机制；根据当地特色产业拓宽市场渠道，加快推进农业农村现代化建设，加

大对农村生活住房、基础设施的建设、环境的改善力度；加大对贫困乡村的资金投入力度，切实保障扶贫贫困人口的资金到位；政府出台政策扶持乡村产业的发展，以乡村产业带动贫困人口就业，增加收入，让农村地区的面貌更加美丽。

（三）社会保障覆盖面扩大

社会保障涉及多个方面，主要包括养老保险、医疗保险等一系列保障。近年来，我国乡村地区有新型农村合作医疗保险、农村特困供养、农村最低生活保障的社会保障制度，这些保障制度有利于提高农村贫困人口的生产和生活水平。党的十九大指出：“覆盖城乡居民的社会保障体系基本建立，人民健康和医疗卫生水平大幅提高，保障性住房稳定推进。”①精准帮扶需要资金作为保障。在提出精准扶贫后，党和政府采取了一系列的措施，确保乡村贫困人口的最低保障的资金充足。另外，各地政府也相应调整财政措施，提高最低生活保障的财政投入力度，同时，还完善了监管机制，严格规范所有违法乱纪行为。在精准扶贫的进程中，社会保障的覆盖面逐步提高，有利于实现精准脱贫，实现乡村振兴。

二、乡村振兴战略下精准扶贫的理论依托

（一）经典马克思主义反贫困理论的基本内容

经典马克思主义反贫困理论是马克思、恩格斯、列宁等经典作家有关无产阶级贫困化理论的重要内容，也是中国共产党在当代中国运用和发展马克思主义反贫困理论进行脱贫攻坚实践的理论基础。只有把握马克思、恩格斯、列宁等经典作家有关无产阶级反贫困理论的基本内容和实质，才能更好地坚持马克思主义反贫困理论，从而更好地发展和创新马克思主义反贫困理论。

1.马克思恩格斯反贫困理论

（1）指引了无产阶级实现解放、摆脱贫困。马克思主义反贫困理论是指引无产阶级实现解放、摆脱贫困的思想武器。资本主义社会，工人阶级和贫困大众的贫困状况、造成贫困的根源，以及如何摆脱贫困状况，是马克思、恩格斯

① 中央中央编写组.党的十九大报告辅导读本[M]. 北京：人民出版社，2017：5.

始终关注和研究的问题。马克思青年时期就确立了未来为人类福利而工作的理想。他曾就"林木盗窃案"与普鲁士当局进行了激烈争辩。在为穷苦的大众人民做"代言人"的过程中，马克思深刻理解了在资本主义社会底层劳动人民的艰辛。他关于无产阶级贫困化的理论也是从此时开始逐渐形成的。马克思在英国度过的时间，使他走向了无产阶级的方向，可以说，马克思是在英国展开了他对无产阶级贫困问题的思考。正是英国这样一个在当时资本主义比较发达的国家，使他更能清楚地认识到工人是作为被剥削的阶级而存在的。恩格斯与工人阶级一起生活的实践经历使他在《英国工人阶级状况》这本书中深刻揭示了资本主义制度下无产阶级生活的真实状况。这本书被人们称作"共产主义的圣经"，人们认为从这本书里可以找到一切"革命的根据"。马克思、恩格斯在他们的著作中剖析了无产阶级贫困化的表现、根源、影响，以及消除贫困的根本途径，归纳和分析了资本主义社会贫困问题的表现。

在《资本论》中，马克思明确指出，资本主义条件下的贫困是"一切内容的贫困"，是"一切社会的贫困"，不仅表现在物质方面，还表现在精神层面；不仅表现为绝对贫困，还表现为相对贫困。

对于资本主义条件下的无产阶级贫困，马克思认为直接表现为物质贫困。对无产阶级来讲，贫困的表现形式首先体现在物质，即生活资料的缺少上。在资本主义社会，工人阶级依靠劳动创造的剩余价值被资本家无偿占有，自己只能依靠微薄的工资购买仅能维持生存的物质生活资料。"花在工人身上的费用，几乎只限于维持工人生活和延续工人后代所必需的生活资料"[①]。相对于资本家的享受生活，无产阶级只能日复一日地在温饱线上徘徊，为生计发愁。相对于资本家，无产阶级除了在物质上贫困之外，还表现在精神贫困。资本家用所占有的剩余价值除了满足物质生活之外还能满足精神生活。工人由于其经济上的贫困状况决定其不能享受良好的文化教育和掌握人类的文明成果，不仅影响自身的发展，也影响着下一代的培养和教育。一部分人游手好闲，成为马克思、恩格斯在《共产党宣言》中讲到的"流氓无产阶级"，思想空虚，道德水准低下。经济基础决定上层建筑，在经济领域处在贫困状态的劳动者在政治

① 中共中央马克思恩格斯列宁斯大林著作编译局. 马克思恩格斯选集：第1卷[M]. 北京：人民出版社，1995：279.

上也必然处于贫困状态，无权参与国家管理。

无产阶级的贫困还表现为绝对贫困和相对贫困。马克思、恩格斯所说的无产阶级绝对贫困指的是从所有制的方面来考虑问题。马克思认为："……被剥夺了劳动资料和生活资料的劳动能力是绝对贫困本身。"①劳动者被迫与生产资料相分离，只能依靠出卖劳动力来换取仅能维持生存的收入，一旦丧失了劳动能力，也就意味着没有了生存的能力，这是必然的、唯一的结果，马克思称之为"不可避免的、无法掩饰的、绝对不可抗拒的贫困"②。相对贫困则是指与资产阶级相比之下，无产阶级的贫困状态。即便是资本家们为了获取长久的利益而为工人增加工资，给予福利也只是在自己获得更多的前提之下。正如马克思所说："一座房子不管怎样小……它是能满足社会对住房的一切要求的。但是一旦在这座小房子近旁耸立起一座宫殿……小房子的居住者就会越发不满意，越发感到受压抑。"③恩格斯也认为，"贫困是一定历史阶段的产物"，随着生产力的发展，贫富对立"也日益增长起来"④。

马克思在《资本论》中指出，以资本主义制度为基础的资本主义社会"确立了一个和资本的积累互相适应的贫困的积累。一极方面财富的积累，同时就是另一极方面，即把自己的产品当作资本来生产的阶级方面穷困、劳动折磨、奴隶状态、无知、粗野和精神颓废等等的积累"⑤。二者的关系甚至可以用正相关来说明，资本家越富裕，工人就越贫穷。随着两者的对立日益加剧，造成的后果也是越来越严重。正是因为无产阶级贫困的内容极其广泛，贫困的表现形式复杂多样，马克思、恩格斯才把无产阶级的贫困归结为是"一切贫困"。

（2）揭示了资本主义社会贫困问题产生的根源。在马克思之前，空想社会主义者和一些经济学家、社会学家对贫困问题做了一定的研究，但没能揭示出

① 中共中央马克思恩格斯列宁斯大林著作编译局．马克思恩格斯全集：第47卷[M]．北京：人民出版社，1979：39.

② 中共中央马克思恩格斯列宁斯大林著作编译局．马克思恩格斯全集：第2卷[M]．北京：人民出版社，1957：45.

③ 中共中央马克思恩格斯列宁斯大林著作编译局．马克思恩格斯选集：第1卷[M]．北京：人民出版社1995：349.

④ 中共中央马克思恩格斯列宁斯大林著作编译局．马克思恩格斯文集：第9卷[M]．北京：人民出版社，2009：154.

⑤ 马克思．资本论：第1卷 [M]．北京：人民出版社，1963：710.

无产阶级贫困的真正根源。真正对无产阶级贫困原因做出本质分析的就是马克思和恩格斯。马克思、恩格斯是最先从制度层面揭示无产阶级贫困根源的。马克思指出，贫困的原因要到资本主义制度本身中去找，否则“只能找到贫穷的某种表现形式的原因，但是找不到贫穷本身的原因”[①]。马克思在《1844年经济学哲学手稿》中对工人阶级的贫困问题做了初步的探究，针对无产阶级普遍贫困的现象做出了雇佣劳动者是“最贫困的商品”这一论断。恩格斯在《神圣家族》《英国工人阶级状况》等著作中明确提出，无产阶级正在遭受“累进的贫困”“慢性的贫困”和“复杂的贫困”。马克思、恩格斯在《共产党宣言》《雇佣劳动和资本》以及《资本论》中进一步探讨了资本主义制度下无产阶级贫困的原因。

马克思、恩格斯指出，贫困和资本是一对孪生子，资本主义私有制是造成无产阶级贫困的根源。在《资本论》中，马克思提出：“所谓原始积累只不过是生产者和生产资料分离的历史过程。”[②]马克思以英国农民以及农业工人被迫与土地分离而变成资本家的雇佣工人为例，指出资本原始积累导致的劳动者丧失生产资料的所有权，既是资本主义社会生产方式的起点，也是贫困前史。在资本主义制度下，生产资料私有制，生产资料被资本家占有，工人阶级本身变成了一无所有，成为只能靠出卖劳动力为生的人，而资本家为了获取更多的剩余价值，延长工作时间、加重工作压力都成为剥削劳动者的手段。资本家不断对工人生产的剩余价值进行“不劳而获”，除去给工人的名义上与出卖劳动力“相等”的工资，剩余的利润继续转化为资本，进行扩大再生产。随着资本的积累和资本有机构成的不断提高，资本家工厂机器化水平增强，出现机器代替工人而致使大量工人失业的现象。这也就意味着，工人一边为资本家生产剩余价值，使资本家扩大生产规模、提高生产技术，最终工人自己却陷入贫困，使工人成为大量的相对过剩人口。贫困、失业是资本主义制度的必然产物。

（3）分析了资本主义社会贫困问题产生的影响。马克思明确指出，随着资本主义的发展，一方面，资本主义大机器生产解放和发展了劳动力；另一方

① 中共中央马克思恩格斯列宁斯大林著作编译局．马克思恩格斯全集：第2卷[M]．北京：人民出版社，1957：561.

② 中共中央马克思恩格斯列宁斯大林著作编译局．马克思恩格斯文集：第5卷[M]．北京：人民出版社，2009：822.

面，要依靠更多的劳动力来支撑大机器生产，资本家为了获取更多的剩余价值，甚至会购买未成年人作为廉价劳动力，使未成年人倍受摧残和压迫，生命健康权和受教育权根本无法得到保障。“一切发展生产的手段都转变为统治和剥削生产者的手段，都使工人畸形发展，成为局部的人，把工人贬低为机器的附属品，使工人受劳动的折磨，从而使劳动失去内容”[①]，无产阶级的贫困使雇佣工人在悖论式贫困的怪圈中越陷越深，工人越劳动、越想要摆脱贫困，就越成为机器的附属品，反而陷入更加贫困的境地。人得不到正常发展，全面发展无法满足，工人阶级生产资料的缺失造成了与资本家贫富差距的加深，造成整个社会的病态发展。

资本主义社会贫富分化严重、无产阶级极度贫困，都使得社会矛盾越来越尖锐，经济政治冲突不断。无产阶级为了自身生存和发展，会采取各种罢工、示威游行等斗争方法来争取自身的权利，资产阶级为了维护自己的统治地位也会对无产阶级的斗争进行阻挠和镇压。无产阶级和资产阶级之间的矛盾日益激化，资产阶级为了维护其统治地位不得不采取一定的措施缓和社会矛盾，而无产阶级也要寻找彻底摆脱贫困的根本途径。

（4）指出了解决资本主义社会贫困问题的途径。马克思、恩格斯认为，私有制是一切罪恶的根源，也是无产阶级贫困的根源，而资本主义国家政权又是维护资产阶级利益的，“现代的国家政权不过是管理整个资产阶级的共同事务所的委员会罢了”[②]。无产阶级想要从根本上摆脱贫困，必须进行革命，用革命手段来推翻这个“吃人的”制度，并建立新的政权，争得民主。在这种斗争中，“无产阶级除了贫困以外，什么也不会失去，而得到的则是整个祖国、整个世界”[③]。马克思、恩格斯在《共产党宣言》中指出，无产阶级利用自己的政治统治，一步一步地夺取资产阶级的全部资本，把一切生产工具集中在国家，即组织成为统治阶级的无产阶级手中，并且尽可能快地增加生产力的总量。这样才能真正消除贫困，实现共同富裕。

① 中共中央马克思恩格斯列宁斯大林著作编译局. 马克思恩格斯文集：第5卷[M]. 北京：人民出版社，2009：743.

② 中共中央马克思恩格斯列宁斯大林著作编译局. 马克思恩格斯全集：第1卷[M]. 北京：人民出版社，1995：274.

③ 中共中央马克思恩格斯列宁斯大林著作编译局. 马克思恩格斯全集：第4卷[M]. 北京：人民出版社，1958：539.

2.列宁反贫困理论

列宁在继承了马克思、恩格斯反贫困理论的基础上，立足于俄国的实际情况，针对资本主义发展到帝国主义的新特点，形成了许多具有创新性、实践性和民族性的新论断，坚持马克思恩格斯反贫困理论。列宁是马克思主义的继承者，在组织发动无产阶级革命的过程中，把马克思、恩格斯的无产阶级反贫困理论作为革命的理论依据和思想武器。列宁坚持了马克思、恩格斯对资本主义社会的批判，在《国家与革命》中提出，资本主义社会是制造贫困和阶级对立的社会，这样的社会制度使大量的贫苦农民、工人、小手工业者沦为“现代雇用奴隶”，这就使得无产阶级日益贫困，而使“一小撮靠人民贫困而获得亿万利润的私有者”[①]变得越来越多。而贫困带来的后果也是十分严峻的，“贫困驱使着成千上万的人走上流氓无赖的道路”[②]。列宁除了继承了马克思、恩格斯私有制是造成贫困根源的思想之外，还延续了马克思、恩格斯“绝对贫困”和“相对贫困”的概念。列宁指出，“工人的贫困化是绝对的，他们愈来愈穷”[③]，“工人的相对贫困化更为明显”[④]。在此基础之上，列宁对俄国摆脱贫困的途径进行了探索，指出，要消除贫困，解放贫困中的工人阶级，就必须“改变使劳动力成为商品，使劳动群众极端贫困和经常失业的条件”[⑤]，即改变资本主义制度，直到彻底从这种制度中抽离出来，建立出一个新的、没有剥削和压迫的新社会。对于资本主义社会出现的新变化，列宁提出，在未来，随着资本的增加，工人的收入会出现增长，但与此同时出现的还有资本家和工人之间的差距，劳动对资本的依赖也随之增强，虽然工资待遇在表面看来有所提高，但实际工人真正得到的却在减少，无产阶级贫困的实际状况依然没有改变。

---

① 中共中央马克思恩格斯列宁斯大林著作编译局．列宁专题文集：论资本主义[M]．北京：人民出版社，2009：48.

② 中共中央马克思恩格斯列宁斯大林著作编译局．列宁专题文集：论社会主义[M]．北京：人民出版社，2009：58.

③ 中共中央马克思恩格斯列宁斯大林著作编译局．列宁专题文集：论资本主义[M]．北京：人民出版社，2009：77.

④ 中共中央马克思恩格斯列宁斯大林著作编译局．列宁专题文集：论资本主义[M]．北京：人民出版社，2009：78.

⑤ 中共中央马克思恩格斯列宁斯大林著作编译局．列宁全集：第5卷[M]．北京：人民出版社，1986：12.

在资本主义发展到帝国主义阶段，俄国也出现了一些新情况和新特征。随着资本主义整体发展水平的提高，以及无产阶级的不断斗争，工人阶级的经济状况有所改善，特别是从事技术行业的熟练工人，他们的工资待遇等有所提高，这就逐渐在无产阶级中形成了分化。随着资本家要求的利润越来越多，对工人阶级的剥削、压迫越来越严重，无产阶级的贫困化程度不断加深等情况都加剧了无产阶级推翻资本主义制度的必然性和紧迫性。而资本家为了更长久地占有并获得大量的剩余价值，就需要获得一部分工人阶级对自己的认可。资本家改变策略，使剥削、压迫公认的手段更加隐蔽、更加灵活，通过各种手段收买一部分工人阶级来缓解阶级矛盾，这也就出现了一小部分所谓的“工人贵族”现象。虽然马克思、恩格斯已经对“工人贵族”现象有了一定的注意，但是列宁明确地向工人阶级指出，无产阶级这种所谓的“让步”是具有欺骗性的，“工人贵族”的出现有其必然性，但是从整个阶级来说，无产者的贫困化程度只会逐步加深而不会因为“让步”而减弱。

“工人贵族”的出现是资产阶级和无产阶级相互碰撞、相互妥协的结果。这种现象的出现使得无产阶级与资产阶级的斗争变得复杂，他们多强调改良而不主张用暴力斗争的方式推翻资本主义制度，这也就与资产阶级的目的，即希望通过用利益收买一些工人代表使其为资本主义制度说话而得到一部分工人的支持相一致。“工人贵族”作为资产阶级在工人运动中的代理人，已经完全地资产阶级化了，他们出卖工人阶级的利益，并不断从内部瓦解和破坏工人运动，“工人贵族”的出现不能改变无产阶级贫困的命运，甚至造成工人阶级贫困的加深。同时，列宁指出少数工人的贫困状况得到了改善并不意味着整个工人阶级的处境得到改变，马克思主义政党并不能因为一时的、一部分人生活的改善而放弃革命，反而要认清现实，继续按照马克思主义所揭示的消除贫困的唯一途径来彻底地为工人阶级脱离贫困而斗争。这也就是向无产阶级指明，退让并不是解决问题的根本方法，只要一天没有推翻资本主义制度，工人阶级的贫困就会存在一天并且贫困程度一天比一天严重，要彻底摆脱贫困，根本途径只有夺取政权。

列宁以俄国实际为基础进行的苏俄反贫困实践对马克思、恩格斯遗留下来的没有解答的问题给出了具体的答案。列宁通过发展资本主义、利用资本主义但最后推翻资本主义来过渡到社会主义。资本主义制度被推翻之后，无产阶级建立新的政权以后依然存在贫困，这也正是说明了贫困是一个任重的问题，反贫困也是一个道远的过程。

总之，马克思、恩格斯、列宁的反贫困理论都是在特定的历史背景下形成和发展的，始终引导着无产阶级和贫苦大众与贫困做斗争。它深刻揭示了资本主义制度下资本家剥削无产阶级的本质，揭示了无产阶级贫困的根源——生产资料私有制，揭示了贫困给无产阶级带来的影响，指出只有社会主义生产资料公有制才能让广大无产阶级摆脱贫困。在经济文化落后基础上建立的社会主义制度依然存在贫困，解决贫困问题需要长期的努力。马克思、恩格斯反贫困理论对我国解决贫困问题具有重要的指导意义。我国反贫困要立足于我国实际情况，坚持党的领导，建立和巩固以公有制为基础的社会主义制度，施以科学、合理的扶贫政策，以实现共同富裕。

（二）中国特色社会主义反贫困理论

中国特色社会主义反贫困理论是产生于中国特色社会主义反贫困实践中的理论，得益于这一实践的独一无二性。这一理论具有了鲜明的特征，展现了自己的理论形象。中国特色社会主义反贫困理论来源于实践，又回归于实践，在理论与实践相结合的过程中，不断推动中国特色社会主义反贫困实践的发展，体现出特殊的价值。

1.中国特色社会主义反贫困理论的特征

中国特色社会主义反贫困理论具有科学性、实践性、发展性、人民性、开放性、系统性和国际性等七个方面的特征。

一是科学性。中国特色社会主义反贫困理论是运用马克思主义基本原理解决中国贫困问题，坚持了马克思主义立场、观点和方法，体现了马克思主义的根本性质和基本特征。中国特色社会主义反贫困理论是中国特色社会主义性质的反贫困理论，坚持了中国特色社会主义的基本原则、本质特征，不是其他什么性质的反贫困理论。这一理论根植于中国特色社会主义反贫困实践，是对中国改革开放以来反贫困实践的理论总结，是一个从实践到理论再到实践的过程，是经过反贫困实践检验的科学的理论，科学性是其首要特征。

二是实践性。中国共产党领导的反贫困实践取得了历史性成就，实现了几亿贫困人口脱贫的目标。在中国反贫困实践中，理论与实践是密不可分的，往往是一边实践一边总结理论，在实践中发现的问题能够及时得到理论的分析和指导，并在实践中有效地解决问题，在实践中取得的成绩和总结的经验能够很快进行理论提升，为下一步实践提供更好的指导。正因为这一理论是与中国反贫困实践紧密结合的理论，是对中国反贫困实践的理论总结，因而又具有鲜明的实践特征。

三是发展性。恩格斯曾指出："每一个时代的理论思维，包括我们这个时代的理论思维，都是一种历史的产物，在不同的时代具有完全不同的形式，同时具有完全不同的内容。"①所以"我们只能在我们时代的条件下去认识，而且这些条件达到什么程度，我们就认识到什么程度"②。时代在发展，作为"时代精神之精华"的马克思主义理论也必然需要适应时代的要求，与时俱进，实现理论的向前发展。中国特色社会主义反贫困理论本身是对马克思主义理论的发展，同样也是在中国特色社会主义反贫困实践中实现自我的发展。不同时期在反贫困领域会产生不同的问题，需要我们在解决问题的过程中推动理论的发展。改革开放以来，中国特色社会主义反贫困理论经过不断丰富、完善和发展，在实践中体现出强大的理论力量。随着反贫困工作的持续深化，我们必须继续研究新情况，解决新问题，继续丰富和发展中国特色社会主义反贫困理论。

四是人民性。全世界有各种反贫困理论，西方的反贫困理论主要是在维护资本主义制度的前提下，使贫困人口得到一定的保障，避免因为贫困而危及国家社会安全，但没有要实现贫困人口过富裕生活的内容。中国特色社会主义反贫困理论坚持以人民为中心，坚持群众路线和群众观点，尊重人民的主体地位，相信人民、依靠人民、服务人民，始终实现好、维护好、发展好最广大人民的根本利益作为理论的出发点和落脚地，不仅要实现贫困地区和贫困人口的全部脱贫，还要带领全国各族人民实现共同富裕，具有鲜明的人民性的特点。

五是开放性。中国特色社会主义反贫困理论是一个开放性的理论，在坚持

① 中共中央马克思恩格斯列宁斯大林著作编译局．马克思恩格斯文集：第9卷[M]．北京：人民出版社，2009：436.

② 中共中央马克思恩格斯列宁斯大林著作编译局．马克思恩格斯文集：第9卷[M]．北京：人民出版社，2009：494.

原则的前提下，广泛吸收人类反贫困的优秀文明成果，充分尊重人民群众的首创精神，是中国共产党团结带领全国各族人民共同消除贫困、走向共同富裕的实践经验和集体智慧的结晶。同时，随着社会的发展，我们不断解放思想，研究反贫困实践中的新情况，解决新问题，不断推动中国特色社会主义反贫困理论向前发展。

六是系统性。中国特色社会主义反贫困理论是对中国特色社会主义反贫困实践的系统总结和指导，涉及反贫困的方方面面。既有顶层设计，也有具体实践的经验总结；既有长期的发展规划，也有阶段性目标的设定；既有宏观的理论反思，也有微观的现实关照，是一个系统的理论。随着中国特色社会主义反贫困实践的不断深入，中国特色社会主义反贫困理论必然日益丰富，整个理论更具有系统性。

七是国际性。中国特色社会主义反贫困实践是世界反贫困事业的一部分，中国在反贫困方面取得伟大成就，为全球反贫困事业做出了重大贡献。中国特色社会主义反贫困理论固然是对中国特色社会主义反贫困实践的总结，但也借鉴了国际上其他国家在反贫困方面的理论成果和实践经验教训，特别是要对其他国家走过的弯路、失败的教训、存在的问题引以为戒。我们不仅要借鉴别人成功的经验，同时也要避免出现别人已经出现的问题。中国特色社会主义反贫困理论也为世界其他国家的反贫困提供了理论借鉴，是世界反贫困理论成果的重要组成部分。

2.精准扶贫——中国特色社会主义反贫困理论的创新

虽然我国在反贫困斗争中取得了举世公认的成就，但与实现共同富裕和全面建成小康社会的目标要求还有相当的距离。进入经济新常态，我国贫困呈现出贫困人口数量巨大、贫困人口分布广泛、贫困程度深重、相对贫困凸显、返贫率居高不下的新情况，给反贫困工作带来了新挑战，使我国反贫困的任务依然任重道远。

精准扶贫是在以政府为主体的扶贫攻坚工作的基础上，进一步发展为以多元主体参与、注重内源贫困、坚持综合治理为主要内容的“协同作战”的战略而已。

党的十八大再次强调了共同富裕是改革和发展的基本原则，是中国特色社会主义理论的题中之义。共同富裕是社会主义的根本原则，是中国特色社会主义发展的一个关键内容，也是精准扶贫思想产生的理论源泉。精准扶贫具有深刻的内涵，差异性是精准扶贫的基本前提、精准性是精准扶贫的核心要义、系统性是精准扶贫的总体要求、发展性是精准扶贫的本质属性、托底性是精准扶贫的政策底线。精准扶贫思想的基本要求体现在“要看真贫、扶真贫、真扶贫”，要能真正改善和提高贫困群众的生产生活质量，而非搞形象工程。

从世界范围来看，无论是发达国家，还是发展中国家，贫困问题一直都是困扰经济社会发展的重大问题，消除贫困是人类社会发展不懈追求的奋斗目标。中国特色社会主义反贫困理论是在继承和发扬马克思主义反贫困理论和方法的基础上，并紧密结合我国基本国情的现状发展起来的，先后形成了共同富裕、精准扶贫等一系列反贫困理论。在未来一段时间内，精准扶贫理论都将是我国在治理贫困问题上的理论指导和方法依据，精准扶贫思想的内容还将继续发展。目前，精准扶贫工作在实践中还存在一些问题，如精准扶贫过程中出现的瞄准偏差、贫困户参与不足、扶贫成本增加、效率低下、社会扶贫力量缺失等，科学的扶贫工作流程和精准的扶贫政策体系是实践精准扶贫思想的路径选择，能有效解决相关难题，保障精准扶贫工作顺利推进。此外，为保证精准扶贫工作顺利开展，实现全面消除绝对贫困，还需要建立和完善农村社会保障体系；建立多元化扶贫机制，举全社会之力参与扶贫；关注非贫困村贫困户和城镇贫困户的发展。

第五节 乡村振兴战略下农村精准扶贫的创新路径

我国扶贫工作从最初的解决贫困人口温饱问题到现在削减贫困、实现城乡一体化和共同富裕的目标，全面建成小康社会。不断推进农村精准扶贫工作，保证脱贫攻坚工作取得良好成效，需要结合当前精准扶贫工作方针政策，全面落实精准扶贫工作各项措施。[①]针对目前我国贫困地区精准扶贫过程中存在的精准度低、教育扶贫不平衡、单一扶贫方式效果不佳、社会扶贫力量有待挖掘和鼓励等问题。我们应着手于提高精准度、多种方式扶贫、挖掘整合全社会的

① 张磊，尹娜. 浅谈关于推进农村精准扶贫工作的思考[J]. 科技经济导刊，2020，28（27）：185、176.

扶贫力量以拓宽农村的扶贫渠道，建设美丽乡村。同时，政府通过技能培训，帮助贫困人口掌握更多技能，扩大就业机会。当然，这些也离不开贫困户的积极参与。因此，创新农村精准扶贫的路径，有利于助力乡村振兴，激发贫困人口的经济活力，实现生态与经济的可持续发展。

一、精准识别：构建科学识别体系

精准扶贫的实施，最基本的是找到真正需要帮助的人，识别出最贫困的地区和人口，以便于精准扶贫的推进，提高扶贫的效果。但是在具体的实践中，我国精准扶贫出现了一些问题。由于识别的精准度不高，导致可能真正贫穷的家庭，真正需要帮扶的人口没有享受到政策的帮扶，为此提出以下路径。

（一）建立健全精准识别机制

在精准识别中，由于评估扶贫单位所使用的方法不一致，使得精准度降低。这就要求我们，一方面，要全面分析贫困家庭的致贫原因，形成一套完整、全面的贫困户分析指标，根据在土地劳动、教育等多方面的致贫原因形成全面、完备的识别体系。从自然角度看，要根据各贫困家庭土地所在地理位置和该地理位置每年种植的产量、收入的多少进行识别。例如，同样大小的土地由于所在区域不同，会造成产量多少的不同，影响着农户收入的高低。从教育角度，对子女教育方面的投入也会影响家庭状况的好坏程度。随着社会的发展，越来越多的农民也开始逐渐重视子女的教育问题，会尽自己所能给予子女接受教育的机会。从劳动力方面，一个家庭的劳动力越多，可获得的收入也相对会增加，但也需要考虑到家中是否有残疾者或患病者，对于这种家庭应该更加重视。另一方面，政府要坚持公开、民主，确实保障贫困群众的利益，完善精准识别程序。县级政府既要从党中央的政策和精神出发，也要结合自身发展的实际情况，统一规范精准扶贫的识别程序。在具体实施过程中，要做到公开、公正、标准统一等。

贫困村要遵守县级统一的精准扶贫操作程序，在由代表组成的评议委员会的基础上，做好精准识别的初审评议工作，严格监督以防人情因素影响识别，确保基层识别的精准性。及时将切实进行的贫困人口识别状况和与之有关的材料向村民公开，待公示无异议后才可上报。对于在公示期间村民提出的问题，要通过调查了解实际情况，及时反馈并跟进，确保问题的解决。最后还要采用科学的办法提高建档立卡的准确度。识别贫困户是精准扶贫最关键的一步，因此，一定要严格执行。

精准识别，先通过基层组织宣传，让贫困群众对精准扶贫政策了解得更加全面。再由村委会组织成员对贫困地区群众实行摸底调查，掌握贫困人口的基本情况。贫困家庭主动申请村民代表评议村委进行核实，上报乡级政府进行备案，县级单位实行复查，最后建档立卡，这样的环节可以做到识别过程中的精准。在扶贫工作队摸底工作进程中，村干部和驻村工作队要做到进村入户，挨家挨户咨询情况，确保村不漏组、组不漏户、户不漏人。识别出真正需要帮扶的贫困人口，也要精准了解贫困户的家庭状况，掌握贫困户的健康、财产、教育、住房等情况，并通过民主评议会，初步确定贫困家庭。在此过程中要严格监督，确保评议会的民主性、公开性，在确定帮扶对象后将确定结果在公示栏公示。要完善建档立卡，全面登记贫困户状况，在贫困户有变动的情况下，及时汇报并更新相关资料。

严格政策要求，避免平均主义。识别贫困人口是将贫困人口从普通农户中识别出来，针对性地通过帮扶政策使贫困人口早日脱贫。许多地区在精准扶贫实践中，为减少贫困群众之间的冲突矛盾将资金平均化。他们选择部分农户作为精准扶贫户，等到扶贫资源到位后集体平均分配，这是一种错误的工作方法，要及时纠正，并在以后的过程中避免出现类似情况。精准扶贫就是要精准识别贫困人口，进而贯彻落实扶贫政策。这要求基层扶贫工作队伍要加强监督，县级政府也要加派人员，检查扶贫资金的落实情况。对个别地区存在的平均主义要严格处置，只有严格依照政府政策才能做到扶真贫、真扶贫，才能确保精准扶贫的落实。

（二）加强精准扶贫队伍的专业化建设

要实现精准脱贫和建设农村现代化，离不开基层干部队伍的专业化。业务能力水平低、思想素质差的人员会很大程度地制约精准识别工作的切实推进。因此，精准识别稳步扎实推进，需要一支德才兼备、素质优良的专业队伍来进行。

首先，县级政府要建设一支整体素质较高、业务能力符合新时代要求、可以全身心投入到脱贫攻坚队伍中，并一心一意为贫困家庭着想的干部队伍。加快探索遴选干部的方法，依照组织程序，特别要考虑多年投身于基层工作的干部，尤其是要让在农村进步、农业发展等方面有相关经验的人员到扶贫一线中去。挑选思想品德优良、可以带头致富的能人作为农村党支部书记，以提升农村党组织的作用。这样也有利于加强基层工作队伍的凝聚力和执行力，带动农民增加收入。

其次，为提高扶贫队伍的工作效率，需强化帮扶单位的职责，让扶贫资源的分配方式趋向制度化。如制订合理的可行性计划，借助扶贫工作单位的力量形成帮扶机构联动体制。对不同贫困村的需求帮扶机制进行统一分配，将资源丰富的帮扶机构分配到资源需求量大、贫困程度深的地区，以便达到扶贫需求和给予帮扶力度之间的平衡。此外，为保证扶贫的有效性和可持续性，应该做到扶贫单位帮扶贫困乡村要有固定性，尽量不要更换驻村工作队。若特殊情况必须更换，则更换时需做好两个帮扶单位的交接工作，保证扶贫公正的不间断。

再次，要加强队伍能力水平，组织贫困地区的村干部参与精准扶贫政策的学习，加强他们实际操作技能的培训、提升村干部队伍的专业化水平。还要引进新型扶贫人才，鼓励大学生村官回村服务人民，提高扶贫队伍水平。要选取优秀人才作为村委班子，逐步加强村委干部队伍的年轻化、专业化，提高管理村级事务的能力。村委干部的薪酬问题也是限制绝大多数年轻人不愿回乡担任村委干部的主要原因。现在村级两委干部的酬薪过低，但又要求村委干部每天都在村委会处理本村的大小事务。薪资低、要求高是村级管理存在的矛盾，这就导致有些人对村委干部这份工作失去了积极性。投身村民委员会，却无法承担正常生活家庭支出，这些因素都降低了村级两委干部的吸引力。因此，可以适当提高村级两委酬薪，也要鼓励各类人才甘于付出，勇于奉献，以便实现自身价值。

最后，我国现在的扶贫大多都是结对帮扶，这就需要政府机关的全部人员参与扶贫，目的是每一名干部都能一一对接每户贫困户，保证精准帮扶到每一户。但是在具体的实践过程中，机关单位的干部不仅要做好自身单位的本职工作，还要做好帮扶工作，这给机关人员的工作带来了很多困扰。为了更好地完成脱贫任务，切实帮助贫困户，政府可以成立专门的扶贫工作队伍，也可以从各单位抽调人员单位组成一支队伍。他们愿意扎根农村，服务贫困人口，以便精准扶贫工作的顺利开展。如果现有部门抽调的扶贫队伍无法满足现实农村地区贫困户的需要，可以从大学或社会中招聘适合参与精准扶贫工作的人才。他们要有吃苦耐劳的精神、乐意俯下身子到人民群众中的态度，更要有严格、公平、公正的工作作风，要达到精准扶贫人才专业化、素质化的指标。建立专业的扶贫队伍，不仅能加快推进精准扶贫的进程，更能帮助扶贫人口解决实际困难，同时，建立专业的高素质扶贫队伍，更能为日后的农业、农村发展工作储备人才，实现农村、农业的现代化。同时，提高基层扶贫干部的福利待遇，转变年轻人才对农村发展的偏见，利用政策支持和其思想的转变留住人才，让他们愿意在农村发展。更要加强帮扶干部的监督考核机制，使他们能主动树立扶贫意识，提高基层扶贫人员的工作积极性。此外，要组织村委干部培训驻村工作队人员进行培训，加强基层扶贫人员的行政能力和业务水平，增强主人翁意识，积极参与并带动全村贫困人口脱贫。加强基层扶贫队伍的整体素质和工作能力，提升基层党组织的队伍建设，注重发挥榜样效应，有利于发挥基层扶贫队伍的关键作用。

二、精准教育：构建智力保障体系

在扶贫攻坚期间，提高贫困人口自身的内生动力的能力越来越重要。精准教育在整个精准扶贫开发中占有十分重要的地位。

（一）政府主导完善精准教育机制

首先，教育部门要经过认真调研，了解贫困地区学校贫困家庭子女受教育状况，以及他们所需要的资源，完善精准教育扶贫计划。要有针对性、精准性，将目前存在的问题一一解决。同时，也要明确受教育帮扶的家庭标准，利于按统一的标准划分贫困学生和非贫困学生，学校建立贫困家庭档案，便于掌握学生受帮扶状况，对有更改的帮扶对象及时更改。需要注意各贫困区域的差异性，做到因地制宜，根据各地区所需求的教育资源分配，注重教育扶贫的差异化。

其次，建立针对村民的培训机构。结合村民自己的意愿和面临的实际情况，因材施教开展教育培训，将其细化为农林技术、土地管理技术、种植技术、养殖技术、基础教育等多方面的内容，加快培养一批有技能的新型农民队伍。

再次，完善教育培训的服务机制，加快贫困地区无线网络、宽带等通信设施的安装，普及贫困人口的手机利用率，开展贫困人口对手机的利用技能培训和互联网知识的认识，充分发挥手机等现代工具的优势，开展“互联网+”农民培训。将新时代下现代技术的发展与农民所需相结合，开展全面、多元的培训方式。通过合理的评价系统，创新精准教育机制以及准确掌握其中的劣势进行调整。

最后，由于人们的受教育程度决定着每个人的认知能力、理解水平和思考事物的方式，因此，政府要加大对教育扶贫的投入力度，以此来激发各贫困地区的内生动力，早日实现脱贫。为此，政府要做到营造贫困地区的优良文化氛围，提高贫困人口素养，加大对农村基础设施和文化设施的资金投入力度。例如，在贫困地区设立文化广场，提供读书室，不定期举行文化知识普及，鼓励贫困人口主动参与，提升他们的文化素养。提高农村中小学教育的质量和水平，配备相应教学设施，保障农村教师获得其应有的福利。同时，政策偏向农村一线教师，加快引进年轻化的老师。这样可以使贫困户子女上学有保障，使年轻劳动力留在农村，为农村的发展贡献自身的力量。还可以带动农村形成文化氛围浓厚的场所，消除农民落后、陈旧的思想，增强贫困地区的教育水平。同时，积极开展并支持大学生下乡支教等，制定有效政策鼓励大学生主动参与到精准教育扶贫中来改变农民现状。各地区依据扶贫开发项目形成一套完整、有效的教育扶贫规划，提高贫困人口的内生动力和发展能力，成为我国的精准扶贫人才支持与智力支撑的重要后盾，为精准扶贫、精准脱贫和乡村振兴的实现保驾护航。

（二）社会帮扶技能培训

推进精准教育，构建智力保障体系，离不开社会的帮扶。具体表现在以下五个方面：

一是社会全力支持贫困地区产业发展教育。一个地区面临困境，最主要的原因就是缺少技术能力。由于贫困地区缺乏专业技能，贫困人口无法依靠技术谋生，只能凭借传统的农耕业、种植业获取收入。这种传统的农耕产业并不能满足他们最基本的生活需求，削弱了贫困人口的生产积极性，导致贫困的发生。企业因时制宜为贫困人口提供产业技能的培训，加快了产业的转型升级，更迎合了市场的需要。以此提高产业产品的竞争力，达到贫困地区脱贫的目的。

二是社会帮扶就业模式。由于贫困地区产业数量少，就业机会不足，因此，贫困者为了求得一份职业，只好到城市中打工求职。如果企业可以驻村帮扶使一部分劳动力回流，就有利于为照顾年迈父母而滞留农村的这部分剩余劳动力提供就业机会。企业在贫困人口上岗前也对其进行岗前培训，使贫困者有自己的技能来承担相应的工作。这样有利于提高企业的劳动生产率，并且使企业盈利。此外，充分利用学校、行业协会等借助自媒体资源实行社会帮扶计划，对贫困人口进行分类培训，以提高贫困者的就业能力。

三是社会企业为贫困人口提供实践机会和平台，企业通过驻村帮扶加大了贫困地区人力、财力、技术等方面的支持力度，为贫困户顺利就业、技术实践提供了相应的渠道，是企业检验培训贫困户技能的平台。

四是做到公平、合理地分配教育扶贫资源，提升教育扶贫资源项目与学校的可持续性合作。贫困地区亦存在深度贫困区和一般贫困地区，深度贫困地区和一般贫困地区的受帮扶资源不均衡，深度贫困地区人口的受教育水平、整体素质水平远远低于一般贫困地区，一直以来这种分配不均的状况造成了深度贫困区青少年的自卑等现象。因此，在社会一对一的帮扶贫困地区，针对深度贫困地区配备更好的教育扶贫资源，使贫困地区的青少年受到更好的教育，提高他们的综合素质，使他们形成良好的行为规范，回馈社会的帮扶。五是加强社会帮扶资金的管理，整合社会各团体组织的资助资金，设立专项管理机制专款专用，将帮扶资金投入到学生的教育资助项目，避免重复帮扶、一路帮扶。要设立教育帮扶的数据库，对学校、家庭的实际收入情况总结统计，对教育帮扶资源进行有力监管，切实保证每笔帮扶资金都用于贫困人口的教育中去，增强社会帮扶教育的有效性。

（三）贫困居民积极参与

目前导致我国贫困问题突出，最根本的原因是贫困人口的思想贫穷，这严重阻碍着精准扶贫的顺利推进。小部分人群对本身的穷困潦倒现状并不满意，却又好吃懒做，不想通过自己的双手勤劳致富，一味地等政府、靠集体。还有些贫困家庭认为，被评为贫困户是值得骄傲的事情。这也影响了正常精准扶贫的工作，造成一些真正需要帮扶的家庭因帮扶资源的有限而难以得到帮扶。贫困地区如果存在物质的贫困，这是短期的，一旦精神贫困，将长期都难以富裕。党中央也深刻理解这一点，所以在党的十九大报告中强调扶贫与扶志、扶智相结合。

这一指示强调我们在帮扶贫困人口时，首先，要加强转变贫困人口的思想观念，让他们主动参与到教育扶贫中去，紧跟党中央的步伐。为增强贫困人口在教育扶贫培训中的参与度，各帮扶单位要在鼓励、参与培训这一思想上保持一致，全力引导贫困人口思想的转变。

其次，要加强引导青少年注重受教育的思想，使贫困家庭中的青少年可以积极接受教育。[①]贫困地区由于家庭的认知水平和文化素质较低，导致依旧存在青少年辍学的状况，这与当地的社会文化环境有着密切联系。当地普遍的社会认知和价值观念存在一定缺陷，导致他们对青少年辍学的现象习以为常。这就要求加强对教育重要性的宣传力度，使他们转变这一根深蒂固的传统思想，强化贫困户的基础教育工作。激励青少年接受教育，积极参与教育培训，成为祖国的栋梁。

最后，加强贫困人口的职业化培训。要支持职业教育的进步，支持职业学校开设优势专业和合理安排职业培训学校的扶贫经费，鼓励引导贫困地区未就读普通高中和高等大学的初、高中毕业生进入职业教育院校接受培训。对贫困家庭的学生实行学费的减免，切实保障自愿接受职业化教育，培训的贫困学生掌握一门技术，实现一人培训全家受益的目的。努力凭借贫困人口的职业化培训，增强其农业或其他服务业的技能水平。加快推进贫困者的自主脱贫，使贫困人口可以掌握一技之长，凭借他们的自身技能，获得收入，实现贫者的自主脱贫。[②]

三、精准发展：构建产业经济支持体系

为了使精准扶贫顺应乡村振兴战略，就必须做到精准发展，构建产业经济支持体系。精准发展是支撑贫困人口脱贫的有力保障。

① 刘延东．让农村孩子接受更好的义务教育[J]．求是，2013（12）：3-8.

② 胡小平，李伟．农村人口老龄化背景下新型职业农民培育问题研究[J]．四川师范大学学报（社会科学版），2014，41（03）：57-62.

（一）因地制宜开展特色扶贫

因地制宜实行合理的产业结构布局，是精准发展的关键。特色扶贫不单单是利用当地的有利资源或区位优势进行扶贫，要在此基础上做到对症下药，加大探索当地特色文化、生态、自然产业力度。充分利用本地特色资源，为实现贫困地区的发展，寻找一条符合当地现实情况的发展体系。这意味着要构建产业经济支持体系，实现贫困地区的精准发展，就需要根据具体贫困地区的实际情况，因地制宜开展特色扶贫。

开展特色扶贫，灵活、合理地运用精准扶贫的扶贫方式，可以使产品满足市场的需求，形成一个有发展潜力的市场，以实现产业的精准发展和贫困地区的精准脱贫。一要深入调查研究贫困地区的优势，其中包括自然条件的先天独特优势和当地的人文环境状况，调查分析当地贫困人口的文化程度、资源状况等。因为往往一个地区发展什么样的特色产业是由当地各方面条件决定的，如果决定发展旅游业，就需要考虑当地是否有与历史相关资源或独特的可以吸引游客的旅游资源；如果发展制造业或加工业，就需要考虑当地可利用的劳动力是否能够满足此类产业发展需要。开展特色扶贫，要根据不同地区的实际状况决定特色产业的类型。一个贫困地区的特色扶贫产业也需全面考量，需要一个科学、合理的扶贫规划来实现精准发展。一个合理的科学规划，可以使贫困地区形成一种独特的品牌，有利于增强产业在市场中的竞争力。同时，有利于持续性地发展特色扶贫产业，提高特色产业的综合实力。

产品的销售离不开市场的需求，故而掌握市场动态需求是十分重要的。目前，农村大学生在毕业后选择留在本地还是进入大城市工作困扰着很多大学生。因此，鼓励农村大学生回乡创业，支持家乡经济发展，也是一种特色扶贫模式。大学生身处经济发达地区，拥有丰富的信息资源，掌控着最新的市场需求。他们回乡就业，可以带来最新市场情况和相关信息，甚至有的大学生还可以利用自己的专业优势为当地规划一份适合本地精准发展、以广大市场为依托的产业项目，带领贫困地区人民脱贫。鼓励外出打工的青年劳动力回乡帮扶也是一种方式，他们可以利用自身技术支持特色扶贫产业的发展，为实现贫困地区的脱贫致富贡献自己的力量，还可以在保证自己收入的同时照顾老人，帮助社会解决留守人员的问题，进而加快贫困地区经济发展。对于回乡支持本地扶贫事业发展的人员，政府要选择适合本地区域发展的项目规划，深入探讨项目的可操作性。同时，提供一系列优惠政策以吸引人才，营造良好的社会氛围，给予技术帮助，提高创业者的积极性。因此，我们在实施精准扶贫时，注重结合本地实际情况，充分利用本地资源把握好市场的动态需求，将精准扶贫各类资源运用到适合本地区的项目。因地制宜地推进产业发展，通过本地特色规划属于自己的产业经济发展模式。一切从实际出发，只有因地制宜地开展特色扶贫，才能支持产业经济的精准发展，从而实现贫困人口的脱贫致富。

（二）加强基础设施建设，提高科技投入

缺乏基础设施的建设是限制我国贫困地区产业发展的重要原因，部分贫困地区存在交通拥堵、道路不宽阔的问题，难以保证交通的正常运行。特别是偏僻乡村由于地理条件的限制，导致道路崎岖、交通条件差，增加了贫困地区的产品输送难度。加快交通设施建设，提升贫困地区的承载能力，重视农村交通路网的完善。硬化乡村道路、街道，整合可利用资源，加强基础设施建设，为贫困地区建设一条幸福之路，进而增进贫困地区的特色资源与外部市场的联系。同时，贫困地区人居环境较差，要结合乡村振兴建设，改造贫困人口住房，解决贫困地区的环境卫生问题。要通过维修重建贫困户住房，提高贫困户改善其居住环境意识，使其自觉投入乡村改善人居环境建设中，推进公共文化建设拓宽到各贫困区。确保贫困农村建有活动室、休闲娱乐活动中心和各类运动健身设施。大力建设水利电网设施，明确各水域的责任分工，健全水域工作机制，进一步增强各水域的防洪、泄洪能力，注重村村通自来水的工程建设，强化贫困区域风险的排查，定期检查防水装置，为防汛、防旱做好准备，保护水源，确保水源干净安全。注重电力、通信的建设，在贫困地区设立变电站，提高其通电、供电水平。全面推进贫困地区的信息化进程，实现无线网络的全覆盖。同时，针对贫困地区存在饮水安全、水源灌溉缺乏等问题，要开发水源，大兴水利工程，以解决贫困地区安全饮水和土地灌溉的难题。贫困乡村要保证每家每户通电或按照贫困地区本地的资源情况为企业营造便利条件。例如，当地有丰富的风能资源就要进行开发，利用这一能源建造风力发电站，如太阳光照时间长、光源足，可以建设一批光伏产业。

建立健全乡村医疗服务体系，增强贫困地区医疗设施水平，为乡村地区

医疗配备完整的医疗室、医疗设备。此外，要加大科技扶贫造血力度，精准扶贫要实现从资金向智力方面的转变，由原来的输血式扶贫方式转变为造血式扶贫方式，着力加大农业方面的技术投入，以此提高贫困人口的农业技术。全方位实行劳动技能和具有实用性的技术培训，为贫困乡村的远程信息教育提供相应平台。每个贫困村安排一名懂技术、有文化、乐于服务的技术人员，投身于农村地区的技术和信息培训，提高贫困人口的技术水平和整体素养。大力调整贫困地区的产业结构，为农村提供技术以提高收入水平，加强信息化以助力产业脱贫的进一步管理。给予贫困地区良好的服务，引领产品畅销市场。对产品进行深加工，发展或完备产业链结构，提高产品的整体价值，增加产品技术含量，以促进贫困地区的产业经济发展。

（三）提高产业风险意识，保证可持续发展

一要设立产业发展保险体系，增强贫困地区产业发展风险意识，培训产业员工在面临突发状况时有自觉抵制的意识和能力，保障贫困地区遭受灾情时得到保险的赔偿。稳定产业的持续发展，使贫困地区人员产品不受影响。

二是要加大财政的投入力度，成立扶贫产业的专项资金。我国贫困乡村的振兴发展离不开国家财政的大力支持，专项资金的支持是扶贫产业前进的力量，是乡村地区精准发展的关键。要想帮扶贫困地区，需要以财政部门和金融部门为扶贫主体，调用部门资金为资本金，吸引社会组织力量，形成扶贫产业发展基金。着重鼓励市场前景广阔、生产效率高、能提供多种就业岗位的产业，以带动扶贫地区的产业经济快速发展。

三是建立产业发展的信息化平台，增强扶贫产业信息化防范意识，将产业风险的防范与产业发展的信息化融合在一起，通过信息化来判断扶贫产业的产业链运行模式。推进产业大数据化的运行，完善产业风险防范的科学体制，结合产业和信息化的平台及时显示市场信息，提高产业防范风险的针对性，对存在风险的产业发出提示信号。

（四）创新模式重视生态保护

对于贫困程度深的地区，要使产业经济发展，必须以保护生态为首，创新服务产业模式，重视生态发展。

一是大力支持生态种植业和养殖业。由于贫困地区缺乏技术、资金的支持，其最基础的生产要素一般只有劳动力和自身所拥有的土地，所以利用好现有的资本要素尤为重要。通过合作社将贫困户土地结合，形成生态种植和生态养殖的产业发展模式，以驱动贫困地区的经济增长。

二是开发全区服务旅游。我国贫困地区大都拥有得天独厚的自然条件和文化条件，这些优势条件可以支撑全区服务旅游。结合产业与旅游连接贫困地区文化、生态服务等相关要素，形成特色旅游模式，以确保旅游在精准扶贫中的地位。

三是引进互联网发展互联网+产业的模式。在如今日新月异的时代，大数据缩短了贫困地区和发达城市的差距。互联网的出现更是打开了贫困乡村振兴大门，加快了贫困地区与发达地区经济的融合。发展互联网+产业的模式，加快了产品流通速度，将产品生产与销售紧密连接，以降低产业生产成本，最终实现产品的线上运作，促进产业发展。

四、精准参与：构建社会共建共享体系

要确保乡村振兴、精准脱贫的早日实现，就要有好的带路者和相关的设施，需要政府行使作用。在精准扶贫中，不仅要有政府的引导，还需要企业、社会组织、个人的共同努力。这些社会力量都有着各自的优势，因此，鼓励吸引企业、社会组织和贫困人口自身参与其中是精准扶贫的必然要求。

（一）政府政策支持扶贫

精准帮扶作为公共行为，社会力量的共同参与需要政府发挥引导性作用，以此提高帮扶的精准度。一方面，政府要立足于宏观视野，为贫困者提供正确方向，理论性地进行指引，积极制定各类政策，如税收的优惠政策。凡是加入精准扶贫战略中的企业都实行一定的税收减免、税收补贴等优惠政策，如果企业以一定的优惠价格面向贫困户出售，那么政府可以对企业实行相应税收减免。企业也可以为贫困人口提供一定的技能培训或就业岗位，政府给予该企业大量补贴，并可以通过购买企业公共产品或公共服务来带动企业的发展，提高企业生产和服务效率。另一方面，政府加大资金的投入力度，实行惠民政策，特别是对于中西部地区的资金投入力度，做好专项扶贫工作。专项扶贫主要是

以政府的财政助力贫困地区的专项扶贫项目，帮扶贫困人口脱贫，政府要全力监督贫困地区专项资金的使用情况，规范扶贫资金的使用，以保证专项资金落到实处。这就需要确保扶贫对象的精准，将钱用到刀刃上，保证需要帮扶的农户都可以得到帮助，还要加强专项扶贫资金的管理力度。落实专项扶贫资金需要基层扶贫工作队伍完成，他们作为贯彻落实者有自己的选择和思考，是否能执行好扶贫资金的落实决定了扶贫项目的效果好坏，因此，加强监督考核管理和强化基层扶贫队伍的培训是强化专项资金管理的重要途径。同时，明确专项扶贫资金管理部门，增强资金的利用率，避免出现部门与机关的重叠、权责不分造成资金滥用现象，确保专项扶贫资金的精准管理。

政府还要构建专效扶贫机制，防止精准扶贫中出现返贫现象。出现返贫现象是由于基层扶贫队伍所面临的压力大，每个贫困村的精准扶贫任务过重。资料填写要求过繁，急于求成地给予贫困户资金或物资，使其达到所谓的脱贫标准，或只是数据上的脱贫，并没有从根本上解决贫困地区的困境。政府构建长效扶贫机制，可要求各级政府和工作人员结合当地贫困家庭的实际情况，确立可行性目标。提高贫困人口的专业技能，精准落实扶贫基金，提高扶贫对象收入的可持续性，从根本上解决返贫问题。

政府积极与社会各机构进行合作，针对贫困地区的鳏寡孤独者，社会帮扶机构有其自身专业优势，还要加强与社会机构合作，可以帮助贫困人口建立养老院等。通过这些扶贫资金和扶贫项目，将国家的惠民利民政策同贫困地区农民的利益紧密联系在一起。

（二）企业经济带动扶贫

企业要积极参与到精准扶贫建设中，发展经济，带动贫困地区摆脱贫困。企业利用自身特有优势，结合贫困地区现实情况，提高企业自身竞争力的同时带动贫困地区经济发展。企业可以通过产业实现扶贫、脱贫。

强化企业社会责任意识是产业扶贫的关键，而且企业社会责任意识关系着它自身的发展。因此，企业的社会责任意识培育，无论是针对企业自身而言，还是针对贫困地区扶贫工作而言，都有不可替代的作用。企业自身要有坚定的信念，在人民心中树立良好形象，同时要有扶贫济困的责任感，增加企业自身在社会中的满意度和认同度。各类企业间相互学习，以激励更多企业加入扶贫事业中。企业在精准扶贫中结合自身条件，利用当地特色资源，形成新的产业扶贫项目。比如，在广袤的平原贫困地区，以农业扶贫为依托。平原地平面广，适合农作物的全面种植推广，农业是贫困地区的收入来源，在平原形成的特色农业，通过企业生产和加工，以满足市场对产品的高要求，提高扶贫产业收益；在绿色面积宽阔的贫困地区发展畜牧业、养殖业的扶贫产业，增加对生态养殖业的信贷服务，要求资金面向贫困户倾斜，以提升产业的生态效益，强化特色产业的发展优势，增加贫困户收入。同时，跟随互联网+的浪潮，通过电子商务促进扶贫产业，组织开展贫困人口的培训，凭借电子商务这一平台拓宽产品市场。总而言之，产业扶贫有多种模式，要在全面了解自身优势的基础上，结合当地特色形成的特色扶贫产业，带动贫困人口脱贫，解决城乡发展不平衡之间的矛盾，确保社会共享共建体系的构建。

企业的产业扶贫离不开龙头企业的引领示范。贫困地区的龙头企业拥有雄厚的财政基础，对本地区的社会风俗了解全面，有丰富的产业运作经验，因此，龙头企业要发挥示范带头作用，促进产业的标准化和规范化运行，实现产业链的延伸发展。同时，龙头企业的辐射作用可以使更多企业参与其中，使贫困人口共享扶贫成果。企业自身的责任意识和特色产业服务以及龙头企业的引导是产业扶贫的必要手段。

企业可以通过就业扶贫为精准扶贫献力。企业参与扶贫可以吸引部分劳动力回流企业，通过技术培育给予贫困人口技术，安排贫困者就业，促进贫困地区产业链的形成和发展。企业还能通过捐献物资或资金，为贫困地区一些难以解决温饱的人口提供生活保障，形成慈善扶贫。加强精神扶贫，总结产业发展经验，发展企业家精神，鼓励贫困地区的大学生或有技术、有能力者积极创业，共同引领家乡脱贫致富，走向振兴。

（三）社会组织参与扶贫

社会组织是一种为实现共同目标而有意识组建的社会群体。充分发挥社会组织的作用可以弥补政府和市场都不擅长的领域，提高精准扶贫的效率。社会组织在坚持社会管理的地位越来越突出，这表现在，社会组织提高了整合人力、物力、财力资源的速度和效率，并引导激发社会力量共同参与扶贫。为满足不同贫困人口的现实需求，利用其专业性、灵活性的特点，推进精准扶贫的实施，从而降低政府在扶贫领域的成本，助力政府实现精准扶贫。社会组织的专业特长可以在对口扶贫、教育扶贫、医疗扶贫等多个领域发挥。社会组织通过设计公益扶贫项目，向本地政府提出申请，经批准后按规划实施。一方面，社会组织要提高自身参与精准扶贫的能力。一直以来，社会组织在扶贫地区中发挥了重要作用。而社会组织要发挥作用，需以为人民服务为宗旨，充分发挥枢纽的作用，激发广大社会成员参与社会组织的加入，减小政府压力，更需要提升社会组织人员的专业水平，强化农贸、农技、互联网技术等的培训。确保社会组织为精神扶贫提供专业化、可实施化的帮扶。社会组织要有投身基层、吃苦耐劳的决心。要与基层干部共同参与扶贫，明确各自的权责，共同推进社会帮扶资源和项目落实。另一方面，社会组织可以对精准扶贫的落实进行监督。相对于发达国家，我国社会组织参与扶贫的机制尚不完善，需建立社会组织监管机制，加强精准扶贫中专项扶贫项目、资金的检查力度。对虚报、代领、滥用、挪用等行为加以严惩，成立社会组织对专项扶贫资源的责任追查机构。各部门团结协作，选取具有良好作用、经济实力强的社会组织共同管理扶贫项目。将参与申请扶贫项目、实施扶贫项目的具体情况登记在册。建立备案、登记、认定的分式监管，利用网络技术和贫困户相关资料保障社会组织扶贫工作的交流通畅。还可以将社会组织所整合的财力、物力情况公开，做到公正、透明。由社会组织来承担这一职能，可以确保扶贫项目及资金的公平。

（四）贫困者主动推进脱贫

贫困人口是精准扶贫的主体，也是乡村振兴的主要参与者。要想彻底解决贫困地区的贫穷问题，使贫困者不被最基本的生存问题所困扰，就需要可持续地发展贫困地区产业，促进贫困者主动“造血”。

精准扶贫之所以与以往的扶贫有所不同，是因为精准。只精不准不算精准，只准不精也够不到精准。精指专业化、职业化，精益求精的扶贫。准是指对象要准，方法要准，资源项目也要准。精准就是要实现扶贫的可持续性，同时，精准扶贫意在具体实施中培养并强化贫困人口自身发展动力和主动脱贫意识。理所当然，要想做好精准扶贫，贫困人口主动参与是必不可少的。贫困人口如果不积极参与精准扶贫，就无法完全发挥其应有的效果。

首先，贫困人口要参与到精准扶贫的项目中去。在选择贫困地区的扶贫项目时，贫困人口的参与是十分关键的。贫困者对本地的资源优势、发展状况和对扶贫项目的需求种类了如指掌。在参与精准扶贫项目的选择过程中，可以根据本地实际情况进行选择。以保证扶贫资源帮扶的精准性。同时，贫困者在参与项目规划安排的过程中，可以增强贫困者对项目流程的认知，利于日后精准扶贫项目的开展和实施。此外，由于贫困人口的加入，加强了政府工作人员与贫困人员之间的联系，政府也可以更加清晰地了解贫困人口的现实需求。只有找到贫穷存在的根源，才能对症下药。更好地推进精准扶贫。

其次，贫困者的参与可形成有效的监督力量。对基层扶贫队伍而言，精准扶贫只有内部监督，缺乏外部的监督。他们受上级领导和当地政府的监管，而来自外部的监督就相对缺失，因此，贫困者的主动加入，可以为贫困人口表达意见、看法提供相应的渠道。此外，贫困者进行监督，保证基层扶贫人员认真、公正地落实扶贫资金和项目，从一定程度上确保了扶贫的精准性。

再次，是贫困者自身的土地资源。农村地区有丰富的土地，贫困者可以利用这一优势，推进种植业和养殖业的发展。通过土地承包或流转的方法扩大自家土地面积，有利于形成工农业合作社、畜牧养殖场等，提高贫困者自身收入，还可以实行特色旅游，利用本地优势，自主经营民宿、特色手工等，充分利用乡村旅游吸引来的资源发展当地经济。

最后，是贫困者的资金。参与农民依靠信贷方面的独特优势，将贷款转让给企业。贫困者利用资金入股企业，企业承担利息，这样可以保证贫困人口的增收。这意味着，农民将个人资金资源入股到企业，成为企业股东，参与企业的分红，确保农民增收，早日实现精准扶贫。

第七章　乡村振兴战略与精准扶贫有效衔接的路径探索

第一节　乡村振兴战略下的金融扶贫

提出实施乡村振兴战略，需要将“三农”问题放在工作的重心当中，而农业、农村、农民这三大问题是国计民生的根本问题。金融作为现代化的核心，在服务农村振兴战略中起到了关键性的作用。农村振兴战略的实施以及农村金融需求的多样化满足，金融服务水平的提高，改革和发展农村金融的保障，农业、农村特点的农村金融体系的完善，这些都在相关文献中明确提出。因此，要发展农村建设，实现金融与扶贫双赢的局面[①]。金融机构如何在助力乡村振兴战略背景下找到切入点，探索行之有效的战略路径，对症下药地开展金融扶贫工作，已经成为银行业金融机构和监管部门亟需研究的命题。

一、乡村振兴战略下金融支持精准脱贫的现状

为实现广大贫困地区彻底的脱贫致富，一方面，要采用科学化的标准；另一方面，要建构科学化的程序。在科学标准与科学程序的支持下对贫困地区的贫困群体进行有效识别[②]，并通过程序的动态化能力，从而补足准入机制与退

① 余应鸿. 乡村振兴背景下教育精准扶贫面临的问题及其治理[J]. 探索，2018（3）：170-177.

② 蔡则祥. 县域经济发展中的金融支持问题研究[J]. 南京社会科学，2003（7）：31-36.

出机制中存在的定量考核不准确的问题，最终促进金融资金的优化配置。精准脱贫中的金融支持主要针对脱贫工作中金融脱贫的策略，提供金融支持，从而协助帮扶队伍在最短时间内帮助贫困地区摆脱贫困。

（一）金融支持精准脱贫的对象

为实现精准脱贫，还需要根据实际具体的贫困状况，结合当地的环境，制定不同的逐户结对帮扶措施，金融扶贫牵头单位动员贫困地区各方面的金融力量加入到扶贫工作中来，实现针对性的联动帮扶。脱贫的参与主体主要就是政府各监督管理部门以及各类金融部门。脱贫对象的确定是根据“建档立卡”制度来考量的。在建档立卡基础上的金融精准脱贫逐步摆脱了难以确定扶贫对象的困难。

（二）金融支持精准脱贫的服务范围

我国金融支持精准脱贫的范围包括农村企业再生产扶持。对当地进行了解，在需要就业发展的贫困户中成人、未成年人的读书造诣、老年人的医疗救助、移民搬迁安置以及低保政策兜底。在此服务范围内，可以为未成年人提供助学贷款、为移民搬迁的用户提供建房贷款、为老年人救助医疗提供康复贷款，以及为就业发展的贫困户提供项目及农户贷款等。这些救助可以有效提高扶贫力度，进一步改善了扶贫的局限性。

（三）金融支持扶贫参与的主体

我国政府各监督管理部门以及各类金融部门是参与金融精准扶贫的关键。其中，各政府部门发挥的作用主要是扶贫管理的加强、扶贫资金来源渠道的拓宽发展及精准识别的推动；而金融机构主要是在保持资金安全的前提下，通过信贷投放、启动示范与带动效应明显的扶贫项目，激发贫困人群的内生发展动力，进而实现可持续的脱贫和发展的重要作用。

（四）金融支持扶贫取得的成效

在脱贫的过程中，通过金融支持扶贫，已经起到了很大的成效。例如，从2013—2017年统计报告上来看，我国农村贫困人员逐渐减少，贫困率也在一定程度上逐渐降低，贫困地区农村人口人均可支配收入逐渐提高。基于此，可以看出，贫困地区在脱贫的能力上有着很大的提升，已经全面开展贫困地区在经济与社会方面的工作，初步实现了金融支持扶贫工作的发展方向。金融扶贫工作发展方向的核心内容如下：首先，推进驻村的帮扶工作；其次，建立贫困退出机制；再次，加强扶贫资金的监管工作；最后，摸清造成贫困的原因。其中进入农村进行手把手的干部扶贫需要加强选派力度，人员是扶贫工作的核心；意外事故或其他原因造成贫困的需要辅助人口来提供帮助；财政专项的扶贫资金管理办法需要进一步完善，对于扶贫资金使用的精度要提高；贫困人口的分布以及帮扶的需求需要摸清，贷款信息需要精准到户。根据以上的情况，在具体的金融扶贫工作当中，其效果还是斐然的。

二、推进我国农村金融脱贫工作的对策

（一）增设网点

在原有网点的基础上，增设一些区域网点，偏远地区或小乡村可以增设一个小网点。基本的设施都要配套齐全；人员配置方面可以按照小规模的网点配置，然后形成扶贫合力，搭建网点与政府扶持将农村全面覆盖，可以适当建立合作社，有利于提高农村经济发展。而由于互联网的快速发展，在很大程度上可以缓解这个难题。

（二）加强金融产品的创新型发展

首先，要了解农村的经济水平和他们的实际状况，以及现阶段他们所需要的金融服务产品，结合当地的实际情况及未来发展进行针对性、个性化的创新。其次，要从金融机构的角度出发，注重金融行业的整体发展形势，在设计开发运行新型产品时全面实施产品的市场性匹配和全面开放经济市场，提高其创新的积极性，并深入发展。再次，金融机构要从贫困户的自身条件出发，切合贫困户的能力，建立适合贫困户的贷款条件，降低门槛，有利于金融机构的建设，以及对贫困户的扶贫效益。这样既提高了金融机构在贫困户心中的地位以及在广大人民群众心中的形象，也保障了贫困户有钱花、有钱维持生计的贫富差距。

（三）完善金融监管制度

在成立一个帮扶团队时，要进行统一的培训和指导，银行的金融监管人

务必要切身去了解农村地区的经济和金融业务，可以在培训期间直接下放到各个网点，每个地区的网点配备相对应数量的人员，而且还要根据农村金融市场发展状况制定相对应的金融信贷业务，让农村贫困户能享受到同等的金融服务①。提高贫困户的脱贫意识，积极主动地加入扶贫工作当中，同时，为保证金融机构能够实时获取贫困地区的信息，需要政府加强建设金融机构扶贫信息共享的措施，做到精准、有效的扶贫，健全政府考核监管评价机制，强调对扶贫单位相关工作的落实情况的考核，以及集中金融力量，做好各部门间的联动工作，集中各机构资金及社会捐赠等各方面的资金资源，协调好各部门之间的财物及人力，进而顺利进行扶贫工作。

（四）建立健全的脱贫体系

健全的脱贫体系要求领导干部与人民群众紧密联系在一起。基于此，应对现行的帮扶队伍进行优化处理。健全的脱贫体系有利于帮扶队伍对精准扶贫工作具体情况的了解，对农村的经济状况和贫困户的需求有进一步的认识，从而避免扶贫工作过于表面。积极提拔本地人才，充分发挥本地人才的带头模范作用，加大力度宣传优秀事迹，促进脱贫致富的思想理念。从各个层面加强对金融脱贫工作的引导，提高农村金融精准脱贫的方向性。做好精准识别，严格确定贫困人群，避免产生金融“脱贫”现象；实现任务分配，保证各贫困地区相应的贷款投放均有分配；落实政策，与当地部门建立稳定的联系，并定期召开扶贫工作会议，有利于扶贫工作的顺利进行。②

（五）准确定位金融扶贫目标

确立扶贫目标，可以有效地开展工作，当地政府与金融机构要全面了解农村的贫困情况、准确把握扶贫对象的需求以及清晰地统计贫困人口等问题。解决好“扶持谁”与“谁来扶”的问题。扶贫是一项大工程，需要多方配合，在扶贫工作中要建立档案，摆脱之前对扶贫对象的不确定，以及不能精准、落实不到位的扶贫工作现象。做到联动帮扶，才能更好地实现精准扶贫。所谓联动帮扶，是指在扶贫工作中调动金融扶贫单位在贫困地区的金融力量，根据实

① 鲁春艳. 实施精准扶贫、精准脱贫的难点及对策建议[J]. 农业经济，2016（7）：6-7.

② 李倩. 陕西安康-秦巴集中连片特困区金融精准扶贫模式构建研究[J]. 内蒙古煤炭经济，2018（3）：90-91.

际、具体的贫困情况，结合当地环境，逐户制定不同的结对帮扶措施，实现针对性的联动帮扶。

（六）加强乡村振兴战略的实施

我国贫困地区较多，农村可持续发展较弱，导致很难让农民得到信贷。与此同时，金融行业竞争激烈，农村金融定位不明确，导致“脱农”现象十分严重。要实现“三农”定位，落实乡村振兴战略，有利于贫困地区脱贫质量的提高，同时，将金融资源优先投放到“三农”建设，并在解决“三农”问题的基础上，加速推进农村金融融入贫困地区的速度，从而保障农村金融在扶贫工作中充分发挥作用。在此基础上，发挥网点的助力作用，有效连接辖区范围内贫困群体的需求，从而促进金融盲区的减少，最终形成全面覆盖贫困地区的金融体系。

综上所述，在乡村振兴背景下，教育精准脱贫存在四个方面的问题，包括乡村缺少金融机构网点、金融产品无法充分满足贫困需求、金融监管制度有待于提升、脱贫体系有待于改善。针对这四个方面的问题也探讨出相对应的解决办法，包括增设金融机构网点、创新产品、提升监管制度、完善脱贫体系、加强实施振兴战略五种解决办法。由此可见，这样有利于提高乡村建设，不仅改善了农村贫困现象，同时也缩减了贫富差距。因此，实现乡村振兴的前提，就是要推进城乡一体化，同时推进农村实现现代化，实现富裕的生活，优先发展产业现代化乡村。

第二节 乡村振兴战略下的科技扶贫

一、科技扶贫的意义

我国对于农村地区的经济扶贫政策在多年的发展中发生了一些变化，从最初的救济式扶贫、开发式扶贫发展到如今的精准扶贫，有效减少了我国农村的贫困人口数量，提高了农村居民的经济收入水平以及生活质量。[①]

在当前，精准扶贫政策下要想进一步减少农村贫困人口数量，必须牢牢把

① 游立军. 依靠科技扶贫实现乡村振兴对策研究[J]. 乡村科技，2018（7）：34-35.

握“科技创新”，以科技实现精准扶贫，充分满足各个贫困地区的经济发展需求，将实用的技术转化为可靠的支柱型产业，促进乡村经济的可持续发展。

科技是确保农村地区实现全面脱贫的核心支撑，传统的救济式扶贫以及开发式扶贫虽然能够在短期内提高农村居民的经济收入水平，但是其并不是一种长久、有效的扶贫模式。只有充分把握科技型人才，针对农村的实际情况以科技为核心实现精准扶贫，才能够确保农村经济的长期稳定发展。一定要在农村地区全面普及科学，并且加强对农村居民的科技培训，全面、彻底地提升农村居民的科学素质。只有不断向农村地区输送先进型技术人才和管理人才，才能够不断提高农村整体的居民素质，促进农村居民的自我发展，进而让农村的脱贫致富道路走得日渐平稳。

二、科技扶贫在实施乡村振兴战略中的地位和作用

（一）科技扶贫是实施乡村振兴战略的重要风向标和助推器

科技扶贫是实施乡村振兴战略的重要风向标。农业信息分析、智能决策等高科学技术的不断发展，为我国实施乡村振兴战略开拓了新的思路，是我国实施乡村振兴战略的重要风向标。农业信息分析技术的不断提高，有助于强化乡村人口精确管理，为我国安排各项乡村振兴任务提供了可靠数据支撑；农业智能决策技术不断发展，直接提升了乡村振兴决策实施的有效性，促进了乡村开发的因地制宜和因人制宜，从而最高限度地发挥了乡村振兴的效益。科技扶贫是实施乡村振兴战略的重要助推器。农产品加工技术水平的提高，能够加速乡村产业融合，从根本上改变了乡村落后的生产方式，是乡村产业发展的必然选择；农业监测技术的植入，能够提升农民参与市场的能力，通过农业监测技术，农民在生产经营过程中能够获取及时、精确的市场信息，从而更加合理地安排生产经营计划，进一步提高农业生产经营的抗风险能力；农村电子商务的发展，加速了乡村经营模式的转型，打破了传统农村市场的渠道限制。

（二）科技扶贫是实施乡村振兴战略的动力基础

农业技术落后是我国乡村振兴战略实施过程中一大重要的短板与瓶颈。必须发挥好农业科技对我国乡村振兴战略的实际推动作用，大力推进农业实用

科技成果的转化。针对乡村存在的水土流失问题，要积极应用和推广少耕、免耕等农业技术；针对乡村存在的水资源匮乏问题，积极应用和推广节水农业技术，改善农田水利设施，提高农业生产经营对水资源的利用效率，加快推进农业前沿技术的研究开发。根据我国乡村振兴战略的实际需求，切实按照农业科技发展的趋势，加强处于前沿的、具有引领力的农业技术研发创新。加快推进农业基因工程、发酵工程、细胞工程等高精尖的农业生物技术研发创新，提高对遗传资源的利用效率；加快推进农业设施和农业信息技术的研发创新，全面推动农业生产效率的提升。积极推动农业技术的集成与转化。围绕乡村振兴战略对多元、综合农业科技和各种生产要素的需求，强化农业科技的集成，推进各种农业技术的集成化应用。加快推进农业科技平台打造，依托科技平台，全面推动农业科技孵化与转化。

（三）科技扶贫是实施乡村振兴战略的根本保障

国家应加快建设实施乡村振兴战略的渠道，进一步强化对农业科技方面的政策扶持，为乡村振兴战略转移的实施提供根本性保障。要坚持以横向融合、纵向衔接为原则，整合搭建区域性农业科技扶贫大信息平台。要积极建设农业科技扶贫的评估监测系统，重点针对现阶段我国乡村振兴工作的动态性，基于各种农业科技信息资源，全面推动农业科技创新活动的科学分析、动态跟踪和全方位监测。探索建设农业融合创新示范性平台，全力实施“双创”战略，探索扶持乡村农业融合创新示范平台建设的政策制度，积极联合农业企业、科研机构等，拓展众创、众包、众筹等模式，共同推进农业融合创新。

（四）科技扶贫是实施乡村振兴战略的发展活力

推进农业科技扶贫的乡村振兴计划，关键在于提升农业科技人员的综合素质，因此，要积极培养一支懂技术、亲群众、优服务的农业技术人才队伍，提高乡村科技的自我造血水平。强化乡村农业科技人员的综合技能培训。加快培养一批区域性农业发展的科技带头人，在农业技能培训、创业辅导等方面发挥示范带动作用。充分运用互联网技术，开展乡村“互联网+教育”，打造线上、线下有机结合的教育新模式。鼓励和支持农业科研人才主动参与乡村振兴战略，国家和地方政府应鼓励和支持高校、科研院所与乡村合作，切实针对乡村在农业技术、资源要素和生产环境等方面的短板和实际需求，推进“一对一”的支持和对接，为乡村振兴提供强大的智力支持。进一步完善农技推广服务体系，针对乡村产业特色、布局特征、生态条件和扶贫需求，因地制宜、积极推进农技推广服务体系的完善，确保各个乡村都能获得行之有效的农技服务。应积极利用互联网技术，提高农技推广服务的运行效率。

三、科技扶贫助力乡村振兴战略的举措

（一）推广一批实用技术

坚持“实际、实用、实效”的原则，充分发挥科技部门的资源优势，组织科技人员深入村组，通过举办各类培训班、科技讲座、科技下乡赶集、“农技宝”服务等活动，采取“三个一”（发一本技术小册子、讲一堂技术辅导课、办一个现场培训班）的形式，对本地区农业主导产业所需的实用技术进行培训推广。开展“一对一”“保姆式”的技术指导和跟踪服务，构建“专家+农技人员+科技示范户+农户”的技术推广服务模式，搭建农民与农业科技专家、一线技术推广人员沟通联系的平台，提高各类实用技术的推广应用。建立“知名高校挂钩县市”的帮扶机制，用好、用活高校资源，针对乡村产业发展和农民需求，配套促进农民增收致富的适用技术在广大乡村进行试验、示范、辐射和推广，让农民从中受益。

（二）实施一批科技项目

根据资源优势、市场前景和技术水平，因地制宜，发挥优势，以科技型企业和农村经济合作组织为依托，以科研机构科技成果为支撑，以科技兴边富民专项、党政“一把手”科技示范工程等科技科普计划项目为抓手，围绕“一乡一业一村一品”产业发展，重点支持乡村发展特色农产品生产基地，提高特色种养业技术水平和生产加工能力，在不同乡村选择具有发展前景的特色发展项目，给予提供技术、培训人才、寻找市场等方面的支持，促其发展壮大，从而带动当地经济发展，加快农民增收致富。

（三）开展一系列科技培训

针对各地乡村主导产业发展、优势资源开发利用和农民生产的实际需求，

动员组织涉及科技单位等各级各领域专业科技人员，采取集中培训、现场指导、技术咨询“三位一体”的培训模式，向农民传授科技知识，帮助解决生产中遇到的技术问题。通过培训乡村干部与科技人员，提高乡村的创新能力和管理水平，加快技术推广，增强乡村农民的“自我造血机能”和自我发展能力。抓好农民工职业培训、富余劳动力转移就业培训、农民适用技术培训等各类培训，提高培训转移就业实效和职业资格证书获取能力。积极动员各级政府部门、企事业单位和社会力量向乡村及其学校赠送各类科普读物；利用农家书屋或党员活动室墙壁、宣传栏张贴科技报刊，建立“农村科技信息阅报栏”，不断提高农民的科学素质。

（四）用好一套科技远程教育系统

按照“一体化、大集中、全媒体”的目标，确保每个乡村安装一套党员远程教育系统，利用远程教育平台，打通联系服务群众的“最后一公里”，将科技信息化系列平台打造成乡村振兴的前沿阵地、有效载体。定期举办科技普及系列视频专题“公开课”，广泛开展普遍教育和科技培训。加大乡村基层干部、科技人员和广大乡村群众培训力度，做好“一键发文到村”和“3+X”常态化教育培训，加大远程教育平台与为民服务平台的整合力度，扩大科技教育覆盖面。加强对远程教育管理员的培训，帮助有条件的乡村发展电子商务，利用网络帮助农民购买物美价廉的农用物资、销售具有一定规模和特色的农副产品、寻找致富项目，实现“三农”资源线上、线下“走出去”和“引进来”。

（五）培养一批科技明白人

以促进农业增效、农村发展、农民增收为目标，以加快农业科技成果转化、推进农业科技进步为方向，利用“全国科普日”“科技下乡”“科技活动周”“科普大篷车”等活动，建立健全农函大培训体系，充分运用农函大、农村科技培训学校等平台，采取“五用”措施开展科技知识和先进适用技术普及推广。培养和造就一批政策能听明白、技术能讲明白、实践能干明白的“土专家”和“科技明白人”，培养对象选择50周岁以下、初中学历以上、有劳动能力者，发挥其发展农业生产的科技示范作用和辐射带动作用，为促进现代农业发展和社会主义新农村建设提供人才保障。

（六）培养一批科技致富带头人

设立专项资金，有计划、有组织地培养一批具有一定知识技能、能够起到示范和带动作用、为当地农业和农村经济发展做出积极贡献、得到群众认可的农村科技致富带头人，带着农民干、做给农民看，示范带动广大农户依靠科技发展生产。在科技致富带头人的示范和带动下，激发群众勤劳致富、奋发向上的创业热情，为乡村农业增效、农民增收树立勤劳致富的先进典范，促使乡村农民转变思想观念，提高学科学、用科学的积极性，推动当地科技创新，推动农民收入水平提高，推动当地精神文明建设和社会进步。

（七）选派一批农业科技人员

从全省高等院校、科研院所、各类科技创新平台依托单位及其他企事业单位中，每年选派1 000名以上科技人员到乡村，建立“市、县（区）、乡、村四级联动”科技服务团队（市级建立高级职称专家咨询团，县（区）建立专家科技服务团，乡镇建立科技人员服务队，村组建立科技人员服务组），通过将专家分组分级的方式选派到各市县，进行实地指导、技术培训以及新技术、新品种推广，帮助乡村解决生产中的技术问题。不断出台相关政策，改善基层科技人才创新创业和服务的环境，通过激励政策和措施，鼓励其深入乡村。实施科技服务专项行动计划，完善基层科技服务体系建设，激发科技人才服务边疆、服务基层、服务农村的新动力。凡在乡村开展科技扶贫服务的科技人员，在职称晋升、评先选优中优先评定，在科技成果申报过程中优先推荐，在选拔任用中优先选拔。

（八）培育一批科技型企业

整合各类科技资源，培育、壮大一批贫困地区的科技扶贫龙头企业，组织认定一批高新技术企业、创新型（试点）企业、农产品深加工科技型企业和科技型中小企业。建立一批优质种业基地、科技示范园、农业科技园区。鼓励支持农户自主创办农村专业技术协会和农村经济合作组织，组建一批科技型农村经济合作组织，逐步建立和完善乡村科技社会化服务体系，提高乡村农民的组织化程度。积极发展“基地+公司+合作社+农户”模式和订单农业，发挥企业的创新主体作用，提升乡村创新主体能力，壮大其经济实力和科技服务能力，提高支柱产业和企业的带动能力，为乡村农户提供产前、产中、产后等一系列服务。

（九）构建“三农”创新创业服务平台

指导支持乡村建设一批融合科技示范、技术集成、创新创业、融资孵化、平台服务为一体的星创天地、众创空间、农业科技企业孵化器等，营造专业化、社会化、便捷化的农村科技创业服务环境。充分利用创新创业载体，为农村创业者提供低成本、便利化、全要素的开放式综合服务，将创新创业服务平台引向农业农村。促进科技和金融结合，引导金融投资和社会资本投入科技扶贫，建立科技金融对口帮扶机制，引导天使投资、创业投资和风险投资加大对涉农科技型中小企业的支持力度，为草根能人、返乡农民工、大学生和退役士兵创业营造良好环境，并引导科技创新创业资源向乡村聚集。挖掘乡村“散、小、精、特”的存量经济资源，搭建“网货下乡”和“农产品进城”的电商平台，探索“农户—电商平台—城市用户”一站直达的认购销售模式，帮助乡村群众有效地“习技、立业”，用“互联网+科技扶贫”的强大功能搭建脱贫大市场，解决乡村农产品销售难题，增强农村市场经济内驱力，从根本上消除贫穷。

（十）建立一批乡村振兴示范点

按照“产业兴旺、生态宜居、乡风文明、治理有效、生活富裕”的要求，发挥科技优势，整合资源，探索依靠科学技术促进乡村振兴的有效途径。结合科技扶贫项目，通过参与式扶贫，在全省范围内建立一批“有农业科研成果、有科技示范基地、有农村专业合作社、有农村科技培训学校、有科技人才队伍、有科技信息平台”的科技扶贫振兴乡村示范点，在示范点深入推进“科技兴农”建设及“六个+”科技帮扶服务模式（科研院所+企业+合作社/协会+示范基地+科技人才+农户）。从产业扶贫、基础设施、安居工程、美化亮化、科技文化信息“三带动”、党建扶贫“双推进”等方面全面推进示范点建设，帮助乡村改善基本生产、生活条件，切实提高农民收入，根本改变示范点经济、社会、文化极度落后的面貌，探索可借鉴、可推广的科技扶贫振兴乡村模式，以点带面，推进科技扶贫振兴乡村工作。

第三节 乡村振兴战略下的产业扶贫

产业扶贫是一种按照因地制宜的原则，以增强农民自我发展能力、促进农民增收为目标，在整合资源的基础上发展特色产业，集经济、生态、社会效益为一体的“造血”式扶贫方式。

一、产业扶贫政策

20世纪80年代，我国针对农村普遍的连片贫困现状，制定并实施了大规模的扶贫开发政策，从那个时候开始，各个贫困地区减少贫困发生的工作方式就已经向发展产业的方向前进了，并试图通过这种方式来改善贫困人群的困境和地区的经济发展。但是直到2001年颁布《中国农村扶贫开发纲要（2001—2010）》文件，产业扶贫才作为一项政策被正式提出来，形成了影响深远的“一体两翼”发展方式。这是由国务院扶贫办所提出来的，其中“一体”指的是以整个村为开发对象，“两翼”指的是产业扶贫和农村剩余劳动力的转移培训两个方面。

关于如何给产业扶贫下一个完整的定义，学界尚未形成统一的意见。但是根据其特点得知，产业扶贫是指一种脱贫手段和方式，以贫困地区的经济发展和贫困人口的收入增加为基本目标，依靠已有的关于农村和贫困的相关政策，着重利用贫困地区的资源禀赋和有优势的地理条件或区位条件，以发展产业的形式，将政府、企业以及贫困人群紧密地联系在一起，吸收劳动力，完成生产活动，以此来提高贫困地区的经济发展水平和贫困人口的生活条件改善。

二、我国产业扶贫政策的演变

产业扶贫与过去的救济式扶贫、开发式扶贫，以及异地搬迁扶贫是一脉相承的，是扶贫开发的一种重要模式，贯穿于我国各个扶贫开发阶段。无论是在整村推进的过程中，还是在扶贫攻坚的背景下，产业扶贫一直是我国扶贫开发的主要方式之一。产业扶贫之所以在扶贫工作中成为许多地区优先选择、广泛运用的方式，是因为产业扶贫本身具有多样性、灵活性、快速性和适应性。

产业扶贫中，产业的选择一般都会依靠地区的原有经济、资源、人力等各个方面的因素，也就是说，扶贫产业也会挑选条件较为优越的地区。当然也存在不依托贫困地区现有优势，完全引入新产品或服务的情况。不过，这种情况总的来说风险还是比较大的，大多数贫困地区很少采用。

在选定资源、产品或服务的基础上，政府通常扮演着双重角色：一方面，政府直接参与生产经营；另一方面，政府出台专门的产业扶贫政策，引导企业、组织和农户参与到整个进程中来，在市场条件下最终实现这种选定资源、产品或服务的产业化生产和产业链建设。在整个产业化建设进程中，政府、企业、组织和农户都可能是使传统简单生产向产业化转变的诱发因素。政府在产业扶贫政策的实施过程中处于重要的地位，其原因在于我国经济发展和扶贫开发工作的推进都是由政府来主导的。最后在各方力量的综合作用之下，凭借产业化生产和产业链建设实现地区的产业发展，带动地区经济的增长和贫困农户的减少，这就是产业扶贫政策的一般实施形式。在实际实施过程中，由于各个地方的实际情况有所差异，政策实施的侧重点也会随之有所不同。

表7-1　我国自1949年以来开展的农村扶贫历程

时　间	模　式	主要内容或措施	特　征
1949—1977年	集体主义福利模式下的救济式扶贫	实物救济	道义性“外部输血”
1978—1985年	体制改革推动减贫与区域性扶贫	制度创新促进经济增长、财政转移支付与技术支持	外部输血
1986—1993年	政府主导的大规模开发式扶贫	人力资本投资、基础设施建设	外部造血
1994—2000年	注重参与的开发式扶贫	注重多元主体参与、促进经济增长	内外造血
2006—2005年	整村推进、多元化开发式扶贫	整村推进、产业扶持、劳动力转移培训	多元造血
2006年至今	惠农政策与开发式扶贫并举的精准式扶贫	多部门、多政策综合参与；开发式扶贫与救济式扶贫相结合	外部输血与多元造血结合

三、乡村振兴战略下产业扶贫政策的优化路径

乡村振兴战略的目标是实现农业现代化和农村现代化。在中国现代化建设的进程中农业和农村是较为薄弱的环节。因此，乡村振兴的核心任务就是要补

齐这个短板。当前，精准扶贫是乡村振兴的重要内容，要提高精准扶贫效果，就必须对产业扶贫政策进行优化和调整，构建有效、完整的产业扶贫政策体系。

对产业扶贫政策创新的思考主要体现如下：

首先，产业扶贫政策的出台和实施应该有一个明确的目的，即通过在贫困地区发展产业，以此来促进贫困群众摆脱贫困现状，产业发展是农户脱贫致富的基础，而农户的脱贫则又是产业发展的最终目的。协调好产业发展与贫困农户脱贫致富之间的关系将对未来产业扶贫发展有着深刻意义。从项目实施的早期阶段来看，很多项目都是注重产业整体效益，而忽略贫困农户个体效益的。引进龙头企业、种植大户等带动当地产业的发展，是产业扶贫的主要做法。

其次，产业扶贫项目要充分考虑生态环境。在产业扶贫项目发展中，管理科学，在获得经济效益的同时，也是可以改善生态环境的，但是如果管理不当，就会造成生态破坏。在开展产业扶贫项目时要注重生态环境的保护，注重生态效益，而不是一味地追求经济效益。

（一）优化产业扶贫相关政策

1.制定政策优先发展有特色的扶贫产业

具有特色同时具有扶贫带动作用的产业，一般都有配套的当地资源禀赋，具有一些基础，而且贫困群众的参与意愿较为强烈的产业，比如特色农作物种植业、养殖业、乡村旅游等相关产业。要培育和发展这些产业，需要三个方面的政策规划共同推进，分别涉及土地、经济、税收等政策。首先，在土地政策方面，要制定相关政策对现有的土地进行合理的规划，有限的土地资源和发展产业之间应该是平衡的状态，不能为了发展扶贫产业而无限制地不合理利用土地，同时，要加大对扶贫产业的土地使用指标的倾斜，在政策层面促进扶贫产业的投资者有信息、有底气、有基础地投入人力、物力、财力。其次，在经济方面，即财政政策方面，对贫困地区和扶贫产业提供较为优惠的财政政策，同时还可以建立扶贫专有资金，以此来促进贫困地区的扶贫产业发展，也可以加大力度吸引相关的金融机构对贫困地区进行投资。对于扶贫产业的税收，可以实行相关的优惠政策，使实惠落到实处。

2.助推产业化经营，实施品牌战略

要想高质量实现脱贫任务，就要从打造特色品牌为切入点，要提高农产

品的产业化经营水平，寻找适合本地农产品生产到销售一条线供应链发展的模式。但是仅有生产销售供应链的建设是不够的，因为最根本的条件还是要增强产品的核心竞争力，在提高农产品的质量上多下功夫，不能为了销售而不管不顾质量，避免走进一个死胡同。

（二）优化产业扶贫政策的实施

产业扶贫真的实施，所要涉及的理论就是公共政策执行，是指将政策有效地转化为实施行为的过程，从而实现预期目标的活动。①

在农村实行产业扶贫政策，不能过于激进，要更多地考虑农村的实际情况，在不断的摸索中对政策进行修正，目前有些地区为了尽快完成上级下达的脱贫任务，在乡村进行大规模的开发，在没有进行科学决策的情况下开发农村资源和土地，往往在一段时间之后就会暴露出各种各样的问题。在产业扶贫政策的决策中，采取较为缓和的方式，逐步引导农村脱贫项目的实施，才是较为合适的方式。这样既能避免和化解一些干部和群众之间的冲突，又能维持基层政治组织系统的稳定，更符合农村当前的现实情况。

1.强化政策宣传，完善组织机制

（1）加强产业扶贫政策宣传。加强产业扶贫政策的宣传，主要目的有两个方面：一方面，通过宣传相关的扶贫政策，使贫困人群能够有效地接收到来自中央和各级政府的扶贫政策，当人们对一件事情了解度过低时，往往不会对事物表现出很高的积极性。产业扶贫政策的宣传活动亦是如此，只有使贫困人群对产业扶贫的相关政策有所了解之后，才能够顺势调动他们的参与积极性。另一方面，加大政策宣传力度，不光使扶贫对象得以了解政策，对扶贫事业感兴趣的企业也能够加快信息的获取，为扶贫事业做出贡献，就能够动员更多的社会力量参与到扶贫工作中来，需要社会力量的原因就在于政府作为社会管理者，并不完全是无所不能的，政府在活动中也会有局限性，因此，多鼓励社会力量的参与，能够使扶贫工作重现生机和活力，推动扶贫事业进一步发展和脱贫目标的高质量完成。

（2）完善领导组织机制。在产业扶贫政策实施过程中，组织机制的完善具有至关重要的作用。从扶贫工作的开始，即识别贫困户，到扶贫产业的选择，

① 黄顺康. 公共政策学[M]. 北京：北京大学出版社，2013：125.

再到产业项目的规划制定，然后是项目的实施和评估，不管哪一个阶段，都离不开一个有效、完善的领导组织机制。它会使产业扶贫的工作一步一步地有规划的进行，反之，一旦没有完善的组织机制，就会在扶贫工作中缺乏科学的规划，对脱贫目标的完成将会是极大的阻碍。在贫困村的微观环境下，镇政府作为扶贫工作的管理者和推行者，要承担起科学规划的责任，组建一个完善的扶贫工作指导小组，对产业扶贫项目的实施过程中出现的细小问题和重大决定能够提供指导性的意见。

2.发挥村民主体作用

在产业扶贫过程中，存在着部分贫困户主体作用不清的问题和现象，导致在产业发展过程中，农民的参与积极性较低，不能有效地使村民在产业扶贫政策的实施中取得一定的经济收入，对产业扶贫政策所支持的扶贫产业来说，这是一个重要的限制因素。而追根究底，导致这种现象发生的原因是基层政府和企业对村民的基本思想重视程度不够，因此，要构建参与式的扶贫机制，厘清贫困农户的主体地位，带动扶贫产业向着健康、效益高的方向发展。

参与式扶贫就是要通过一定的宣传，使贫困人群参与到产业扶贫中来，成为扶贫工作中的重要主体。除此之外，要构建一个可对话的平台，使贫困户的意愿能够得到完整的表达，政府能够清楚地看到贫困农户的意愿，对推进产业扶贫工作是一个较为合适的方式。

3.培育合作意识，实现有效帮扶

改革开放以来，家庭联产承包责任制的施行与市场经济的良性结合，促进了传统小农意识的复兴。这导致了在一定程度上，农民的自利倾向得到加强，削弱了村民之间的合作能力。一方面，村民合作意识的弱化制约了村民自治的进一步发展，很难全面、有效地实施民主选举、决策、管理和监督等基本村庄事务；另一方面，它制约着农村经济的发展，种植业难以适应市场经济大规模发展的趋势，小农户在市场经济竞争中始终处于弱势地位，很容易被淘汰出局。必须加强村民之间的合作意识，建立更加全面的合作体系。例如，在生产和销售等方面，他们可以相互合作，以避免恶意竞争造成的伤害。

（三）优化产业扶贫政策评估

公共政策评估在政策评估过程中，处于重要的环节。它是判断公共政策是否已经收到预期结果的重要标准，从而决定是否应该继续或应该调整这一公共政策。在评估过程中，它可以提供可靠的信息，也可以及时发现政策实施中存在的问题，并提出一些实施依据。

1.强化评估意识、加强理论研究

一个良好、科学的政策评估意识，是评估公共政策实施结果的重要思想保证。也就是说，首先，要树立科学的政策评估意识，但同时，这也是最容易被忽视的一个方面，因此，在政策评估阶段，决策者、评估者以及其他的相关主体和相关的参与者都应该认识到，科学评估公共政策在整个公共政策活动中的重要性。在扶贫领域，有效、科学地评估扶贫政策的实施，对评估成功与否具有重要的指导意义，也是提高扶贫政策评估结果的准确性，以及提高公共政策活动决策效率的重要一环。

其次，优化公共政策评估制度和体系的前提是必须有一个扎实的基本理论作为理论支撑，在完善的理论建立的基础之上，才能有对应、完善的公共政策评估制度，才会有较为优秀的公共政策评估人才队伍，这样才会建立起较为健全的公共政策评估体系。在这样的理论基础之上，建立起一套有助于政策评估的体系，对评估过程来说才是高效的。

2.建立高效的评估组织

政府内部组织和非政府组织联合起来，对扶贫项目的实施进行评估，避免评估过程的不全面性。对于评估公共政策来说，公共政策评估组织的建立是重要的组织保障，建立政策评估组织，不仅局限于政府内部的组织，还应该看到社会力量、非政府组织的潜力，更为重要的一点是，它们之间不是互不联系的独立个体，而是在一定程度上有所交流和合作，才能更高效的评估公共政策。除此之外，是否具有相对应的评估能力也是重要参考因素。它们必须具有相关能力，去高效、准确而又科学地评估公共政策。

3.实现扶贫政策评估制度化

在公共政策评估过程中，公共政策评估制度化处于制度保障的重要地位。良好的政策评估制度不仅能提高评估效率，也能够提高评估质量。在扶贫领域，扶贫政策的相关评估也是衡量政策实施结果的重要参考因素。随着社会的进步和经济的发展，公共政策的有效落实越来越得到重视，对整个社会来说，公共政策也是无处不在的，存在于大众生活的方方面面，对人们的生产、生活产生着重要的影响力。因此，针对扶贫政策的评估要将制度化落在实处，重视评估质量，为进一步发展扶贫产业做好监督和评价工作。

扶贫工作是我国新时代社会发展的重要方面。其中，产业扶贫的方式作为各个地区常采用的手段，也是一项既重大又复杂的长期性工作，因此，值得学界去深入研究。在乡村振兴的视角下去深入了解产业扶贫政策本身，以及它的实施过程，对完善扶贫政策和扶贫工作具有重要的理论意义和现实意义。虽然目前产业扶贫政策的实施取得了一些成果，但同时也要看到，产业扶贫依然存在着许多不足的地方，如选择产业较为单一化，多局限于第一产业；领导组织机制还需要进一步完善和调整；贫困人群在产业扶贫中的参与度低，积极性不高。不仅要正视这些问题，还要寻找有效的途径去解决和改善存在的问题，使产业扶贫政策能够更好地服务贫困地区和贫困人口，改善其经济条件和生活条件。

第四节　乡村振兴战略下的旅游扶贫

乡村振兴战略的提出给乡村旅游开发带来了政策性和经济性发展契机。2018年12月10日，文化和旅游部等17部门在乡村振兴背景下联合印发了《关于促进乡村旅游可持续发展的指导意见》，提出各地要从实际情况出发，采取一系列措施提升乡村旅游的开发质量，如强化规划引领、完善基础设施、优化乡村环境等，为实现乡村全面振兴贡献力量。同时，文件提出通过加强财政投入、用地保障、金融支持、人才建设来促进乡村旅游开发的可持续性。另外，各地各部门要把高质量开发乡村旅游作为实施乡村振兴战略的重要举措，全面统筹的同时，结合各地实际出台落实方案，并严格按照要求进行贯彻落实。这为新时代乡村旅游开发营造了良好的政策环境。

一、旅游对扶贫的作用

旅游业发展有助于贫困地区减贫事业的资源是有限的，具有稀缺性。[①]旅游资源的稀缺性在一定程度上保障了旅游产业经济效益的下限。旅游业的发展

① 刘易辰，钟宇. 乡村振兴视角下“旅游+扶贫”模式研究[J]. 农经，2020（Z1）：114-116.

又是在市场机制内运行的。市场可以自行调配资源，也因此而存在经济主体自发的竞争。贫困地区在开发旅游资源的过程中，地方政府扮演了重要的角色，既要加强统筹规划和顶层设计、打响区域独具特色的文化旅游品牌，又要探索优化旅游开发中的利益分配、避免对市场的过度干预，发挥市场的作用，激发当地群众的内生动力，确保旅游产业可持续发展。贫困地区的基础设施建设、产业基础、区位条件、资金投入方面都较为薄弱，但很多贫困地区的少数民族文化、红色老区文化、边区自然风光正是独特的旅游资源。如果能对这些旅游资源进行合理地开发运用，就可以带来不菲的经济效益和社会效益。

第一，授人以渔，增强扶贫造血功能。旅游扶贫是一项实施周期较长的系统性工程，主要通过带动地区产业发展、促进贫困人口就业的方式来对贫困地区和贫困群众进行帮扶，有效激发当地群众改善自身生活的内生动力，确保贫困地区在脱贫后仍然能够稳定、可持续的发展。

第二，推动贫困地区由“封闭”走向“开放”。在旅游扶贫实施过程中，由地方政府主导的基础设施建设（特别是交通建设）能大大促进贫困地区同外界的交流，使很多偏远、闭塞的村落得到适度开发。信息的交流、游客的增多也有利于当地群众不断完善旅游业、服务业发展思路，从而助力脱贫攻坚。

第三，有利于推动当地产业优化升级。旅游产业具有强大的联动效应。首先，旅游业可以促进农业生产形式的丰富，催生出观光农业、休闲农业、养生农业和体验农业等新形势；其次，旅游业与手工业和商贸业联系紧密，能够切实提高当地群众的人均收入和生活水平；再次，旅游业不仅能够带动当地饮食、住宿等相关产业的发展，甚至还可以带动当地的文化体育产业、影视产业的发展。

第四，有利于缓解就业压力，维护社会稳定。旅游产业强大的联动效应意味着可以创造众多就业岗位。餐饮业、住宿业、手工业、商贸业、休闲农业、观光农业等行业的从业者将大幅增加，有效解决剩余劳动力的就业问题，缓解当地就业压力，提高群众生活水平，维护社会和谐稳定。

2017年，我国通过发展乡村旅游，实现脱贫的人数占当年总脱贫人数的17.5%，乡村旅游已经成为贫困地区脱贫的主要形式。在政府政策和财政支持下，乡村旅游扶贫取得了较大成效。乡村旅游通过改变农村资源利用方式，是农业向服务业的转型，将乡村土地、生态、人文等资源优势系统地转变为经济发展的产业优势，通过乡村资源的产业化发展，提高农村生产率，带动农村劳动力就业，增加农民收入，以产业振兴保障乡村振兴，以“授人以渔”的方式从根本上解决贫困地区的经济发展问题。但是，由于贫困地区本身存在的基础设施供给不完善、人才吸引力不足等问题，乡村旅游扶贫的管理和政策落实等方面同样存在问题，制约了乡村旅游扶贫工作的效果。

二、乡村旅游扶贫发展现状

（一）乡村旅游市场规模扩大，成为乡村产业发展新动力

在政府政策的推动下，全国各地区乡村旅游发展迅速，乡村旅游产品供给更加多元化。而随着经济发展和人们可支配收入的提高，对乡村旅游的需求快速增加，乡村旅游市场规模不断扩大。农业农村部数据显示，2018年我国乡村旅游总收入超8 000亿元，占全国旅游总收入的13.4%。从2012年到2018年的数据也可以看出，休闲农业与乡村旅游总收入和年接待游客量都呈逐年增长态势，2012年接待数量仅7.2亿人次，2018年接待数量达30亿人次。全国旅游总收入占比总体上呈现上升趋势，2015年增长率甚至达到83.3%。乡村旅游已经成为我国乡村经济重要的产业形态，成为农村经济增长的新优势。

（二）解决农村就业，增加农民收入

随着乡村旅游的快速发展，与之相关的餐饮、住宿、娱乐等服务业和交通、建筑等农村基础设施建设关联产业也获得发展机遇，增加就业机会，提高农民工资性收入。同时，这些产业的发展也带动了农民自主经营，提供旅游服务产品，增加经营性收入。公开数据显示，2015年到2017年间乡村旅游从业人员不断增加，分别为790万、845万和900万，就业规模庞大。其中，2015年农民从业人员630万，占比接近80%。在这期间带动农户受益，增加收入来源，三年间平均受益农户达640万户。乡村旅游成为吸纳农村劳动力就业的有效途径，也是发展地区经济和增加农民收入的重要增长来源。

（三）扶贫效果显著，助力贫困地区脱贫致富

乡村旅游在提高农民收入、促进贫困地区脱贫致富等方面发挥越来越重要

的作用，政府政策将乡村旅游作为重要的扶贫方向和手段，从财政、金融、产业、人才等各方面给予政策倾斜，大力支持乡村旅游发展。2017年，全国农村脱贫人口1 289万，乡村旅游助力脱贫人数占比达到17.5%。另外，2016年文化和旅游部发布的《全国乡村旅游扶贫观测报告》显示，观测点中贫困人口从事乡村旅游人员占乡村旅游从业人员的75.1%，通过乡村旅游的脱贫人数占总脱贫人数的30.5%，乡村旅游成为农村贫困人口脱贫的重要形式，乡村旅游扶贫效果显著，已经成为农民增收、农业转型、农村发展和贫困人口脱贫的主要方式和重要力量。

三、旅游扶贫模式

（一）“旅游+扶贫”模式

党的十九大报告正式提出实施乡村振兴战略，要求坚持农村、农业优先发展，按照“产业兴旺、生态宜居、乡风文明、治理有效、生活富裕”的总体要求，加快推进农业、农村现代化。乡村振兴是一项长期的历史性任务，在消除绝对贫困的基础之上，加快推进农业农村现代化，针对贫困地区不同的资源禀赋和发展需求，因地制宜地实施精准帮扶，激发贫困地区发展的内生动力。

在精准扶贫的重要思想指导下，“旅游+扶贫”的扶贫新模式应运而生。旅游业亦被称为“无烟产业”，不仅能够带来良好的经济效益，还可以实现文化效益、环境效益和社会效益的协调发展。“旅游+扶贫”模式能够较好地将扶贫与扶志、扶智结合起来，提高贫困地区群众的精神文化修养、丰富其精神文化世界。自我国相继实施精准扶贫战略和乡村振兴战略以来，国内关于旅游扶贫的研究逐年增加，目前已有研究主要围绕旅游扶贫的内涵和格局、路径模式、机理、机制等方面，研究的内容也在不断深化。

但是“旅游+扶贫”模式的运用是一项系统性工程，必须系统地考虑旅游扶贫的整体规划设计、旅游与农业生产的关系、旅游市场的良性发展等多种因素，探索具有特色、适合本地的旅游扶贫路径模式。

（二）经典旅游扶贫模式

乡村旅游是快速、有效实现农村脱贫的重要途径和中坚力量。通过乡村旅游调动农民的积极性与参与性，带动农民就业增收和脱贫致富，是当前各地政府的重要举措。对一些具有典型代表性的旅游扶贫模式进行分析与总结，对实现全面脱贫攻坚具有重要意义。

1.政府主导型旅游扶贫模式

政府主导型旅游扶贫，是指各级政府凭借强大的财政能力和统筹能力，对贫困地区的旅游开发给予支持，促进本地区旅游经济发展。其核心是政府对贫困地区实行直接干预，引导项目、资金、人才和技术等向贫困地区流动，激发贫困地区的经济活力。

该模式的优点体现在：在全域旅游发展大背景下，从宏观层面统筹规划，有利于协调区域内各类资源，发挥资源整合价值，有利于发挥相关产业对旅游业的促进作用。局限性为：存在信息不对称与资源配置政府化，容易造成扶持资金与优惠政策的盲从，无法直接体现市场需求；容易导致单方面主宰、政企不分、违背市场规律的现象；此外，在决策流程上，容易出现决策执行缓慢等问题，这些都将直接导致政府扶贫工作整体效率下降。

政府主导型旅游扶贫模式适用于旅游资源禀赋较强的贫困地区。这些地区社会经济发展程度普遍较低，生态环境脆弱，技术、资金能力有限，参与旅游发展的程度较低。这种模式强调旅游扶贫战略中政府主导的核心地位，对区域旅游扶贫开发提供引导和支持，推动贫困落后地区经济快速发展。分析发现，较多地区旅游扶贫模式具有很强的政府主导性，如天堂寨及宁夏六盘山等扶贫试验区模式①，即对旅游资源丰富的贫困地区划出一定范围建立旅游扶贫实验区，通过发展旅游促进其社会经济发展，并对其他地区起示范作用。此外，政策性项目驱动模式也具有很强的政府主导性。

政府主导型旅游扶贫模式需结合最新扶贫发展理念进行调整，以实现旅游扶贫效益的可持续性。近年来，有学者提出“有限政府主导旅游扶贫开发模式”②，其构成要素有政府、企业、市场、社区居民和旅游者等组织机体，能契合企业投资、项目建设、市场调节、社会参与的整合路径实现有效扶贫。此

① 李志伟．旅游扶贫战略模式研究——以太行山旅游扶贫为例[J]．中国劳动关系学院学报，2015，29（6）：103-106.

② 龚艳，李如友．有限政府主导型旅游扶贫开发模式研究[J]．云南民族大学学报（哲学社会科学版），2016，33（6）：115-121.

外，该模式融合其他开发方式的旅游扶贫模式也不断出现，如BOT模式[①]，由项目所在政府或所属机构为项目建设和经营提供特许权协议作为项目融资的基础，由相关机构作为项目投资者和经营者，统筹项目开发、资金与风险，按要求在约定时间内运营项目获取利润，最后根据协议转让给政府部门。

2.社区参与旅游扶贫模式

社区参与旅游扶贫，是将社区居民作为主体参与项目开发的行为及其过程。其核心是从社区的角度考虑旅游目的地建设与发展，以居民利益和社区发展为根本目标，为居民提供更多就业机会，共享旅游扶贫对地方社会、经济、环境等各方面成果，实现贫困地区经济社会可持续发展。

其优点体现在：居民对当地旅游发展享有话语权，在旅游项目规划与建设等方面提出适当要求；同时能广泛吸纳居民参与，对培养居民自我发展能力有很好地促进作用；在利益分配方面，可以将更多利益留给本地居民。其缺点是：参与主体可能受制于管理能力与知识经验等方面的不足，在其他利益主体参与的过程中，容易丧失话语权，从而无法真正为地方发展谋福利，最终只能停留于初级参与。

该模式适用范围较广，从农家餐馆、小商品销售、工艺品制作、村集体组织等形式参与旅游各环节。在此基础上衍生了负责任旅游扶贫发展模式[②]，强调通过旅游业为当地居民争取更多话语权。这一模式强调旅游者的主体作用，以负责任旅游产品、本地旅游商品、负责任旅游企业等为导向推动地方旅游业发展，同时，重视承担社会责任的旅游企业，以采购本地服务与产品、解决本地贫困人口就业等为目标。负责任旅游扶贫模式在社区参与旅游扶贫模式的基础上有所进步。

3.立体化旅游扶贫模式

立体化旅游扶贫模式以系统论为理论基础，注重整合优化资源，全方位探索旅游扶贫的途径和手段，形成具有较强指导价值的立体化扶贫开发模式。该模式的核心是立足政府层面的宏观引导，全面整合各部门协作及参与主体，通

① 陈勇，徐小燕. BOT模式在我国西部旅游扶贫项目中的应用[J]. 商业研究，2005（7）：167-169.

② 杨德进，白长虹，牛会聪. 民族地区负责任旅游扶贫开发模式与实现路径[J]. 人文地理，2016（4）：119-126.

过系统内各要素的有机联动，并辅之以多元化扶贫手段，对弱势群体相对集中的贫困地区实施立体化、全方位的旅游扶贫。

该模式的优势：立体化旅游扶贫可以协调部门间的协作与配合，实现效益最大化；以系统论为指导，系统中部门间协作、社区群众参与、利益分配等得以良好运行，促使旅游扶贫工作有序进行。该模式的缺陷：对旅游扶贫项目的选择或市场开发潜力的判断尤为重要，否则，容易造成旅游开发区人力、物力、财力受损。研究发现，在立体化旅游扶贫模式的影响下，一些具有系统性旅游扶贫理念的模式不断出现，如RHB旅游扶贫模式，即将资源、人与效益相统一，通过对旅游资源的有效开发创造大量就业机会，改善居民生活水平，同时逐步提升科学发展观念，以实现人与经济社会和生态效应的和谐统一。

（三）国内旅游扶贫模式的总结与反思

我国旅游扶贫实践活动，开始于20世纪80年代中期。除上述一些具有典型代表性的旅游扶贫模式之外，还有诸如教育培训、技能扶持、科技帮扶等要素带动的扶贫模式也初具成效。

在旅游扶贫模式构建方面，今后要注意以下几点：

第一，将旅游扶贫模式的重点放在旅游地区贫困人口层面，不仅要重视贫困人口经济收入的增加，更要积极提升贫困人口自身发展能力。

第二，转变政府在旅游扶贫中的引导作用，从宏观上统筹旅游扶贫开发工作，从微观上落实有利于当地贫困人口的旅游发展项目，并注意旅游收益本地化，真正做到旅游扶贫效益能够为当地居民所共享。

第三，以全域旅游发展的大背景为指导，从产业融合、公平正义、多元化、本土化、持续性的角度构建契合当地实际的旅游扶贫模式。

第五节　乡村振兴战略下职业教育扶贫

消除贫困，实现共同富裕是社会主义的本质要求。在新时代中国特色社会主义的脱贫攻坚战中，必须强调“能力扶贫”和“机会公平”，充分发挥各方力量在精准扶贫中的功能和价值。职业教育作为培养“一技之长+综合素质”高素质技能型人才的摇篮，是一种“造血式”扶贫方式，能有效阻断贫困代际传递，真正达成“授之以鱼”不如“授之以渔”的“扶智”目标。[①]乡村振兴战略背景下，职业教育扶贫的运行机理发生了深刻变化，具体表现为扶贫对象的选择上由“宏观普惠”向“微观精准”转变，扶贫路径的建构上由外部“给予”向自主“赋予”发展。

一、职业教育扶贫是乡村振兴的重要支撑

乡村振兴离不开农村教育事业的发展，更离不开农村职业教育事业的发展。职业教育扶贫对乡村振兴战略的实施起着十分重要的支持作用。

第一，职业教育扶贫具有全民性。改革开放至今，我国的职业教育经过40多年积累和发展，已经建成了中高职衔接、学历教育与职业培训并重的教育体系。发展农村职业教育可以充分借鉴城市职业教育体系建设的成果和经验，以学历教育覆盖农村适龄青少年，以职业培训覆盖农村成年劳动人口，为广大农村提供低成本、多样性的教育服务，形成全民性、普惠性的职业教育扶贫体系，从整体上改善和提升农村贫困人口素质，为我国乡村振兴事业夯实内源性基础。

第二，职业教育扶贫具有实践性。职业教育是典型的实用型教育，具有鲜明的实践品格。大力发展以技术技能教育为主要内容的农村职业教育，不仅能加速现代生产技术在农村产业经济中的推广普及，助力农业现代化发展，以及农村第一、二、三产业的融合发展，还能有效盘活农村经济资源，激发农村社会经济活力，促进农民创新创业，增加农民收入，提高农村经济现代化建设水平。

第三，职业教育扶贫具有长效性。现代社会学研究表明，贫困不仅仅表现为物质匮乏和资源短缺，由长期贫困所形成的贫困文化还会固化人的思想意识，制约人主观能动性的发挥，从而呈现出代际继承效应，即贫困代际传递。阻断贫困代际传递的重要途径之一，就是实施教育扶贫。相较于一般意义上的教育扶贫而言，职业教育扶贫能在更大的范围内、更深的层次上为农村社会经济发展注入活力与动能，是实现乡村全面振兴的重要支撑。

① 王回力.职业教育与精准扶贫深度融合的透视与反思[J].科技资讯，2020，18（23）：217-219.

二、乡村振兴是职业教育扶贫的价值追求

职业教育扶贫要真正帮助农村、农民“拔穷根，治穷病”，从根源上消除贫困，就不能满足于一时一地的局部成效，而应以更宽广的视野、更高的目标要求看待和落实扶贫工作。从这个意义上来讲，职业教育扶贫是乡村振兴战略不可或缺的组成部分。

第一，职业教育扶贫要以兴旺农村产业为导向。农村产业兴旺是乡村振兴的物质基础，也是农民脱贫的重要前提。只有农村产业经济发展了，乡村振兴和农民脱贫才拥有最强有力的保障。农村职业教育承担着为农村地区产业经济发展提供技能和人才支撑的重要职能，理应以兴旺农村产业为导向，把改善农村产业经济面貌放在精准扶贫的首位。

第二，职业教育扶贫要把建设农村宜居生态纳入工作内容。生态宜居不仅意味着村容整洁，更意味着农村必须秉承绿色发展理念。绿色发展需要农村居民树立环保意识，并有能力运用绿色生产技术，为此，农村职业教育理应承担起宣传绿色环保意识和普及推广绿色生产技术的职责。

第三，职业教育扶贫要自觉促进乡风文明。职业教育扶贫必然包含着文化扶贫，因而与建设文明乡风具有内在的一致性，理应自觉促进乡风文明。

第四，职业教育扶贫要为乡村有效治理贡献力量。实现乡村有效治理除了需要创新基层民主自治制度以外，也需要一大批有知识、有文化、有治理能力的人才。为管理一线培养技能型人才是职业教育办学的内在要求，这一点决定了职业教育扶贫有必要为乡村有效治理贡献力量。

第五，职业教育扶贫要把促进农民生活富裕作为根本任务。让广大农村居民过上富裕、幸福的生活是乡村振兴的根本落脚点，也是职业教育扶贫的主要目标。职业教育扶贫要把促进农民生活富裕作为根本任务。这既是扶贫工作的基本要求，也是乡村振兴战略实施的内在要求。

三、乡村振兴下职业教育扶贫实施路径

（一）精准发动宣传职业教育，转变贫困对象教育观念

（1）针对贫困对象对职业教育认知不足的现象，大力宣传职业教育的功能

和价值。一是通过传扬职业教育改变命运的鲜活事例、树立农村优秀技能人才的典型范例等方式，让技能“促就业、促生产、促发展”的职业教育思想深入贫困群体，引导他们正确认识职业教育，转变守旧的教育观念。二是在贫困地区成立提供社会、心理及职业的服务指导和咨询小组，扶贫工作者有针对性地纠正贫困群体对职业教育的片面认识和消除其心理顾虑，帮助他们树立正确的价值观，增强自尊心，为职业教育扶贫开发工作扫除思想障碍。

（2）针对贫困家庭子女就读职业院校意愿不强烈、对职业教育认可度低等问题，着力加强职业教育内外部衔接。对内搭建职业教育通往各层次教育的“立交桥”，推进中职、高职和普通高校有效衔接。具体措施包括以下方面：增加在贫困地区的招生比例；运用开放的招生录取标准，向贫困学子倾斜，激励其继续接受教育；对入学后的贫困学子，利用过渡性的课程增加其获得成功的可能；加大对贫困学子的扶持，提供特别奖学金、助学贷款和就业机会。对外加强职业教育与行业之间的良性互动。发动企业对职业教育进行正面宣传，动员有意愿接受职业教育的贫困群体进行有针对性的劳动技能培训，引导其顺利就业；以政府为主导，推行相关激励机制，表彰和奖励为职业教育精准扶贫做出突出贡献的企业或行业协会等，以汇聚和整合更多的社会资源和力量，壮大精准扶贫开发工作的队伍。

（二）改进职业教育培训体系，精准培养贫困对象

职业教育精准扶贫的目的是促进贫困人口的发展，关键在于对其发展能力的扶持。为此，必须加强职业教育培训体系建设，提高人才培养培训质量。

1.加强产业与人才培养的衔接性

通过校企合作、产学结合、顶岗实习、订单培养、新学徒制等办学方式，加强人才培养与产业的对接，鼓励企业真正参与到职业院校的专业设置、课程开发、教学过程、实习实践等各人才培养环节中，为职业教育教学提供生产设备、实训基地、技术指导和师资培训等教学支持；完善学生到企业实习制度、教师到企业进修制度、企业技术骨干到学校从教制度；创立校企利益共同体，将职业教育与利益群体的实际发展需求结合起来，推动人才培养质量的提升。

2.调整专业设置和改革课程体系结构

根据贫困地区的经济发展速度、规模、地方特色，加强所设置的专业与市

场需求和行业取向的契合度，重点建设与贫困地区区域发展、产业需求相对应的专业，加大农业、制造业和生产性服务业等专业的开设比例。同时，改革课程体系结构，扭转课程学科化的趋势，将理论课程与实训课程紧密结合，突出职业教育职业性特征，围绕区域发展需求开展职业技术人才培养活动。

3.利用教育信息化手段推动职业教育扶贫

教育技术的普及改变了传统教学方式，不仅为没有继续接受教育的贫困对象提供了学习的机会，并且为时间受限的务农人员提供了灵活性，是一种以低成本让大量贫困对象接触到优质教育资源的方法。教育技术与教育扶贫融合，促进了教育扶贫方式的转变，提高了贫困群体获得职业教育的可能性。在贫困地区建立的远程教学站，通过教育信息化辐射，可整合东西部教育丰富的教育资源，建立东西部职业教育信息互助纽带，加强区域之间、城乡之间职业技能经验的交流与共享，在短时间内提升贫困地区人力资本，促进职业教育精准扶贫的效能。

4.丰富职业教育精准扶贫主体，拓宽统筹和整合职业教育资源和培训资源的渠道

全面提升贫困人口人力资本存量，开展职业技能教育与培训，提高就业、创业能力，不能仅依靠职业院校一己之力，应高度重视职业院校与外部利益群体的合作，引入政府、企业、行业协会、高校、社会组织等不同主体，建立多元化主体共同参与职业教育精准扶贫的模式，以强化职业教育资源和培训资源统筹和整合的效能。打造职教扶贫技能培训服务平台，并以此为基点，采取送训下乡、集中办班、现场实训等多种形式，在贫困群体中广泛开展菜单式培训；汇聚相关行业部门的技术骨干，组成技能专家队伍，以流动课堂的形式，深入生产劳动一线，为贫困群体答疑解惑，使他们快速、有效地掌握一技之长，组织和引导贫困家庭的新生劳动力报读职业院校、接受就业指导、参加技能培训，帮助其掌握劳动技能，尽快立足社会。

第八章　高校服务乡村振兴模式的理论分析

第一节　高校服务乡村振兴的理论与政策分析

高校作为精准扶贫的重要生力军，在长期的定点扶贫中，探索出了卓有成效的扶贫模式。[①]

一、高校精准扶贫模式的内涵

“高校精准扶贫模式”这个概念可以划分为“高校”和“精准扶贫模式”两个部分来解释。

第一，本书所涉及的高校的概念包括教育部直属或共建的类专门高校和地方所属的高等本科院校。其中，教育部直属或共建的类专门高校实力较强、学科特色鲜明，在教学、科研和社会服务等方面示范作用明显，是中央部门直属高等学校的重要组成部分。另外，地方所属的高等本科院校属于地方所属高校的范围，也就是通常意义上的省属高校范畴。主要办学目标是为地方经济社会的发展培养后备人才，是中国高等教育体系的主要构成部分。本书定义的“高校”指隶属教育部、各省（自治区、直辖市），办学经费主要来源于中央和地方政府财政资金，以科学为优势学科的行业特色大学。其主要办学目标旨

① 程华东，尹晓飞．高校精准扶贫模式创新探究：基于四所高校的案例[J]. 华中大学学报（社会科学版），2018（2）：72–78，158.

在服务和发展区域经济社会，着力为全国各地培养造就一支高质量、高水平的“三农”人才大军，提升乡村生产技术水平。其主要特色学科一般包括科学、化学、生物学与生物化学、分子生物学与遗传学、微生物学、环境科学/生态学等。

第二，精准扶贫模式是根据贫困地区和贫困人口的特点，有选择性地投入某种特定扶贫资源的组合形式。一般来说，目前主要的几种精准扶贫模式可划分为教育扶贫模式、科技扶贫模式、产业扶贫模式、文化扶贫模式、旅游扶贫模式、电商扶贫模式等。由于不同高校的办学特色及学科优势存在差异，高校精准扶贫模式也有所不同，不同的高校采用的精准扶贫模式也会有所侧重。高校因为掌握先进的现代生产技术，发展产业也是使贫困农村根本脱贫的治本之策。高校精准扶贫模式的核心就是产业扶贫，并联合其他各扶贫模式协调运行。在具体的扶贫实践中，这些扶贫模式并不是泾渭分明的，两者之间或多者之间有交叉混合使用的情况。例如，在产业扶贫模式中，尤其是以产业为例，在整个产业链中，其上游可与乡村旅游相结合，开发旅游扶贫；中游开展农民种养技术培训指导、关键技术引进更新，这些都渗透了科技扶贫和教育扶贫的因子；下游在农产品成品研发、包装设计、宣传推广上，融入当地特色民族文化元素，文化扶贫也参与其中；在农产品销售上，通过电商扶贫和消费扶贫的方式销往全国各地。

综上所述，高校精准扶贫模式是特定主体针对特定区域和帮扶对象的特点而组织开展的具有认可度、代表性、稳定性、持续性的精准扶贫做法的理论概括，是精准扶贫系统各要素运行本身的规律的体现。根据高校精准扶贫的实践探索和已有的理论研究可以了解，高校精准扶贫模式是高校在定点扶贫工作中总结凝练出的一套可复制、可推广的扶贫工作体系。基于顶层设计和基层实践，总结提炼适合于特定区域精准扶贫的典型模式与途径，有助于增进精准扶贫精准脱贫的综合认识，有利于在实践中探索具有高校特色的减贫与发展道路。

二、相关理论的阐释

（一）三螺旋理论的阐释

三螺旋理论是指大学、政府、产业三方在创新过程中相互作用、密切配合，同时这三方主体都保持各自独立的身份。模式是事物的模型和方式，也代表一定的普遍意义。三螺旋创新模式的要旨是大学、政府、产业这三个机构范畴每一个都包含了其他两方的一些特点，与此同时依然保有自身独一无二的身份特点。通过三方相互合作，每一个螺旋由此获得了比单独作用时所不具备的更大效能。三螺旋的主要论点是在知识经济型社会中，大学、政府、产业三个螺旋间的互促、互动是激发创新创造的核心，这三者是三螺旋的基本载体。政府像一根纽带将大学和产业之间建立起稳定的合作交流关系，大学代表新型生产力，产业则是进行物质生产的场所。比如，大学将科教资源转变成科研追求，以大学学术研究功能为依托成立各种类型的企业公司，这就将大学隐含的产业功能发挥出来了；企业为了提高员工职业素养进行知识培训，这与大学教学有些类似的地方。

三螺旋的三个初级机构（大学、产业和政府）能提供形成“二级机构”（混成组织，即那些由大学、产业、政府三个机构范畴混合而成的组织，如大学科技园、孵化器、高新技术开发区等）的平台——通过三个螺旋要素的整合创造出促进创新的新型组织形式。这些混成型组织的构成上体现了“三螺旋”的核心要素和主体成分。作为一种新型组织场域，“三螺旋”推动大学社会服务职能面向更广泛的主体，培植新的创新生长点，推动大学拓展自身发展的新舞台与新空间。

高校的服务体系，也就是高校精准扶贫模式同样包括三个关联主体：服务的提供者、服务的接受者、服务的管理者。这一服务体系的三方应是紧密联系、相互作用、密切合作的，高校是知识技术的提供者，农户（农企）是新知识、新技能的接受者，地方政府是这一服务过程的管理者，只有三方协调发展，高校精准扶贫模式才能有效运行。高校精准扶贫模式的构建与优化正是基于高校、产业和地方政府三个主要主体的互相关联关系。

（二）协同治理理论的阐释

协同治理理论是将自然科学中的协同学和社会科学中的治理理论两者的有机结合。它强调“公共事务由公共管理共同治理”，公共管理是政府、社会组织、社区单位、企业、个人等所有利益相关者共同参与、共同治理的过程，善治就是国家与社会良性互动、协同治理的过程与结果。它具有以下三大特点：

1.治理主体多元化

形成协同治理的关键基础要素之一就是治理主体的多元化。治理主体不单指的是政府，也包括其他非营利性组织、营利组织或公民个人。由于不同的治理主体在公共事务中的功能各异，有自身独特的优势。政府只是多元治理主体中的责任主体之一，位于协同治理的核心地位。这种核心地位不仅体现在研究事项的制定和决议上，也体现在治理责任的承担上。

2.子系统间的协调性

在当下信息化社会中，社会分工越来越细，知识技术和资本资源被不同组织或个人所掌握是正常现象，因此，进行公共治理时无法避免需要求助于其他组织或个人，其中可能涉及语言沟通协商和资源往来，就要求组织间在一定的交换情境下遵循约定一致的规则来保证目标达成。协同治理的目的就是要充分发挥1+1>2的整体效应。

3.合作方式协同化

每个治理主体的特点和优势是各不相同的，因而其在协同治理中每一环节、每一部分发挥的功效也有所差异，提升公共治理的成效，整合优化各主体的功能。协同治理理论要求，每个治理主体不仅要发挥好各自的作用，而且还要积极协作。这个要求对提高政府制定决策的科学性和合理性有重要的指导作用，另外，也能提升政府有关决策部署的高效执行和高质量落实的水平。

可以说，高校参加扶贫开发治理工作是协同治理理论在扶贫领域运用的体现，高校精准扶贫模式就是一个协同治理的全过程，其中高校各院系、地方政府各部门、企业与合作社、种养大户与贫困户等均是精准扶贫协同治理在某一环节的主体。高校定点扶贫不仅是大扶贫格局下的重要组成部分，更是政府治理贫困问题的新举措，有效弥补了政府力量的局限性，也是国家治理能力提升和治理体系完善的集中体现。

三、高校服务乡村振兴的政策分析

高等院校参与社会扶贫工作始于1994年。早在1994年《国家八七扶贫攻坚计划》中国家就鼓励高等学校、科研院所要充分发挥科教优势，要求与贫困地区直接结对帮扶，通过科技承包，技术推广，选派科技副县长、副乡长等多种渠道，不断提升贫困地区科技发展水平。随着中国全面建成小康社会目标的迫近，扶贫攻坚难度不断加大，直至2012年11月《关于做好新一轮中央、国家机关和有关单位定点扶贫工作的通知》的印发，才为高校开展扶贫工作提供了明确的政策和组织保障，是高校参与社会贫困治理由自发性过渡到制度化的关键时间点，以文件的形式确定了44所教育部直属高校的定点扶贫结对关系，这也是首次在全国范围内实现了定点扶贫工作对国家扶贫开发工作重点县的全面覆盖。2013年，继续加大教育部直属系统扶贫覆盖面和帮扶度，75所部属高等院校全部参与结对帮扶任务，对省属高校参与扶贫工作进行了统一部署安排，并就高校开展定点扶贫从方式和内容上进行了指导。随着全国扶贫工作进入攻坚阶段，高校精准扶贫工作的成效及问题也开始慢慢显现出来，相关国家部门结合治贫工作的实际情况，下发了一系列政策文件，针对扶贫中出现的重点难点问题，从产业扶贫、技术扶贫、消费扶贫、文化扶贫等方面提出具体的指导意见。鼓励高校在扶贫理论和政策研究上加大力度。对部分高校人员帮扶工作中出现的形式主义、消极畏难情绪进行了作风教育和建设，加大了高校定点扶贫工作成效考核力度，为高校开展定点扶贫奠定了坚实的政策基础和保障，这有助于各类型高校充分发挥自身的优势和特点，集中各方力量，为中国减贫贡献高校智慧和高校方案。相关政策文件见表8-1。

表8-1　高校精准扶贫相关政策

发文机关	时　间	政策内容
中共中央、国务院	2011	《中国农村扶贫开发纲要（2011—2020年）》：国家重点科研院校要积极参加定点扶贫，承担相应的定点扶贫任务，制定大专院校、科研院所为贫困地区培养人才的鼓励政策。
国务院扶贫办、中组部等八部门	2012	《关于做好新一轮中央、国家机关和有关单位定点扶贫工作的通知》：确定了新一轮定点扶贫结对关系，给出了44所部属高校定点帮扶名单，强调高校在帮扶过程中要充分发挥自身优势。
教育部	2013	《关于做好直属高校定点扶贫工作的意见》：为推动高校定点扶贫工作，教育部直属的75所高校已经全部参与定点扶贫工作。
教育部、发展改革委、财政部等7部门	2013	《关于实施教育扶贫工程的意见》：中央部（委）属高校主要参与国家扶贫开发工作重点县的定点扶贫工作，省属高校根据省级人民政府统一安排参加本省级行政区域内的定点扶贫工作；支持高等学校在扶贫理论和政策研究上加大研究力度。

续表

发文机关	时　间	政策内容
国务院办公厅	2014	《关于进一步动员社会各方面力量参与扶贫开发的意见》：承担定点扶贫任务的单位应充分发挥优势，广泛筹集扶贫资源，创新帮扶的形式，帮助协调解决定点扶贫地区经济社会发展中的突出问题。
国务院	2016	《关于印发"十三五"脱贫攻坚规划的通知》：组织高等学校开展技术攻关，解决贫困地区产业发展和生态建设关键技术问题。鼓励高等院校发挥科技优势，为贫困地区培养科技致富带头人。
中共中央、国务院	2018	《关于打赢脱贫攻坚战三年行动的指导意见》：各类涉农院校和科研院所组建产业扶贫技术团队，重点为贫困村、贫困户提供技术服务。
国务院办公厅	2019	《关于深入开展消费扶贫助力打赢脱贫攻坚战的指导意见》：鼓励大专院校在同等条件下优先采购贫困地区产品，将消费扶贫工作开展情况作为考核中央单位定点扶贫的重要内容。
教育部	2019	《高等学校乡村振兴科技创新行动计划（2018—2022年）》：发挥高校优势，通过科技创新引领，全面服务乡村产业振兴、人才振兴、文化振兴、生态振兴、组织振兴，实施高校服务乡村振兴七大行动。
教育部	2019	《关于做好新时期直属高校定点扶贫工作的意见》：指导定点扶贫县制定实施脱贫攻坚规划和年度减贫计划。精准实施教育扶贫、产业扶贫、健康扶贫、易地扶贫搬迁、劳务输出扶贫等重点工作，帮助贫困群众稳定脱贫。

注：表中资料来源于国务院扶贫开发领导小组办公室网站。

四、高校服务乡村振兴精准扶贫的可行性

（一）精准扶贫是决胜建成小康社会的时代需求

20世纪90年代以来，我国先后推行《国家八七扶贫攻坚计划（1994—2000年）》《中国农村扶贫开发纲要（2001—2010年）》《中国农村扶贫开发纲要（2011—2020年）》《关于打赢脱贫攻坚战三年行动的指导意见（2018—2020年）》等系列政策，2012年至2018年，中央财政每年直接投入的专项扶贫资金从332亿元增加到1 060亿元，不断加大对"三农"普惠政策照顾，实施对贫困人口的特殊优惠照顾政策，以发展经济为核心，以扶贫开发为途径，开辟了具有中国特色扶贫减贫之路。2012年以来脱贫人口数量年均超过1 000万人，但

截至2018年底，全国农村贫困人口还有1 660万人，且致贫类型多、贫困程度深、地域分布广、返贫风险大，促进贫困地区经济社会的转型发展，提高贫困人民生活水平，关系着我国全面建成小康社会的成色和社会主义现代化强国的质量。

2017年，党的十九大对精准扶贫工作进行了新的部署安排，将它上升到决胜全面建成小康社会必须完成的三大攻坚战之一。党的十九大报告中强调："坚持精准扶贫、精准脱贫的扶贫开发方略，保证到2020年我国现行标准下农村贫困人口和贫困县全部脱贫摘帽，解决区域性整体贫困，确保脱贫结果和效果真实。让贫困人口和贫困地区同全国各族人民一同步入全面小康社会。"党的十九大报告从全局和战略高度明确提出要坚持、农村优先发展的总方针，实施"乡村振兴战略"，加快推进城乡一体化发展和全面建成小康社会进程。

（二）精准扶贫是高校服务社会职能的重要体现

精准扶贫涉及社会的多个领域、多个主体、多种资源之间错综复杂的关系，仅依靠政府的力量很难按期实现第一个100年的奋斗目标。与此同时，精准扶贫是不仅是政府，也是社会全体的共同责任和使命，需要形成多方力量支持、多种举措并举有机结合和相互支撑的"三位一体"大扶贫格局，将减贫措施落实到位，使减贫成效不断外溢，惠及千万贫困群众。基于此，我国政府发动、集聚社会各种力量共同参与精准扶贫。服务社会是高校四大基本职能之一，作为社会的一个机构，高校必然对社会的发展承担相应的职责。高校早在20世纪80年代起就参与到国家扶贫开发部署中，如1984年出台的《关于帮助贫困地区改变面貌的通知》确立了国家开发式扶贫方针，只不过当时作为社会组织产生的扶贫成效有限，后来政府陆续出台了一系列政策文件，高校扶贫迈入了规范化和规模化的阶段。

2019年中央一号文件中也提出要继续加强高校定点扶贫。高校自身的功能定位、特殊优势和发展需求决定了其在精准扶贫中具有重要功能。高等院校支援"三农"工作，在目前，支持精准扶贫和乡村振兴工作，不仅是其社会服务职能的直接体现和延伸拓展，也是当下高等教育实现内涵化发展的动力源。高等院校，特别是高校应用科学技术优势，应用多种扶贫模式开展精准扶贫精准脱贫工作，提升贫困治理的社会效益和经济效益，是高校履行社会服务职能的体现。

第二节　高校服务乡村振兴的模式分析

一、高校精准扶贫的一般模式

高校精准扶贫多元主体参与互动模式中，主要有以下三种作用机制。

（一）外层主体作用机制

在高校精准扶贫多元主体协同模式的外层，存在高校、地方政府、龙头企业和金融机构四个主要扶贫主体，它们是高校产业扶贫中最重要的组织方与参与方。政府在高校产业扶贫工作推进过程中发挥主导作用，有利于整合及分配扶贫资源，调动各方参与的积极性；龙头企业是产业的具体经营者，本模式中的龙头企业不仅仅限于农产品生产加工企业，还有整个产业链中各个环节配套的企业类型，如物流公司、销售公司等；高校是产业技术的提供者，产业技术与多元主体相互作用是实现生产力转化的前提；金融机构是资金的提供者，产业扶贫离不开资金的支持，资金的加入是该模式外层主体作用机制的基础。四方扶贫主体并不单独参与到产业扶贫中去，两方、三方合作或全扶贫主体有机统一才能最大化发挥外层主体机制作用，相互配合、协同发力、互促互动，从而产生集聚效应。四者联结初步形成了高校精准扶贫模式的基本框架。

（二）内层中介传导机制

确定高校精准扶贫模式的基本框架后，内层八个扶贫要素建立起连接外层四个扶贫主体与中间核心受益元素的中介传导机制。在内层中介传导机制中，八个扶贫要素凸显出各自的功能：高校的产业项目是其进行产业扶贫的主要载体，高校的生产技术必须依托产业项目这个载体来应用；产业大户与农民合作社一齐构成重要的生产组织方式，是提高组织化水平的重要手段；示范基地是对已有技术进行集成示范和推广应用的一般化方式；信贷资金是产业中的重要一环，产业发展各环节中都需要资金注入；保险对产业链起重要的风险规避作用，主要有市场经济风险、产品质量安全险、自然灾害风险等；其他相关扶贫单位，如畜牧局、林业局、工业园、水利局多方参与有利于产业扶贫各环节的正常运转，有效解决扶贫资源分散问题，加快运作效率；基层党建组织与另外七个要素一一对接，既体现基层党建组织的调控领导功能，又发挥服务协调作用，实现各扶贫要素之间的信息互通、资源互通。

（三）核心对象受益机制

贫困农户处于模式的中心位置，不仅是精准扶贫的对象，也是乡村振兴的主体。外层主体作用机制和内层八大要素传导机制通过利益联结机制，将产业扶贫收益覆盖整个建档立卡的贫困农户。“政府+金融机构+龙头企业+高校+示范基地+贫困农户”“示范基地+龙头企业+高校+合作社+农户”“龙头企业+高校+合作社+示范基地+贫困农户”“支部+合作社+高校+示范基地+贫困农户”等多种产业扶贫参与模式，在政府、企业、高校、合作社与贫困农户之间架起桥梁，始终将贫困农户的利益放在模式核心位置。产业扶贫是一个共同参与的过程，农户给产业的发展提供了劳动力，反之，产业的发展为农户带来利益，贫困户在参与过程中，农户劳动力素质也随之提升，并且其他扶贫主体与扶贫要素在产业扶贫参与互动中，有效破解了产业资金筹措困难、组织化水平不高、新型经营主体缺乏、管理技术落后等短板问题，实现地方经济可持续发展。

二、一般模式的构成要素和基本内涵

高校精准扶贫模式包含基本主体与扶贫基本要素两部分，构建了以高校、政府、企业和农户为基本主体，以产业扶贫为核心，科技推广、专项投资、教育扶贫、文化扶贫、电商扶贫、信息扶贫为基本要素的高校精准扶贫模式。在扶贫各基本主体中，政府是主导，农户是主体，高校和企业是主力，各主体协同发挥作用。在此基础之上，形成了以科技推广、专项投资为支撑，以产业扶贫为主体、以教育扶贫和文化扶贫为“两翼”，以电商扶贫和信息扶贫为补充，各要素互作的“一体两翼四轮驱动”高校精准扶贫模式。

高校精准扶贫一般模式的基本内涵主要体现在五个方面：

1.一定的技术协同价值目标

此模式包含了提升贫困地区自我发展能力，促进产业提质增效；增强贫困农民综合素养水平，提高农民内生发展动力，以实现脱贫增收；改善乡村生态环境，打造美丽宜居绿色家园等价值目标。

2.针对特定经济社会和地理条件，因地应用不同的农林牧渔生产技术，发展共性关键技术

例如，云南大学根据热带气候特点和乡村劳动力丰富优势，以特色产业发展方向为指引，充分利用生态环境优势，将提高土地利用率和产出率为手段，打造出高原特色绿色食品（药品）产业体系。

3.一定程度的技术与产业链的融合构建，实现当下产业需求导向研究和未来研发型创新导向研究二者的有机结合，延伸、拓展技术链与产业链双向融合的广度和深度

例如，华中大学在攻克猕猴桃品种开发难题时，在猕猴桃种植的基础上衍生出猕猴桃果汁、猕猴桃酒等饮品，延长了水果农产品种植产业链，产生了技术产业化创新机制。

4.形成了多主体共建共享的协同创新形式

将政府、高校、企业、农民等主体整合到精准扶贫模式中，构建“命运共同体”。各主体共同参与到精准扶贫环节中，精准脱贫成果由各主体共享。例如，吉林大学形成了“支部+项目+专家+合作组织+农户”多方联动的精准扶贫形式。

5.一定的协同关联要素配套

高校精准扶贫模式实质上是多扶贫主体和各扶贫要素相互作用、协同保障的结果，是政府制度供给及资金等资源投入、高校科技成果转化、企业、贫困人口脱贫意愿、生态环境及基础设施等相关要件素在一定时间和地区内积聚、配套、形成和完善的过程。

三、一般模式的主要特点

（一）扶贫内涵的产业属性

产业扶贫是高校精准扶贫模式的核心。产业是反贫困的核心要素之一，在乡村贫困治理中发挥着决定性的作用。科技是改变乡村经济和社会发展状况的重要因素，具有强烈的地域性和适应性。根据贫困地区在自然、经济、社会

和人文等方面的差异性和技术自身特点，高校在向贫困地区产业推广科技时，选择的是适合贫困地区地理、经济、社会等实际条件的技术，强调技术的先进性、成熟性、适用性、实用性和经济性。高校的精准扶贫模式，是将高校先进成熟的科技成果推广，并应用于培育贫困地区的产业，具有极强的产业性和技术性。此模式的主要优点在于因地制宜，针对性地选取贫困人口覆盖面广的特色产业进行培育；以项目为桥梁，汇集人才科技、特色产业、龙头企业、专项投资等资源，调动各扶贫主体的积极性、主动性；以龙头企业的牵引力量拉动产业扶贫的“牛鼻子”，突破陈旧的生产方式和挣脱产业发展的桎梏；充分发挥乡村专业合作社网状聚合作用，把贫困人口吸纳进产业链中，让贫困人口受益于产业发展，实现贫困户、贫困人口的就业增收。

（二）扶贫措施的整体协调性

扶贫措施的整体协调性是高校精准扶贫模式的内在要求，体现的是以产业扶贫为中心，多股力量交叉相连的环状关系，注重各扶贫要素之间的统筹协调。产业扶贫是增加贫困户收入和减少贫困人口、增强贫困地区造血能力的重要举措之一，但需要借助科技推广示范、产业项目平台和专项投资这个基础来实现；文化扶贫和信息扶贫充分发挥高校的人才智力优势，为地方提供干部和农民等人员培训、信息咨询、决策建议等方面的帮助；并不断转变农民思想观念、挖掘培育乡村文化，改变乡村落后的精神面貌，为脱贫致富提供信心及文化素质基础；教育扶贫提升贫困地区的教育水平和人口素质；电商扶贫把贫困地区的产业发展建设、教育质量建设、文化素质建设等有机联系在一起，多项扶贫措施并举，整合协调多方面的扶贫资源，综合分配贫资源以解决扶贫力量过于分散、扶贫力度不均衡的问题，补齐脱贫发展短板，可以有效改善区域性的整体贫困状态，不让一个贫困群众掉队，加速欠发达地区的脱贫速度。

（三）扶贫运行的政产学联动性

政、产、学联动是高校精准扶贫模式的关键。政府是当前精准扶贫的“主力军”，大学是重要的“友军”，而产业则是扶贫攻坚的核心。高校在精准扶贫地方的过程中需要三主体相互配合、相互支持、协同发力，从而实现精准脱贫的目标。三主体联动推动了政府、高校、产业之间的有机结合、相辅相成、互促互动，不仅实现了政府的组织保障功能、大学的科技支撑引领功能和产业的核心载体功能的融合，同时，也改变了农民的思想观念和行为方式，提高了农民的经济收入。以华中大学为例，学校在扶贫过程中与地方政府相互协作，结合当地自然环境和区位条件，充分挖掘资源优势，积极培育与之相适应的各项产业，并通过申报科研项目、技术转让、选派科技人员、设立实习实训基地等多种途径促使产业做大、做强，促进了政、产、学、研深度融合，实现了高校、产业与政府三者之间的良性互动。政、产、学在促进贫困地区经济发展中产生耦合机制，并统一为一个整体，联动发力助力贫困地区脱贫致富。

四、一般模式构建的基本原则

（一）以主体交互为基础

高校精准扶贫多元协同模式主体包含了政府、高校、企业、农民四个基本主体和社会机构等其他相关主体。政府在扶贫工作推进过程中发挥主导作用，有利于整合及分配扶贫资源，调动各方参与的积极性；高校是产业技术的提供者和项目的组织实施者；龙头企业和专业合作社是产业的具体经营者；贫困农户是主要参与者和核心受益者。主体交互主要体现在两个方面：第一，校地协同。高校在定点扶贫中要求校地双方互相配合、互为支撑支持、联合行动，把高校和地方两大主体的能动作用彻底释放，按照扶贫规划的任务清单和扶贫工作的推进现状，及时提出有效对策，解决扶贫中的重点难点问题。第二，部门联动。高校内部各学院、各部门之间通力合作，推动以产业技术体系岗位科学家、博士服务团、挂职干部、科技特派员、“三区”科技人才、社会实践团队、研究生支教团等为主体的干部、科技人才等投入扶贫工作。另外，还有校企、校社、校人之间的交互，这些主体之间的交流互动是构建高校精准扶贫模式的基础。

（二）以资源互融为关键

此模式构建的关键在于资源互融，使扶贫资源形成合力，最大限度地发挥高校精准扶贫的资源优势。第一，政府政策资源。政府在我国精准扶贫精准脱贫工作中占主导地位，国家政策对社会扶贫资源的整合起着关键作用，对各种社会资源的进入、流向、转换、使用、监管等起着协调、整合、传输、交换的作用。为更好地发挥高校的独特优势，学校应融合国家和地方推行的各种精准扶贫政策，如财政贴息贷款政策、产业化资金优先安排政策、产业扶持政策等，以更好地带动贫困地区的产业增效和农民的减贫增收。国家政策将各类社会资源整合集聚成一股力量，也可以避免社会资源互融的自发性和盲目性。第二，校内外营利性机构和非营利性机构的社会资源。充分动员整合校友资源、企业资源、金融资源、学校消费需求等社会资源，如以校友企业家联谊会为平台招商引资，推荐企业家到贫困地区进行商务投资；引导师生员工自发购买贫困地区产品和到贫困地区旅游；鼓励学校后勤部门在同等条件下优先采购贫困地区产品；组织开展贫困地区农产品定向直供学校食堂活动等。

（三）以方式整合为抓手

扶贫开发是一项长期、复杂、系统的工作，高校精准扶贫模式在方式上融合了产业扶贫、教育扶贫、文化扶贫等多种方式，扶贫效益体现在经济、社会、教育、基础设施建设等各个方面。不同的扶贫方式有着不同的扶贫效益，如教育扶贫固牢精准脱贫基础、产业扶贫促进经济发展、电商扶贫拓宽产品销售渠道、文化扶贫提升乡村品牌效应、信息扶贫提高信息化水平等。不同的扶贫方式不仅在帮扶对象的选择上有所差异，在帮扶过程中的资源投入也尽然不同，当然在最后的脱贫成效上也各不相同。在模式构建中应充分考虑总体扶贫效果和各项扶贫工作成效的有机结合，注重产业扶贫效果的同时也应注重其他帮扶方式的成效。不同的方式整合在精准扶贫中有着不同的适应性，要处理好各种扶贫方式之间的关系，避免顾此失彼或偏废一方。只有优化方式的整合机制，以扶贫方式的整合为工作抓手，才能使相对分散的扶贫资源更好地适应各种不同的扶贫环境，提高高校精准扶贫的成效，稳固贫困地区脱贫的综合效益。

（四）以精准施策为核心

高校精准扶贫模式的核心表现在扶贫工作上实行精准施策的原则，切实将有限的资源用在解决贫困问题上，而避免贫困目标的划分不明确，贫困资金的使用不到位而造成扶贫工作的资源难以物尽其用，致使真正的贫困人口游离在受益面之外，难以受到扶贫工作有效的扶持。精准施策要以帮扶地区的实际需求为导向，以科教扶贫、产业扶贫和智力扶贫为着力点，培植和发展贫困地区现代化，提高、农村和农民的可持续发展能力和水平，为贫困地区实现脱贫致富提供科教和人才支撑。精准施策原则要求高校将学校科教优势与当地自然资源优势深度融合，因地制宜，因人施策，宜农则农，宜工则工，宜商则商，宜游则游，量身定制扶贫脱贫方案。精准施策主要体现在两方面：第一，脱贫项目设立要精准，要针对贫困地区的发展实际来安排扶贫项目，项目负责人的选择上也要适合产业的多维需求。第二，资金使用要精准。扶贫项目的正常运行要确保配套资金投入及时到位。将资金的分配和使用权适当部分下放给基层扶贫工作人员，让其根据实际情况确定项目和分配资金。

（五）以精准脱贫为目标

高校精准扶贫模式的构建要以贫困群众的精准脱贫为目标，就是要把贫困者的利益作为扶贫的根本出发点和落脚点，做到精准扶贫为了贫困者，精准扶贫依靠贫困者，精准扶贫成果由贫困者共享。[①]高校定点扶贫工作不能搞花架子、走过场，以完成任务的心理和态度去做精准扶贫工作。在扶贫过程中，要始终坚持贫困者的中心地位，确保帮扶工作扎实，保证脱贫结果真实，将贫困者的脱贫认同感作为精准脱贫的重要指标之一。以产业扶贫为例，高校通过培育产业龙头企业，以龙头企业带动专业合作社，以专业合作社吸纳贫困人口。既以龙头企业示范引领扩大产业规模，建立产业品牌，提升产业效益，又以专业合作社吸纳贫困人口进入产业链链条，从而将产业发展受益面向在册贫困人口覆盖，进而实现通过产业带动当地贫困农民脱贫增收。只有确保扶贫对象精准无误，高校扶贫资源的融合、扶贫方式的整合、扶贫措施的精准、扶贫主体的交互才能产生脱贫效益，从而实现精准扶贫的目标。

① 王龙一. 精准扶贫背景下对产业扶贫模式的研究[J]. 农家参谋，2020（17）：7-8.

第九章　高校服务乡村振兴模式的实践创新

第一节　优化高校服务乡村振兴模式的运行机制

一、聚焦产业扶贫，构建农业综合体系

产业扶贫不仅是农业高校扶贫工作的重要抓手，也是农业高校科教优势的集中体现，农业高校的生产技术必须依托产业这个载体来应用。[①]产业扶贫涉及对象多、涵盖面广，发展教育扶贫、科技扶贫、信息扶贫等方式都需要通过发展产业来保障长期稳定的就业增收。对贫困农民群体而言，放弃农业生产而外出务工机会成本更大，留在家乡务农，得益于农业产业发展的模式更为有利。在定点扶贫的实践中，许多农业高校涌现出了一批有带动能力和增收能力的农业产业发展项目，取得了比较显著的扶持效果。但随着扶贫开发工作的深入和建成全面小康社会目标的迫近，农民真正实现脱贫奔小康就不能仅停留在简单的农产品种植和单一农产品的开发上。乡村产业扶贫当前要由培植产业向做大、做强、做优产业发展，实现乡村振兴中五大振兴之一——产业振兴的目标。贫困地区产业发展的共性问题是产业链过短，产业发展的各环节失衡、失联，还未形成良性循环的产业链。要加快打通农业生产、加工、储运、销售各环节，积极引进农产品加工企业、商贸物流企业、电子商务平台，延伸农业产

① 晏丕振．发挥农业高校整体优势　做好科技扶贫工作[J]．云南农业教育研究，1999（2）：3–5.

业链，实现农产品就地转化，形成生产、加工、销售一体化发展链条，着力提高农业产业化发展能力。农业高校的扶贫工作要聚焦产业扶贫，着力建设一个集科技支撑体系、生产营销体系、文化品牌体系于一身的农业综合体系，向上游延伸农产品生产链，向下游拓展农产品销售链，提升产业品牌附加值。长此以往，培育贫困地区产业的自我发展能力，建立可持续发展的致富机制。

二、注重精神扶贫，培育乡村文化共同体

物质的贫困与文化的落后是一体两面，精神的安放与脱贫需要同步达成。某一地区的发展机会未必取决于该地方的自然禀赋，但一定与其人民的价值取向和生存理念息息相关。从当前我国政府、第三方机构评估扶贫工作成效的制度来看，决定贫困人口脱贫的依据主要看其收入水平是否超过现行划定的贫困线标准，侧重于考核一些可测量计算的物质指标，因此，参与扶贫工作的人员往往重视物质脱贫，忽视了贫困地区精神文明的建设，一些贫困群众还存在着十分严重的“等靠要”思想观念，自我发展的主动性和积极性还有待提高，亟须“扶志”。高校十分重视教育扶贫，以支教的手段帮助贫困地区发展基础教育，让当地的学生有平等接受比较优质教育机会的权利。然而，对于改善贫困地区的落后面貌，仅依赖刚接受完初等或高等教育的学生是不够的。促进贫困农村的精神脱贫，必须依靠常住乡村的广大农民群体。精准扶贫包含着物质扶贫和精神扶贫两大命题，脱贫不仅是生活水平达到小康，更是脱离一种愚昧的生活方式。高校挂职干部应和当地基层扶贫干部联手充分利用乡规民约的作用来引领公序良俗，借助脱贫典型人物的教育示范作用树立一种劳动型脱贫观，营造“人人愿脱贫，人人可脱贫”的良好氛围，引导贫困群众摆脱不劳而获、坐吃山空等错误思想观念。推动贫困地区的精神脱贫，需要满足当地群众的精神需求，通过以群众喜闻乐见的文化形式来丰富充实其精神世界。高校可以依托当地文化特色，与当地政府携手利用地方戏曲和民俗文化，培养土生土长的文化人才，发掘最广泛的农耕文化，以因地制宜的方式着力培育乡村文化共同体，增强贫困地区群众的文化自信、精神自信。①

① 王龙一. 精准扶贫背景下对农业产业扶贫模式的研究[J]. 农家参谋，2020（17）：7-8.

三、细化分类指导，培养新“三农”人才

推进精准脱贫和乡村振兴的关键在于人才，从脱贫攻坚到稳固精准脱贫成果阶段，进而逐渐步入全面实施乡村振兴战略时期，对“三农”人才培养方式也提出了更高的要求。不同类型人才所处的成长发展的社会环境和经营的专业领域不同，因此，培养新“三农”人才要坚持细化分类指导的原则，按照各类人才成长规律和特点，在培养方式需要采取差异化、针对性的措施。从宏观上看主要包括两个方面：第一，培养懂农业、爱农村、爱农民的工作队伍，加强农业科技人才队伍建设；第二，培养以农民为主体的爱农业、懂技术、善经营的新型职业农民，培育新型农业经营主体。具体到农业高校细化分类培养而言，①面向“三农”，深化本科生和研究生教育培养机制改革，为乡村振兴培养储备人才。受过农业高等教育的大学生，将是未来实现农业现代化的中坚力量，如安徽农业大学青年农场主人才培养模式，针对产业方向分别开设园艺农场主班、动物医学农场主班、养殖场主班等，这是高校培养定向农科大学生人才的成功探索。②建立基层农科技人才培训模式，如华中农业大学组建“本校教师+外聘社会专家+行业管理人才+土专家”的模式，培养种植、畜牧、水产、农机等行业基层农技人员。③农业高校要持续推进农业科技的研发与推广，培养科研能力突出与农技推广能力优秀兼备的学者团队，加快农业科技成果转化，推进产学研深度融合。另外，也要注重能工巧匠、乡土艺术家的挖掘与培养。整体推进打造一支推动农业乡村发展的生力军，将人力资源转化成人力资本，以亿万农民素质提升为乡村振兴蓄势。

四、固化阶段成果，构建乡村定点支持机制

当前，我国最大的发展不平衡是城乡发展不平衡，最大的不充分是乡村发展不充分。农业发展质量效益竞争力不高、农民增收后劲不足、乡村自我发展能力弱、城乡差距依然较大。要克服这一根本困难，核心是要确保农民能够稳定可持续增收。农民增收的关键是通过农业强、乡村美来实现，而不仅仅是通

过农业、乡村之外的城市产业的支援帮助，发展乡村产业依然是实现精准脱贫和乡村振兴的必由之路。从现实来看，产业兴旺、振兴乡村的任务仍然十分艰巨，依然需要社会各界力量共同参与。从人类的发展历史来看，农业是人类首先创造的生产活动形式，是人类存在和发展的基础，同时，农业是提供支撑国民经济建设与发展的基础性产业。农业的重要地位和作用要求我们必须重视其发展，建立起农业高校持续服务乡村、农民和农业产业发展的长效扶贫机制十分必要，实现高校与地方政府、企业等多方主体在贫困治理中的合作常态化、制度化，致力提升扶贫工作和振兴乡村的效能。到2020年我国全面建成小康社会目标达成后，固化定点扶贫阶段性成果，建立长期服务乡村振兴战略的定点支持长效机制。主要开展四项工作：第一，着力打造高水平智库平台，整合学科资源和人才力量，开展理论研究、咨政服务、顶层设计，为乡村振兴提供智力支撑；第二，着力培育新时代“三农”工作队伍和“新农人”，为乡村振兴输送大批急需人才；第三，着力创新乡村产业发展模式，建设乡村产业体系，做大、做优、做强乡村特色产业；第四，着力复兴中国特色农耕文明和乡村文化，实践结合研究，城乡融合建设，促进城乡文明相融、文化大同。

第二节　优化高校服务乡村振兴模式的实施路径

实行中央统筹、省负总责、市县抓落实的乡村振兴工作机制，坚持党的领导，更好履行各级政府职责，凝聚全社会力量，扎实、有序地推进乡村振兴。[①]

一、加强组织领导

坚持党总揽全局、协调各方，强化党组织的领导核心作用，提高领导能力和水平，为实现乡村振兴提供坚强保证。

（一）落实各方责任

强化地方各级党委和政府在实施乡村振兴战略中的主体责任，推动各级干部主动担当作为。坚持工业、农业一起抓，城市、农村一起抓，把农业农村

① 李俭，陈钟鸣，常文波. 农业高校科教扶贫工作的实施与思考[J]. 洛阳农业高等专科学校学报，2000（02）：51-52.

优先发展原则体现到各个方面。坚持乡村振兴重大事项、重要问题、重要工作由党组织讨论决定的机制，落实党政一把手是第一责任人、五级书记抓乡村振兴的工作要求。县委书记要当好乡村振兴“一线总指挥”，下大力气抓好“三农”工作。各地区要依照国家规划科学编制乡村振兴地方规划或方案，科学制定配套政策和配置公共资源，明确目标任务，细化实化政策措施，增强可操作性。各部门要各司其职、密切配合，抓紧制订专项规划或指导意见，细化落实并指导地方完成国家规划提出的主要目标任务。建立健全规划实施和工作推进机制，加强政策衔接和工作协调。培养造就一支懂农业、爱农村、爱农民的“三农”工作队伍，带领群众投身乡村振兴伟大事业。

（二）强化法治保障

各级党委和政府要善于运用法治思维和法治方式推进乡村振兴工作，严格执行现行涉农法律法规，在规划编制、项目安排、资金使用、监督管理等方面，提高规范化、制度化、法治化水平。完善乡村振兴法律法规和标准体系，充分发挥立法在乡村振兴中的保障和推动作用。推动各类组织和个人依法依规实施和参与乡村振兴。加强基层执法队伍建设，强化市场监管，规范乡村市场秩序，有效地促进社会公平正义，维护人民群众合法权益。

（三）动员社会参与

搭建社会参与平台，加强组织动员，构建政府、市场、社会协同推进的乡村振兴参与机制。创新宣传形式，广泛宣传乡村振兴相关政策和生动实践，营造良好社会氛围。发挥工会、共青团、妇联、科协、残联等群团组织的优势和力量，发挥各民主党派、工商联、无党派人士等积极作用，凝聚乡村振兴强大合力。建立乡村振兴专家决策咨询制度，组织智库加强理论研究。促进乡村振兴国际交流合作，讲好乡村振兴的中国故事，为世界贡献中国智慧和中国方案。

（四）开展评估考核

加强乡村振兴战略规划实施考核监督和激励约束，将规划实施成效纳入地方各级党委和政府及有关部门的年度绩效考评内容，考核结果作为有关领导干部年度考核、选拔任用的重要依据，确保完成各项目标任务。本规划确定的约束性指标和重大工程、重大项目、重大政策和重要改革任务，要明确责任主体和进度要求，确保质量和效果。加强乡村统计工作，因地制宜建立客观反映乡村振兴进展的指标和统计体系。建立规划实施督促检查机制，适时开展规划中期评估和总结评估。

二、有序实现乡村振兴

充分认识乡村振兴任务的长期性、艰巨性，保持历史耐心，避免超越发展阶段，统筹谋划，典型带动，有序推进，不搞齐步走。

（一）准确聚焦阶段任务

在全面建成小康社会决胜期，重点抓好防范化解重大风险、精准脱贫、污染防治三大攻坚战，加快补齐农业现代化短腿和乡村建设短板。在开启全面建设社会主义现代化国家新征程时期，重点加快城乡融合发展制度设计和政策创新，推动城乡公共资源均衡配置和基本公共服务均等化，推进乡村治理体系和治理能力现代化，全面提升农民精神风貌，为乡村振兴这一盘大棋布好局。

（二）科学把握节奏力度

合理设定阶段性目标任务和工作重点，分步实施，形成统筹推进的工作机制。加强主体、资源、政策和城乡协同发力，避免代替农民选择，引导农民摒弃“等靠要”思想，激发乡村各类主体活力，激活乡村振兴内生动力，形成系统、高效的运行机制。立足当前发展阶段，科学评估财政承受能力、集体经济实力和社会资本动力，依法合规谋划乡村振兴筹资渠道，避免负债搞建设，合理确定乡村基础设施、公共产品、制度保障等供给水平，形成可持续发展的长效机制。

（三）梯次推进乡村振兴

科学把握我国乡村区域差异，尊重并发挥基层首创精神，发掘和总结典型经验，推动不同地区、不同发展阶段的乡村有序实现农业农村现代化。发挥引领区示范作用，东部沿海发达地区、人口净流入城市的郊区、集体经济实力强和其他具备条件的乡村，到2022年率先基本实现农业农村现代化。推动重点区加速发展，中小城市和小城镇周边和广大平原、丘陵地区的乡村，涵盖我国大部分村庄，是乡村振兴的主战场，到2035年基本实现农业农村现代化。聚焦攻坚区精准发力，革命老区、民族地区、边疆地区、集中连片特困地区的乡村，到2050年如期实现农业农村现代化。

三、实施乡村振兴战略的保障措施

（一）加强党对实施乡村振兴战略的全面领导

各级党委、政府要增强“四个意识”，落实农业农村优先发展原则，在干部配备上优先考虑，在要素配置上优先满足，在资金投入上优先保障，在公共服务上优先安排。健全党委统一领导、政府负责、党委农村工作部门统筹协调的农村工作领导体制。按照省负总责、市县抓落实的工作要求，建立市、县、乡、村四级书记抓乡村振兴的领导责任制，党政一把手要履行第一责任人的责任，提高新时代党领导农村工作的能力和水平，切实担负起统筹协调、组织领导、检查督办、推动落实之责。各县（市、区）党委、政府每年要向市委、市政府报告实施乡村振兴战略进展情况。建立县（市、区）实施乡村振兴战略考评制度，将考核结果作为选拔任用干部的重要依据。加强“三农”工作干部队伍的培养、配备、管理、使用，把到农村一线锻炼作为培养干部的重要途径，拓宽县级“三农”工作部门和乡镇干部来源渠道，形成人才向农村基层一线流动的用人导向，造就一支懂农业、爱农村、爱农民的农村工作队伍。结合机构改革，进一步理顺涉农部门的职责分工。

（二）强化财政投入

健全农业、农村财政支出优先保障和稳定增长机制，提高土地出让收入支持农业、农村的比例。优化财政供给结构，发挥乡村振兴规划统筹作用，多层次多形式推进涉农资金整合。创新财政资金的使用方式，运用以奖代补、贷款贴息、设立基金、组建投融资平台等方式，撬动金融和社会资本更多投向乡村振兴。用好新增耕地指标和城乡建设用地增减挂钩节余指标省域调剂政策，所得收益通过支出预算全部用于巩固脱贫攻坚成果和支持实施乡村振兴战略。

（三）突出规划先行

突出城乡融合、多规合一，科学编制市、县（市、区）乡村振兴战略总体规划，谋划和启动重大工程、重大计划、重大行动。充分考虑各地自然条件、经济要素流向和人口流动等因素，编制农村中心村和新型社区规划，合理确定生产、生活、生态空间布局。市、县相关部门要围绕总体规划，编制专项规划或实施方案。注重从容建设，全面加强乡村振兴规划管理，大力宣传贯彻执行违法建设治理条例，以零容忍的态度查处违法违规建设，坚决遏制占用耕地及沿路建房等违法违规行为。根据发展现状以及需要，选择沿江平原、中部丘陵、北部山区和城郊等不同类型地区，分类有序开展乡村振兴先行区、试验区和示范区建设。

（四）凝聚推进合力

深入宣传党委和政府实施乡村振兴战略的决策部署、政策措施，生动报道各地各部门推进乡村振兴的典型经验、创新创造和丰富实践。发挥好工会、共青团、妇联、科协、残联等群团组织优势和各民主党派、工商联、无党派人士的积极作用。开展年度乡村振兴示范县（市、区）、乡镇、村评选活动，营造全党高度重视、全社会踊跃支持、群众主体作用彰显的浓厚氛围。

第三节　优化高校服务乡村振兴模式的保障机制

一、优化资源整合，建设高校产业扶贫联盟

高校联盟是指在两个或两个以上的高校中，因为共同的战略目标和价值取向，按照一定方式建立的优势互补、风险共担、资源流动的相互合作体。

随着高等教育的不断发展，高校联盟日趋成为整合高校资源、实现优势互补的一种重要战略手段。[①]

高校联盟的合作项目不仅限于人才培养和科学研究等方面，也逐渐延伸到在社会服务上的合作。以定点扶贫机制和乡村振兴战略为契机，优化高校技术、人才、资金等资源整合效率，着力建造高校产业扶贫联盟，以提高地区产业扶贫效益为主要目的，以优化和整合产业扶贫资源为主要特点，促进基于“优势互补、资源共享、平台共建、合力服务”为原则的高校间联盟化发展，

① 刘一静．我国高校联盟发展现状的分析与展望[J]．陕西教育（高教），2020（1）：41-42.

已是大势所趋。当下，促进不同类型高校之间的联合和合作，特别是行业特色高校之间，如农林、矿业、药科、地质等类型高校之间的联合，可以弥补某一高校在弱势学科上的劣势，在贫困地区产业发展中的各项要素，如土壤、水文、气候、产业品种、生产技术、资金、管理等要素全方位、全体系实现无缝对接，把高校产业扶贫交叉融合创新科研理论成果有效转化在产业化经营提升的品牌效应和实现产业链、价值链升级的过程中，提升产业化经营中的资源利用率、要素生产率，增强产业化组织的竞争能力、抗风险能力和可持续发展能力。从长远看，高校产业扶贫联盟化发展不仅顺应了高等教育内涵式发展的新要求，而且开辟了高校社会服务协同创新的新路径，不但形成了诸多高校合力扩充产业扶贫资源，而且在推动高校优化定点扶贫组织模式方面，迈出了实质性的探索步伐。优化产业扶贫资源整合，建立高校间产业扶贫联盟，不仅是减少扶贫资源重复投入和加大产业资源重点投入的迫切要求，更是推动农村产业振兴发展协同创新、合力服务和资源共享的需要。

二、深化校企合作，打造紧密利益共同体

在定点扶贫安排之下，高校和龙头企业之间是通过政府对高校下达的扶贫任务安排而形成的无利益联系合作体，而不是因市场化的运作形成的利益共同体，这是一种半紧密但不完善的无利益短暂联合体，高校完全出于责任义务对企业进行生产技术、经营管理等方面进行帮扶，有效但不可持续。为了改善这种松散关系，一方面，破解产业扶贫中新型经营主体缺乏、龙头企业不强、资金投入不足等诸多困境；另一方面，提振高校定点扶贫积极性。2018年中央一号文件中提出的“建立高等院校、科研院所等事业单位专业技术人员到乡村和企业挂职、兼职和离岗创新创业制度”等政策制度安排突出体现了以强大的外生力量嵌入产业发展、经济建设，推动乡村振兴的发展逻辑。因而校企合作应建立起产权型利益联结机制，由当下松散无利益型关系发展为紧密利益型关系。这就要求在高校资产经营公司与当地龙头企业之间建立企业化、股份式和股份合作式的利益联结方式，引进市场化运作机制。企业化利益联结方式要求龙头企业与高校之间形成比较紧密的产供销链条，把农产品的生产、加工、销售等活动紧密地结合在一起。股份式和股份合作式利益联结机制则要求高校以

科研技术、技术设备、资金和人才等要素入股企业，高校资产经营公司按股分利，这样可以将现在半紧密的无利益联合体转向“利益共享、风险共担”的利益共同体。要建立起产权明晰的合作机制，为了实现“高校资产经营公司+龙头企业”产业扶贫模式利益联结机制，明确界定校地双方主体财产的实际占有权，以科学合理的激励机制和约束机制来保障龙头企业和高校双方都能在产业发展中获得利益，实现互惠共赢。

三、量化过程管理，建构考核评估制度

有些高校在帮扶工作中重视形式，轻视内容，强调结果，忽略过程，存在形式主义、工作作风不扎实等一系列问题。长期以来，科技人员从事社会服务工作的社会认同感不足，积极性有待提高，直接影响了定点帮扶的成效。高校定点扶贫工作至今已开展近八年，有的扶贫人员产生懈怠、畏难情绪也是在所难免。国务院扶贫办在2018年主要针对扶贫领域存在的“四个意识”不强、责任落实不到位、工作措施不精准、资金管理使用不规范、工作作风不扎实、考核监督从严要求不够等问题在全国范围开展了扶贫领域作风问题专项治理。2018年4月，湖北省纪委通报8起扶贫领域腐败和作风问题，建始县纪委公开通报11人精准扶贫工作作风不实。这些案例给高校定点扶贫工作亟待建构起监督考核评价指标体系敲响了警钟。量化过程管理是开展精准扶贫工作的保障，高校应根据定点扶贫工作开展的具体情况和最终目标，建构考核评估制度，选取科学的评价指标，激励教授、管理人员等主动参与对口帮扶工作。强化扶贫过程管理，第一，体制管理。高校需制定一系列激励和保障政策，建立扶贫保障体制，在职称、职级、职务晋升上体现和提高参与精准扶贫的权重，调动学校教职工开展扶贫攻坚工作的积极性。第二，计划管理。对精准扶贫过程中各阶段、各部门的工作计划要动态跟进，确保扶贫规划按时保质实施。第三，资金项目管理。需设立扶贫资金专款账户，加强前期申请、中期监督、后期验收等环节的审查。产业扶贫以项目为载体，按学科门类选择专门人员组成工作小组，对项目实施全过程进行控制，保证项目正常运行。除了量化过程管理外，也要引进高校同行评估和第三方评估制度等成效考核机制来验收高校定点扶贫工作成效。

四、美化生态环境，建设宜居宜业乡村

乡村生态环境作为其社会经济发展的重要空间载体，包括资源环境、生产环境和生活环境，三者相互作用、相互影响，资源是生产和生活的基础，同时，生产环境和生活环境行为又影响着自然生态环境。2018年的《农村人居环境整治三年行动方案》提到实施乡村振兴战略的重要任务之一就是改善乡村居住环境，建设美丽宜居乡村。生态宜居是实施乡村振兴战略的关键要求。乡村的最大优势就是优良的自然生态环境，为精准扶贫，乃至乡村振兴提供了生态保障和基础。农业高校可以通过合理利用乡村自然资源与环境的广度和深度来不断促成乡村各个方面的变化。

第一，高校专家智库要协助当地政府做好村庄布局规划基础性工作，立足于区域发展视阈，对村庄的建设指引主要从土地使用、交通组织、空间景观和建筑控制四方面提出，依据地方地理特色和社会习惯塑造乡村空间整体风貌，要综合考虑住所设点、土地使用、产业发展、人居环境整治、生态保护和历史文化传承等因素。

第二，针对当地农业产业生产技术进行集成创新，突破农业关键核心技术，发展生态循环农业，在播种、施肥、打药、灌溉、收成等种养、看护的各个环节发挥科技的作用，逐渐解决土地荒漠化、水土流失、土壤肥力下降和湿地生态功能减弱等土壤问题；引入人工智能，节约土地、水等自然资源和劳动力、时间等社会成本，推进农业从增产导向转向提质导向，美化生态环境的同时提高农民的经济效益。

第三，在扶贫帮扶的过程中，要引导农民等脱贫振兴对象树立绿色可持续发展理念，让“绿水青山就是金山银山”的理念深入农民内心，同时传授给农民科学的种养殖技术，使农民逐渐接纳，并使用现代化农业生产技术，推进乡村生产、生活方式的生态化、绿色化，从生态扶贫迈向生态振兴。

结束语

目前，农业农村现代化是我国乡村振兴战略的总目标，农业农村优先发展是我国乡村振兴战略的总方针。新的时代，国家和农民关系的重心必须转移到乡村振兴战略上，必须充分考虑我国乡村振兴任务的长期性、艰巨性，从而保持历史耐心，制定更加公平、激励有效、充分保障农民权益的改革政策，推动农业农村优先发展政策落地，深化新一轮农村改革，完善乡村振兴法律法规，扎扎实实地把中国“三农”领域的重大改革和制度创新全面推向前进。

（一）继续坚持农业农村优先发展政策导向

坚持农业农村优先发展是我国乡村振兴战略的总方针，必须在干部配备上优先考虑，在要素配置上优先满足，在资金投入上优先保障，在公共服务上优先安排，切实把这“四个优先”要求落到实处，牢固树立农业农村优先发展的政策导向，加快补齐农村基础设施、公共服务和生态环境等领域短板，着力推动城乡要素平等交换和公共资源城乡均衡配置，从根本上改变城乡二元结构。

（二）新一轮农村改革步伐将全面提速

要坚持市场化改革方向和渐进性改革方式，尊重农民主体地位和首创精神，处理好稳定与放活的关系，加强制度创新和制度供给，让农村资源要素“活”起来，为乡村振兴提供强大动力。

（三）乡村振兴法律法规将加快出台和完善

乡村振兴战略的实施需要体系化的法律法规来引领和支撑，要坚持规范化和实践化互为支撑，加快立法修法工作，通过法律的形式保障乡村振兴的投入及农民的相关权益，以保障乡村振兴战略的推进实施。既要在推进实施乡村振兴战略中严格执行现行的涉农法律法规，如在规划编制、项目安排、资金使用、监督管理等方面，推动各类组织和个人依法依规实施和参与乡村振兴，提高规范化、制度化、法治化水平，也要把乡村振兴工作中经过实践检验的有效、可行的政策法定化，补充完善乡村振兴相关法律法规和标准体系，充分发挥法律的推动作用。

参考文献

[1] 陈锡文．中国农村改革40年[M]．北京：人民出版社，2018．

[2] 戴彭维．大学生村官农村融入问题及改进对策[J]．乡村科技，2020（5）：10-12．

[3] 丁波．乡村振兴背景下农村集体经济与乡村治理有效性：基于皖南四个村庄的实地调查[J]．南京农业大学学报（社会科学版），2020，20（3）：53-61．

[4] 范小建，王国良，郑文凯．完善国家扶贫战略和政策体系研究[M]．北京：中国财政经济出版社，2011．

[5] 付先全．乡村振兴战略实施与农村职业教育发展的思考[J]．职业技术教育，2018，39（21）：28-32．

[6] 赫贵怀．大学生村官在乡村振兴中的重要意义研究[J]．湖北开放职业学院学报，2019，32（23）：63-65．

[7] 贺璨，李明江．互联网+背景下教育信息化精准扶贫对策研究[J]．黔南民族师范学院学报，2020，40（1）：101-103．

[8] 贺艳华，邬建国，周国华，等．论乡村可持续性与乡村可持续性科学[J]．地理学报，2020，75（4）：736-752．

[9] 黄思．乡村振兴战略背景下产业振兴路径研究：基于一个药材专业市场的分析[J]．南京农业大学学报（社会科学版），2020，20（03）：26-33．

[10] 黄颂文．西部民族地区扶贫开发及其法律保障研究[M]．北京：中央民族大学出版社，2006.
[11] 黄志斌，王兰兰，王鹤琴，等．大学生振兴乡村志愿服务胜任力分析[J]．中国成人教育，2018（24）：173-176.
[12] 霍红．乡村振兴视阈下精准扶贫的金融支持探析：以海南省为例[J]．商讯，2020（12）：4-6.
[13] 蒋红霞，熊威．乡村振兴背景下高校扶贫的使命与行动[J]．教育文化论坛，2019，11（06）：57-62.
[14] 姜健伟．乡村振兴战略下高校毕业生服务新农村建设的对策研究[J]．决策探索（下），2018（12）：11.
[15] 康晓光．NGO扶贫行为研究[M]．北京：中国经济出版社，2001.
[16] 柯淑霞，石梦琪．大学生村官在推进农村经济改革中的作用[J]．区域治理，2019（49）：188-190.
[17] 孔祥智．乡村振兴的九个维度[M]．广州：广东人民出版社，2018.
[18] 李娜．精准扶贫战略下江西农村职业教育发展研究[D]．南昌：江西科技师范大学，2018.
[19] 李萌．乡村振兴战略背景下大学生返乡创业能力提升路径及策略研究[J]．乡村科技，2017（33）：23-24.
[20] 李晓．法治中国进程中的乡村治理问题研究[D]．北京：中共中央党校，2017.
[21] 李兴江．中国农村扶贫开发的伟大实践与创新[M]．北京：中国社会科学出版社，2005.
[22] 刘学琴．互联网+精准扶贫模式与路径研究[M]．青岛：中国海洋大学出版社，2017.
[23] 刘忆，许应楠，邹光旗，等．乡村振兴下我国农村电子商务精准扶贫体系构建研究[J]．商业经济，2020（04）：104-106.
[24] 罗东林．新时代乡村振兴战略的鲜明特色[J]．攀登（汉文版），2019，38（4）：54-57.
[25] 马静，乔莉娟．新形势下精准扶贫工作的对策思考[J]．邯郸学院学报，

2020，30（1）：120-124.

[26] 穆占兰．职业教育助力南疆贫困地区扶贫脱困研究[D]．乌鲁木齐：新疆大学，2019：13-35.

[27] 邱春林．中国共产党农村治理能力现代化研究[M]．济南：山东人民出版社，2017.

[28] 曲保德．全域整治助推乡村振兴的战略研究[J]．绿色环保建材，2020（4）：67-68.

[29] 邵明．乡村振兴与农村电商发展[M]．北京：化学工业出版社，2018.

[30] 商永强，白祖纲．精准扶贫的政治机制研究[J]．长春师范大学学报，2020，39（3）：59-61.

[31] 谭金芳，张朝阳，孙育峰，等．乡村振兴战略背景下人才战略的理论内涵和制度构建[J]．中国农业教育，2018（6）：17-22+93.

[32] 唐莹．“互联网+”背景下的职业教育精准扶贫路径研究[J]．电脑知识与技术，2020，16（6）：30-31.

[33] 田川流．乡村振兴中多维度文化的构成及其价值实现[J]．民族艺术研究，2020，33（2）：94-101.

[34] 唐智，董文明．乡村振兴战略视阈下高校暑期“三下乡”的改进策略[J]．扬州大学学报（高教研究版），2020（2）：1-6.

[35] 王春光，孙兆霞，曾芸．社会建设与扶贫开发新模式的探求[M]．北京：社会科学文献出版社，2014.

[36] 王飞跃，樊黔江．职业教育保障与反贫困研究[M]．北京：经济科学出版社，2011.

[37] 王国良．中国扶贫政策：趋势与挑战[M]．北京：社会科学文献出版社，2005.

[38] 王国良，李小云．参与式扶贫培训教程[M]．北京：中国财政经济出版社，2003.

[39] 魏后凯．中国农村发展报告[M]．北京：中国社会科学出版社，2018.

[40] 温铁军．生态文明与比较视野下的乡村振兴战略[J]．上海大学学报（社会科学版），2018（1）：1-10.

[41] 吴维海. 新时代乡村振兴战略规划与案例[M]. 北京：中国金融出版社，2018.
[42] 夏梨芳，陈志兵，汪新宇，等. 充分利用高校资源助力乡村人才振兴[J]. 作物研究，2019（S1）：60-61.
[43] 许汉泽. 行政主导型扶贫治理研究[D]. 北京：中国农业大学，2018.
[44] 徐勇. 反贫困在行动：中国农村扶贫调查与实践[M]. 北京：中国社会科学出版社，2015.
[45] 阎桂芝. 清华教育扶贫十年路[M]. 北京：清华大学出版社，2015.
[46] 赵俊超. 扶贫开发理论与实践[M]. 北京：中国财政经济出版社，2005.
[47] 张澜. 乡村振兴背景下新农科的建设路径探析[J]. 现代化农业，2020（4）：45-46.
[48] 张小丽，杨锟. 乡村振兴战略下职业教育融入精准扶贫探索[J]. 中国成人教育，2019（24）：93-96.
[49] 周延东. 乡村秩序的裂变与重建[M]. 北京：社会科学文献出版社，2017.
[50] 中共永昌县委党史工作办公室. 中国共产党甘肃省永昌县历史[M]. 北京：中共党史出版社，2017.
[51] 赵昌文. 贫困地区可持续扶贫开发战略模式及管理系统研究[M]. 成都：西南财经大学出版社，2001.